描绘你的人生彩虹

——高中生职业生涯规划与志愿填报指导

主　编：江小卫

副主编：何珊珊　高　政　付　娇

MIAOHUI NIDE RENSHENG CAIHONG

东北师范大学出版社

长春

图书在版编目（CIP）数据

描绘你的人生彩虹：高中生职业生涯规划与志愿填报指导 / 江小卫主编. -- 长春：东北师范大学出版社，2019.2

ISBN 978-7-5681-5504-5

Ⅰ.①描… Ⅱ.①江… Ⅲ.①高中生－职业选择②高等学校－招生－介绍－中国③毕业生－高中－升学参考资料 Ⅳ.① G635.5 ② G647.32

中国版本图书馆 CIP 数据核字 (2019) 第 033614 号

□策划编辑：张晓方

□责任编辑：刘昕鑫　□封面设计：潇湘文化

□责任校对：韩　啸　□责任印制：张允豪

东北师范大学出版社出版发行

长春市净月经济开发区金宝街 118 号（邮编：130117）

电话：0431-84568046

传真：0431-85691969

网址：http：//www.nenup.com

东莞市潇湘文化传播有限公司制版

东莞市比比印刷有限公司印刷厂印装

东莞市道滘镇南丫村李洲角三路

2019 年 2 月第 1 版　2019 年 2 月第 1 次印刷

幅面尺寸：210mm×285mm　印张：14　字数：370 千

定价：46.80 元

序｜言

PREFACE

我长大了要做科学家！

我长大了要当航天员！

我长大了要做钢琴家！

我长大了要做舞蹈家！

我长大了要做明星！

我长大了要做作家！

…………

很多人在童年时期都有过这样或那样的“豪言壮语”或“伟大理想”，其实这就是儿时生涯规划意识的萌芽。随着年龄和学识的增长，特别是进入高中阶段，当初的“豪言壮语”或“伟大理想”被现实抛弃或被学习压力碾得支离破碎，取而代之的是残酷的竞争和面临高考的困惑与迷惘：我从哪里来？我将到哪里去？我的未来在哪里？

高中阶段是学生身心走向成熟并开始形成自我世界观、人生观、价值观的关键时期，是学生个性形成、素质提升、人生抉择的重要阶段。学生在面对繁重的学习和高考压力之外，开始思考和探索自己未来的发展与规划。当前一个普遍的现实情况是：高中生对自己的个性特点、价值观、大学、专业、职业兴趣以及社会需要的人才所要求的能力和品质等情况的认识肤浅或一无所知；他们在生涯规划、自主发展和学业规划时遇到的诸多困惑和困难得不到专业而全面的引导。在高考的巨大压力下，从地方教育主管部门到学校，更多地注重学生的学业成绩和升学率，忽视了对学生生涯规划的辅导。在“高考指挥棒”下，学生为成绩而学习，为考试而学习，为考上好大学而学习，而对于“学什么专业”“将来从事什么职业”“我的人生目标是什么”等问题一片迷茫。

在一些发达国家，例如，英、美、法等国在中学阶段甚至更早就开始了职业生涯规划教育；相比之下，我国对高中阶段生涯教育的研究和实践则起步较晚。庆幸的是，目前高中生生涯教育开始受到国家的重视。《国家中长期教育改革和发展规划纲要（2010～2020年）》强调：“学校教育要为了每一个学生的终身发展，高中教育要为学生成长、成人、成功提供知识和能力准备，建立学生发展指导制度，加强对学生的理想、心理、学业等方面的指导，为学生的人生发展奠定基础。”《中小学心理健康教育指导纲要（2012年修订）》提出：“要让学生在充分了解自己的兴趣、能力、性格、特长和社会需要的基础上，确立自己的职业志向，培养职业道德意识，进行升学、就业的选择和准备，培养担当意识和社会责任感。”《普通高中学生发展指导纲要》进一步明确提出：“培养学生生涯发展与规划的意识和能力；帮助学生了解自己的兴趣、能力倾向、个性特点与生涯发展的关系；帮助学生了解大学专业信息与社会职业需求，合理规划升学与就业目标；促进学生掌握步入下一阶段生活、学习、工作所必需的技能；有效减少学生在生活与生涯方面的困惑。”总之，上述文件提出把生涯规划纳入高中生的必修课，普及生涯规划教育，让学生懂得如何制订自己的目标并和生涯规划联系起来。

《描绘你的人生彩虹——高中生职业生涯规划与高考志愿填报指导》正是在这个大背景下，结合高考改革新形势编写的。本书从高中生生涯规划的角度，通过大量故事、案例、测评、练习、体验活动等，通俗易懂地介绍生涯规划的基本理论，兴趣、能力、性格、气质、价值观等与职业选择的关系，以及高中生职业生涯规划实践操作实务。另外，本书还从高中生最关心的高考角度出发，对我国的大学和专业设置、就业方向等进行全面深入的介绍，并根据高考改革的最新内容、最新趋势，归纳总结了高考志愿填报的策略与技巧。

本书适用于高中生职业生涯规划与高考志愿填报，也适合初中学生、老师和家长参考阅读。

本书在编写过程中参阅了有关著作和网络资料，在此谨致谢忱！

编者

2019年1月

目录 CONTENTS

第七章　高中生生涯规划实践操作 / 103

第八章　全面认识我国的高校 / 119

第九章　深入了解大学专业 / 141

第十章　志愿填报的策略与技巧 / 163

附　录 / 191

第一章 描绘你的人生彩虹

◆ 第一节　生涯及生涯规划
◆ 第二节　职业生涯发展阶段理论
◆ 第三节　生涯彩虹图

小故事大道理　你有梦想吗？

唐太宗贞观年间，长安城西的一家磨坊里，有一匹马和一头驴子。它们是好朋友，马在外面拉东西，驴子在屋里推磨。贞观三年，这匹马被玄奘大师选中，出发经西域前往印度取经。

17年后，这匹马驮着佛经回到长安，它重新见到了驴子朋友。老马谈起这次旅途的经历：浩瀚无边的沙漠，高入云霄的山岭，热海的波澜……那些神话般的境界，驴子听了大为惊异。

驴子惊叹道："你有多么丰富的见闻啊！那么遥远的道路，我连想也不敢想。"老马说："其实，我们走过的距离是大体相等的，当我向西域前进的时候，你一步也没停止。不同的是，我有一个遥远的目标，按照始终如一的方向前进，所以看到了一个广阔的世界。而你被蒙住了眼睛，只围着磨盘打转，所以永远也走不出这个狭隘的天地。"

马和驴子的故事告诉我们：成功人士和平庸之辈最根本的差别，并不在于天赋，而在于有没有人生的目标。年轻的容颜可以随岁月老去，我们的心却不可以失去希望和追求上进的勇气。

人生没有目标，生活没有方向，让人意志消沉，碌碌无为而虚度一生。平淡而有规律的日子，让人容易失去方向，让人堕入平庸。不甘于平庸的一生，不愿意永远被埋没，则需要树立目标，然后向着既定的目标不停地努力奋斗。

在我们的生活中，就有不少人和驴子一样，一生都在不停忙碌，根本不知道自己要去的方向，辗转几十年之后突然发现自己的人生居然走到头了，这时候才发现自己生活得太平淡了，好像什么东西都没有留下就匆匆走了。

有了目标，内心的力量才会找到方向。人生的目标犹如灯塔，只有明确我们的生命中到底要追求什么，明确自己到底想要什么，我们才不会碌碌无为，才会在忙碌的工作及生活中得到我们所要的东西。

如果没有人生目标，那我们的一生到底为谁而活呢？一生的努力又为了什么呢？你是否想过这一生到底要追求什么？你是否想过要过什么样的生活？你这一辈子究竟要怎么过呢？

不管有没有目标，我们每天都要经历24小时，每个人都要经历人生几十年。如果不知道这辈子为什么而活，不知道自己生命中到底要追求什么，那么，活着一定是一种罪过。

做一做

● 我曾经的梦想

我们小时候都充满了梦想，憧憬着未来。那时候，老师常出一个作文题目：我的梦想。请回想一下：你当时的梦想是什么？经过这几年的成长，现在你的梦想是什么呢？

生命中的时段	我的梦想	实现与否	为什么	值得继续追寻
幼儿	1. 2. 3.			

续 表

生命中的时段	我的梦想	实现与否	为什么	值得继续追寻
小学	1. 2. 3.			
初中	1. 2. 3.			
现在	1. 2. 3.			

·小故事大道理· 三个建筑工人的故事

版本一

工地上有三个建筑工人，他们在共同砌一堵墙。这时，有个孩子经过，好奇地问他们："你们在干什么呀？"

第一个建筑工人头也没抬，没好气地说："你连这个也不知道？我们在砌墙！"

第二个建筑工人抬起头来告诉孩子："我们在盖一间房子。"

第三个建筑工人一边干活一边唱歌，脸上的笑容像是一朵花。他热情地对孩子说："我们在盖一间非常漂亮的房子。不久的将来，这里将变成一个美丽的花园。人们会在这里幸福地生活。说不定你的爸爸妈妈也会带着你住进来呢！"

10 年后，第一个人仍是一名只会砌墙的建筑工人，第二个人成了这支建筑队的队长，第三个人是一个拥有 20 支建筑队的大型建筑公司的总经理。

版本二

一天，一位记者到建筑工地采访，分别问了三个建筑工人一个相同的问题。他问第一个建筑工人正在干什么活，那个建筑工人头也不抬地回答："我正在砌一堵墙。"他问第二个建筑工人同样的问题，第二个建筑工人回答："我正在盖房子。"记者又问第三个建筑工人，这次他得到的回答是："我在为人们建造漂亮的家园。"记者觉得三个建筑工人的回答很有趣，就写进了自己的报道。

若干年后，记者在整理过去的采访纪录时，突然看到了这三个回答。三个不同的回答让他产生了强烈的欲望，想去看看这三个建筑工人现在的生活怎么样。

等他找到这三个建筑工人的时候，结果令他大吃一惊：当年的第一个建筑工人现在还是一个建筑工人，仍然像以前一样砌着墙；而在施工现场拿着图纸的设计师竟然是当年的第二个建筑工人；至于第三个建筑工人，记者没费多少工夫就找到了——他现在成了一家房地产公司的老板，前两个工人正在为他工作。

（图片来自网络）

做一做

● **看完三个建筑工人的故事，请把你的感想写在下面：**

____

____

____

____

____

小故事大道理：成功的人总是目光远大，有理想，有自己的人生奋斗目标，不会只看到眼前的困境而碌碌无为。

马云说：梦想还是要有的，一旦实现了呢？

01 第一节

生涯及生涯规划

· 延伸阅读 · **哈佛毕业生的人生目标**

有一年，一群意气风发的学生从美国哈佛大学毕业了，他们即将开始穿越各自的“玉米地”。他们的智力、学历、环境相差无几。在出校门前，哈佛大学对他们进行了一次关于人生目标的调查。结果是这样的：

27% 的人，没有目标；

60% 的人，目标模糊；

10% 的人，有清晰但比较短期的目标；

3% 的人，有清晰而长远的目标。

25 年后，哈佛大学对这群学生进行了跟踪调查。结果是这样的：

3% 的人，25 年间他们朝着一个方向不懈努力，几乎都成为社会各界的成功人士，其中不乏行业领袖、社会精英；

10% 的人，他们的短期目标不断地实现，成为各个领域的专业人士，大多生活在社会中上层；

60% 的人，他们安稳地生活与工作，但没有什么特别成绩，几乎都生活在社会中下层；

其余的 27% 的人，他们的生活没有目标，过得很不如意，并且常常抱怨他人，抱怨社会，抱怨这个“不肯给他们机会”的世界。

其实，他们之间的差别在于：25 年前，他们中的一些人知道为什么要穿越“玉米地”，而另一些人不太清楚甚至完全不清楚。

一、生　涯

生涯，英语是“career”。“生”，即“活着”；“涯”，即“边界”。广义地理解，“生”，自然是与一个人的生命相联系；“涯”，有边际的含义，即指人生经历、生活道路和职业、专业、事业。人的一生，包含少年、成年、老年几个阶段，成年阶段无疑是最重要的时期。这一时期之所以重要，是因为这是人们从事职业生活的时期，是追求自我、实现自我的重要人生阶段，是人生全部生活的主体。

· 延伸阅读 · **日本生涯专家高桥宪行将人的生涯形态归纳为 18 种**

1. 超级巨星型。知名度极高，一举一动常常在无形之中牵动许多人的利益，是众所周知的知名人士。

2. 卓越精英型。品行端正，知识丰富，具有敏锐的观察力，常常适时化险为夷，扭转乾坤。

3. 安分劳碌型。安分守己，过着朝九晚五的安定生活。

4. 得过且过型。缺乏理想、抱负，很少为工作奋斗和拼搏，只求生活过得去。

5. 捉襟见肘型。机会来了不知把握，机会走了又怨天尤人，自暴自弃。

6. 祸从口出型。喜欢批评，常在言谈中将过错推卸给别人；喜欢标新立异，又常常提出一些根本无法实现的计划。

7. 中兴二代型。继承可观家产，又能兢兢业业发扬光大。

8. 出外磨炼型。将第二代接班人送到国外公司去工作，从基层做起，靠自己的能力、关系发展自己，磨炼成长。

9. 家道中落型。面对困境时，常常束手无策，欲振乏力。

10. 游龙翻身型。能充分运用人生的蛰伏期，深刻思考自己的未来，并重新设计自己，终至飞跃。

11. 转业成功型。面对生涯困境，能迈开步伐，解脱束缚，另谋出路，闯出另一番天地。

12. 一飞冲天型。智能与经营才华出众，又有冲劲，遇到好的机会就能一跃而起。

13. 强力搭档型。在幸遇知音、志趣相投、能力互补的强力搭档下，开创成功的职业生涯。

14. 福星高照型。相当幸运，往往随着时势的推移，在风云际会中成就美好的事业前程。

15. 暴起暴落型。人生乖舛，起伏不定，崛起、衰败往往在一夕之间。

16. 随波逐流型。目标不够明确，策略不够坚定，行动常三心二意，因此只有随波逐流，难有进步。

17. 强者落日型。能够呼风唤雨，才能出众，但常因人生的际遇，虎落平阳，以致了度残生。

18. 一技在身型。专精某一领域，专心钻研，始终不懈，显得特别踏实。

二、职业生涯

职业生涯是人一生中最重要的历程，是追求自我实现的重要人生阶段，对人生价值起着决定性作用。同时，职业生涯是一个动态的过程，一个人一生在职业岗位上所度过的与工作活动相关的连续经历，并不包含职业上成功与失败或进步得快与慢的含义。不论职位高低、不论成功与否，每个工作着的人都有自己的职业生涯。

（一）职业生涯的含义

职业生涯也称为事业生涯，是指一个人一生连续担负的工作职业和工作职务的发展道路，也是一个人一生中所有与工作相联系的行为与活动，以及相关的态度、价值观、愿望等连续性经历。它不能简单地用成功与失败、进步快慢来区别。一个人的职业生涯受到各方面的影响，例如，本人对终生职业生涯的设想与计划，父母的意见与配偶的理解和支持，组织的需要与人事计划，社会环境的变化等都会对职业生涯有所影响。在一定程度上，职业生涯可以说是多方面相互作用的结果。就其内在特性而言，具有以下特点：

1．方向性。职业生涯是生活中各种事态连续演进的方向。

2．时间性。职业生涯综合了人一生中依序发展的各种职业角色。

3．空间性。职业生涯除了职业角色之外，还包括任何与工作有关的经验和活动，例如，承担该工作需要的资格和能力，以及在工作中建立的与其他部门或社会成员的人际关系等。

（二）职业生涯的分期

职业生活是人的生活的主体，在其生涯中占据核心与关键的位置。人的一生分为婴幼儿、青少年、成年、老年四个阶段。人生理想、抱负体现于职业生涯之中。对人的职业生涯，不同研究者有不同的观点。

在我国，有些研究者提出了适合我国国情的分期模式。一般认为人的职业生涯可以分为六个时期：

1．职业准备期（一般从 15、16 岁开始直到面临就业时止）。这一时期包括职业技能学习和等待就业机会。

2．职业选择期（一般集中在 17、18 岁到 30 岁左右）。人们在这一时期，根据社会需要和自己的能力、愿望做出职业选择。

3．就业初期职业适应期（成年初期）。人们走上职业岗位从事劳动，这是对人的职业能力的实际检验。在这一时期，许多人能在一两年内顺利适应某一种职业（适应期或长或短），或者难以适应又重新选择职业。

4．就业稳定期（成年、壮年期）。这一时期占据人的职业生活的绝大部分，是人的劳动效果的最好时期，也是成就事业、获得社会地位的关键时期。

5．就业后期。由于人的生理条件发生了改变，人的职业能力会发生缓慢的、不可避免的减退。

6．职业结束期。由于年老体衰而结束职业生涯。

职业生涯的分期

阶段（年龄）	愉悦人生	痛苦人生
职业准备期（15 岁 ~ 就业）	主动学习，充实自己	优哉游哉、无所事事
职业选择期（17 ~ 30 岁）	尝试、思考	随遇而安
就业初期（25 ~ 30 岁）	波折、坚持、成绩	外强中干、失志颓废
就业稳定期（31 ~ 50 岁）	保持、提高	抱残守缺
就业后期（50 ~ 65 岁）	传授	阻止青年创业
职业结束期（60 ~ 70 岁）	乐观式超脱	心境阴郁

综上所述，一个人从职业学习开始到职业劳动结束的人生旅程就是个人的职业生涯。每一个人受到不同家庭、民族、国度等因素的影响，接受的教育不同，会产生思想、观念、素质和价值观等方面的差异，因而，人的职业生涯是丰富多彩的。

三、职业生涯规划

职业生涯规划是近几年来工业发达国家人力资源开发的重要内容之一，也是当今人事管理的大趋势。近年来，从政府、国家机关、大中专院校到企事业单位对职业生涯规划的重视越来越高。尤其在企业，帮助员工进行职业生涯规划、提供培训与职业发展已经成为企业人力资源部的一个重要的管理职能。无论从事什么职业、从事什么工作，只要通过科学的职业生涯规划，就可能实现一个人的目标，使一个人的事业获得成功，使一个平凡之人发展成为一个出色人才。

由此可见，职业生涯规划是个人成才的一种有效方法，也是个人在事业上得到长足发展、获得成功的必要途径。

职业生涯规划又称职业生涯设计，是指个人与组织发展相结合，在对一个人职业生涯的主客观条件进行测定、分析、总结的基础上，对个人的兴趣、爱好、能力、特点进行综合分析与权衡，结合时代特点，根据个人的职业倾向，确定最佳的职业奋斗目标，并为实现这一目标做出行之有效的安排。目的不仅是帮助个人按照实际的资历条件找到一份合适的工作，更重要的是帮助个人真正了解自己，为自己的发展选定方向、筹划未来，向着自己的目标不断前进。

职业生涯的概念起始于 20 世纪 60 年代，在 20 世纪 90 年代从欧美国家传入中国。目前，职业生涯教育已经成为许多国家国民教育的组成部分，成为小学、中学、大学各个阶段的必修课程。

·延伸阅读· 施瓦辛格的生涯规划

六十多年前，自小生长在贫民窟的一个十多岁的穷小子，身体非常瘦弱，却在日记里立志长大后要做美国总统。如何能实现这样宏伟的抱负呢？年纪轻轻的他，经过几天几夜的思索，拟订了一系列的连锁目标。

做美国总统首先要做美国州长→要竞选州长必须得到雄厚的财力后盾做支持→要获得财团的支持就一定得融入财团→要融入财团最好要娶一位豪门千金→要娶一位豪门千金必须成为名人→成为名人的快速方法就是做电影明星→做电影明星得练好身体，练出阳刚之气。

按照这样的思路，他开始步步为营。某天，当他看到著名的体操运动主席库尔后，他相信练健美是强身健体的好方法，因而激发了他练习健美的兴趣。他开始刻苦而持之以恒地练习健美，他渴望成为世界上最结实的壮汉。三年后，凭借发达的肌肉、雕塑似的体魄，他成为健美先生。

在以后的几年，他囊括了欧洲甚至全世界“健美先生”的称号。22 岁，他踏入美国好莱坞。在好莱坞，他花费了十年时间，利用在体育方面的成就，一心去展现坚强不屈、百折不挠的硬汉形象。终于，他在演艺界声名鹊起。当他的电影事业如日中天时，女友的家庭在他们相恋九年后，终于接纳了这位“黑脸庄稼人”。他的女友就是赫赫有名的肯尼迪总统的侄女。

婚姻生活恩爱，他与太太生育了四个孩子，建立了一个典型的“五好”家庭。2003 年，年逾五十七岁的他退出了影坛，转为从政，成功地竞选成为美国加州州长。他的下一个目标就是美国总统。

他，就是阿诺德·施瓦辛格。

（图片来自网络）

做一做

● 你从阿诺德·施瓦辛格的经历中得到什么启示？

02 第二节

职业生涯发展阶段理论

职业生涯发展理论，主要是指个体职业心理发展的阶段性理论。这种理论认为个体在不同的职业发展阶段中，对职业的需要以及追求发展的方向和方式存在较大的差异。只有充分认识人在职业生涯发展的各个不同阶段的特点和规律，才能更好地规划自己的人生。对于职业生涯阶段的划分，各国专家学者有着不同的划分理论和方法，主要分为按年龄层次划分、按专业层次划分和按管理层次划分三种类型。

一、金斯伯格的职业意识发展阶段理论

美国著名的职业生涯发展理论先驱、职业心理学家金斯伯格通过对人的童年到青少年阶段职业心理发展过程的研究，将个体职业心理的发展，划分为幻想期、尝试期和现实期三个阶段。

（一）幻想期（4 ～ 11 岁）

这一时期的儿童已逐渐地获得了社会角色的直接印象。他们对自己经常看见或接触的各类职业都感兴趣并充满了新奇之感，幻想着长大要做什么。特别是他们在早期的游戏中，常常充分地运用各自的职业想象力，扮演各自所喜爱的角色。随着年龄的增长，游戏中所喜爱的角色得到初步强化，他们开始在日常服饰搭配、语言行动上对这些角色进行模仿。如果这种模仿得到了成人和伙伴的赞许、肯定，那么，他们开始萌芽的职业意识会得到强化。这一时期的儿童职业心理发展特点是：

1. 单纯的兴趣爱好与模仿。
2. 不考虑自身的条件和能力水平。
3. 不能形成与社会需要相适应的职业动机，完全处于幻想之中。

（二）尝试期（11 ～ 17 岁）

与早期单纯的模仿不同，11 ～ 17 岁是儿童向青少年过渡时期。随着生理的迅速成长和变化，他们的心理也在快速发展，以独立意识和价值观念的形成作为显著标志，他们开始憧憬自己的美好未来。伴随着知识和能力的增长与增强，特别是获得一些社会生产和生活经验后，他们开始对职业问题进行积极探索，例如，能够比较客观地审视自己的条件、能力，注意社会职业声望、需要等。

金斯伯格进一步把尝试期划分为四个阶段：

1. 兴趣阶段（11 ～ 12 岁）。开始觉察社会不同职业之间的一些重要差异，并对自己较为关注的职业产生兴趣。

2. 能力阶段（12 ～ 14 岁）。开始注意社会不同职业对人的能力要求，注意衡量自己的能力

与某些自己感兴趣的职业的差异，并自觉进行训练。

3．价值观阶段（14 ～ 16 岁）。开始注意了解各种职业的社会价值和个人价值，并运用这些价值审视自己的职业兴趣和能力，以便进行职业选择。

4．综合阶段（16 ～ 17 岁）。开始综合有关职业信息，并综合判断个体职业发展方向，缩小职业兴趣范围，把自己在前几个阶段中形成的职业价值判断和早期职业行动，转移到自己初步确定的职业方向上。

（三）现实期

与尝试期青少年的职业心理不同，17 岁以后是青年向成人过渡和迈进的年龄阶段。个体开始步入社会劳动并实现就业。这一时期的个体能够客观地把自己的职业愿望与自己的主观条件、能力，以及社会现实的职业需要密切联系和协调起来，寻找适合自己的职业角色。他们对职业的认识不再模糊不清，形成了明确的、具体的、现实的职业生涯目标。客观性、现实性是这一时期青年的最明显的特点。金斯伯格按职业心理的发展顺序将现实期也分为三个阶段：

1．试探阶段。对尝试期初步确定的职业方向进行职业的试探活动，如调查、访谈、参观、考察、查询、咨询等，了解职业发展方向及就业机会，为选择职业生涯做准备。

2．具体化阶段。对职业试探活动中的某些结果，结合自己的情况进行比较分析，再一次缩小职业选择范围，使自己的职业选择方向更加具体化、明确化。

3．专业化阶段。对个体职业发展的专业方向进行确认，并以实际行动投入目标变为现实的行为过程。包括选择专业院校学习和直接选择工作单位。

金斯伯格为了完善他的理论，1983 年对他的职业选择理论进行了重新阐述，其中着重强调的就是：对从工作中寻找满足感的人来说，职业选择是一个终生的决策过程，是他们不断增进自己正在变化的职业目标和工作现实之间匹配的过程。这一过程受三个因素的影响：最初的职业选择、最初的选择与随后的工作经验所给予的反馈，以及经济与家庭状况。这就是说，如果一个人最初的职业选择没有达到所期望的职业满意度，他很可能要重新进行一次职业选择，而再次的职业选择依然受到家庭和经济状况等因素的制约。

二、施恩的职业生涯发展理论

美国著名的职业心理学家施恩根据人的生命周期的不同特点与不同年龄阶段的人所面临的心理、生理、家庭问题及职业工作的主要任务，将职业生涯划分为九个阶段。

（一）成长、幻想、探索阶段（0 ～ 21 岁）

处于这一职业发展阶段的主要任务是：①发展和发现自己的需要和兴趣，发展和发现自己的能力和才干；②学习职业方面的知识，寻找现实的角色模式，从测试和咨询中获取丰富信息，发展和发现自己的价值观、动机和抱负，做出合理的教育决策，查找有关职业和工作角色的可靠的信息源，将幼年的职业幻想变为可操作的现实；③接受教育和培训，开发工作中所需要的基本习惯和技能。在这一阶段的角色是学生、职业工作的候选人、申请者。

（二）进入工作世界（21 ～ 25 岁）

步入该阶段的人，首先，要进入劳动力市场，谋取可能成为一种职业基础的第一项工作；其次，个人和雇主之间达成正式可行的契约，个人成为一个组织或一种职业的成员。这一阶段的角色是应聘者、新学生。

（三）基础培训（16～25岁）

与正在进入职业工作或组织阶段不同，基础培训要担当实习生、新手的角色。也就是说，已经迈进职业或组织的大门。此时的主要任务：一是了解、熟悉组织，接受组织文化，融入工作群体，尽快取得组织成员资格，成为一名有效的成员；二是适应日常的操作程序，应付工作。

（四）早期职业的正式成员资格（17～30岁）

获取早期职业的正式成员资格，面临的主要任务：①承担责任，成功地完成与第一次工作分配有关的任务；②发展和展示自己的技能和专长，为提升或进入其他领域的横向职业成长打基础；③根据自身才干和价值观，根据组织中的机会和约束，重估当初追求的职业，决定是否留在这个组织或职业，或者在自己的需要、组织约束和机会之间寻找一种更好的配合，还要体会第一次工作中的成功感和失败感。

（五）职业中期

处于职业中期的正式成员，年龄一般在25岁以上。主要任务：①选定一项专业或进入管理部门；②保持技术竞争力，在自己选择的专业或管理领域继续学习，力争成为一名专家或职业能手；③承担较大责任，确定自己的地位；④开发个人的长期职业计划。

（六）职业中期危险阶段（35～45岁）

这一阶段的主要任务：①现实地评估自己的进步、职业抱负及个人前途；②就接受现状或者争取看得见的前途做出具体选择；③建立与他人的良好关系。

（七）职业后期

从40岁直到退休，可说是处于职业后期阶段，此时的职业状况或任务：①成为一名良师，学会发挥影响，指导、指挥别人，对他人承担责任；②扩大、发展、深化技能，或者提高才干，以担负更大范围、更重大的责任；③如果求安稳，就此停滞，则要接受和正视自己的影响力和挑战能力的下降。

（八）衰退和离职阶段

一般在40岁后到退休，不同的人在不同的年龄会衰退或离职。此间主要的职业任务：①学会接受权力、责任、地位的下降；②基于竞争力和进取心下降，要学会接受和发展新的角色；③评估自己的职业生涯，并准备退休。

（九）离开组织或职业——退休

在失去工作或组织角色之后，面临两大问题或任务：①保持一种认同感，适应角色、生活方式和生活标准的急剧变化；②保持一种自我价值观，运用自己积累的经验和智慧，以各种资源角色，对他人进行“传帮带”，回首过去的一生，感到有所实现和满足。

需要指出的是，施恩虽然是基本依照年龄增大的顺序来划分职业发展阶段，但并未限于此，其阶段划分更多的是根据职业状态、任务、职业行为的重要性。因为，施恩划分职业周期阶段是依据职业状态、职业行为和发展过程的重要性，而每个人经历某一职业阶段的年龄有别，所以他只给出了大致的年龄跨度。

三、格林豪斯的职业生涯发展阶段理论

格林豪斯研究了人的不同年龄阶段职业发展的主要任务，并将职业生涯发展分为五个阶段。

（一）职业准备

典型年龄段为0～8岁。主要任务：发展职业想象力，对职业进行评估和选择，接受必需的

职业教育。一个人在此阶段做出的职业选择，是最初的选择而不是最后的选择，主要目的是建立个人职业的最初方向。

（二）进入组织

18 ～ 25 岁为进入组织阶段。主要任务：在一个理想的组织中获得一份工作。在获取足量信息的基础上，尽量选择一种合适的、较为满意的职业。在这个阶段，个人所获得信息的数量和质量将影响个人的职业选择。

（三）职业生涯初期

处于此阶段的典型年龄是 25 ～ 40 岁。主要任务：学习职业技术，提供工作能力；了解和学习组织纪律和规范，逐步适应职业工作，适应和融入组织；为未来职业成功做好准备。

（四）职业生涯中期

40 ～ 55 岁是职业生涯中期阶段。主要任务：对早期职业生涯重新评估，强化或转变自己的职业理想；选定职业，努力工作，有所成就。

（五）职业生涯后期

从 55 岁直至退休为职业生涯后期。继续保持已有的职业成就，维持自尊，准备引退，是这一阶段的主要任务。

四、舒伯的终身职业生涯发展理论

舒伯从人的终身发展的角度出发，根据自己的“生涯发展形态”的研究结果，并参照布尔赫勒的生命周期理论，提出了职业发展的生涯发展概念模式。

舒伯（1953）依据年龄将个体生涯阶段划分为成长、试探、决定、保持与衰退五个阶段，其中有三个阶段与金斯伯格的分类相近，只是年龄与内容稍有不同，增加了就业以及退休阶段的生涯发展，具体分析如下：

（一）成长阶段（0 ～ 14 岁）

该阶段儿童开始发展自我概念，以各种不同的方式来表达自己的需要，且经过对现实世界的不断尝试来修饰自己的角色。这个阶段发展的任务：发展自我形象，发展对工作世界的正确态度，了解工作的意义。

这个阶段包括三个时期：①幻想期（0 ～ 10 岁），以“需要”为主要考虑因素，在这个时期幻想中的角色扮演很重要；②兴趣期（11 ～ 12 岁），以“个人喜好”为主要考虑因素；③能力期（13 ～ 14 岁），以“能力”为主要考虑因素，能力逐渐具有重要作用。

（二）探索阶段（15 ～ 24 岁）

探索阶段的青少年，通过学校的活动、社团休闲活动、参加社会实践等机会，对自我能力及角色、职业做出探索，因此，在进行职业选择时有较大弹性。探索阶段属于学习和打基础阶段，在这一时期，个人将认真地探索各种可能的职业选择，对自己的天资和能力进行现实性评价，并根据未来的职业选择做出相应的教育决策，完成几次择业和初就业。

探索阶段具体可分为三个时期：①试验期（15 ～ 17 岁），综合认识和考虑自己的兴趣、能力与职业社会价值、就业机会，开始进行择业尝试；②过渡期（18 ～ 21 岁），正式进入劳动力市场，或者进行专门的职业培训，由一般性的职业选择转为特定目标的选择；③尝试期（22 ～ 24 岁），选定工作领域，开始从事某种职业，对职业发展目标的可行性进行试验。

（三）确立阶段（25～44 岁）

属于选择、安置阶段。在这一时期，经过早期的试探与尝试后，最终确立稳定职业，并谋求发展，获得晋升。

这一阶段是大多数人职业生涯周期中的核心部分，是整个人生的高产期，一般分为三个时期：①尝试期（25～30 岁），对最初就业选定的职业不满意，再选择、变换职业工作，变换次数各不相同，也可能对初选职业较为满意而无变换；②稳定期（31～44 岁），最终确定稳定的职业目标，并致力于实现目标；③职业中期的危机阶段（30～40 岁），处于转折期，可能会发现自己并没有靠近目标或发现了新的目标，因而需要重新评价自己的需求和目标。

（四）维持阶段（45～64 岁）

属于升迁和专精阶段。在这一阶段，劳动者一般会达到常言所说的“功成名就”，不再考虑变换职业工作，力求维持取得的成就和社会地位。

（五）衰退阶段（65 岁以上）

属于退休阶段。在家庭上投入相当多的时间，休闲者和家长的角色最为突出，这一阶段的主要任务就是注重发展新的角色，寻求以不同的方式替代和满足个人的需求。

五、国内职业生涯阶段理论

（一）国内职业生涯的五阶段论

我国职业指导专家也提出了类似的划分方法，即根据职业发展进程，把每个人的职业生涯大致分为职业准备期、职业选择期、职业适应期、职业稳定期和职业结束期五个阶段。

1．职业准备期

职业准备期是形成了较为明确的职业意向后，进行职业的心理、知识和体能的准备及等待就业的时期。每一个择业者都有选择一份理想职业的愿望和要求，准备充分的人能够很快地找到自己理想的职业，顺利地进入职业角色。

2．职业选择期

职业选择期是在职业准备的基础上实际选择职业的时期，也是由潜在的劳动者变为现实的劳动者的关键时期。职业的选择不仅是择业者挑选职业的过程，同时是社会挑选劳动者的过程，只有个人与社会成功结合、相互认可，职业选择才算结束。择业者的职业选择非常重要，尤其是第一次选择。

3．职业适应期

择业者刚刚踏上职业岗位，必然有一个适应的过程，要完成从一个择业者到一个职业工作者的角色转变。要尽快适应新的角色，适应新的工作环境、工作方式，树立良好的第一印象，建立和谐的人际关系。这一过程一般需要半年左右。

4．职业稳定期

职业稳定期是职业适应期结束，相对稳定地从事职业工作的时期。这一时期，个人的职业生活能力处于最旺盛的时期，是创造业绩、成就事业的黄金时期。当然，职业的稳定不是绝对的，特别是在科技发展日新月异、人才流动日趋快速的今天，就业单位和职业岗位发生变化是很正常的。需要指出的是，在职业稳定期，由于科学技术进步、产业结构调整等因素，个体容易进入“职业发展高原期”，因而，需要接受继续教育，需要不断学习、不断提高。

5．职业结束期

由于年龄或身体状况等原因，个体逐渐丧失职业能力或职业兴趣，从而结束职业生活的时期是职业结束期。

（二）国内职业生涯的年龄阶段论

我国从事职业生涯规划研究的人事人才科学研究所罗双平研究员认为：以年龄为依据，每十年作为一个阶段比较合适，即 20 ～ 30 岁为一个阶段，30 ～ 40 岁为一个阶段，以此类推。

1．20 ～ 30 岁：走好第一步

这一阶段的主要特征是从学校走上工作岗位，是人生、事业发展的起点。如何起步，直接关系今后的成败。这一阶段的主要任务之一就是选择职业。在充分做好自我分析和内外环境分析的基础上，选择适合自己的职业，设定人生目标，制订人生计划。另一个任务就是要树立自己良好的形象。年轻人步入职业世界，表现如何，对未来的发展影响极大。有些年轻人，特别是刚毕业的大学生，认为自己有知识、有文化，工作后不屑于做小事，不能给同事留下良好的印象，这对于一个年轻人的发展而言，可以说是一个危机。还有一个重要任务就是要坚持学习。日本科学家研究发现，人一生工作所需的知识，90% 是工作后学习的。这个数据足以说明参加工作后学习的重要性。

2．30 ～ 40 岁：不可忽视修订目标

这个时期是一个人充分展现自己才能、获得晋升、事业迅速发展之时。此时，除发奋努力、展示才能、拓展事业以外，对很多人来说，还有一个调整职业、修订目标的任务。三十多岁，应当更清楚地了解自己、环境。看一看自己选择的职业、生涯路线和所确定的人生目标是否符合现实，如果有出入，应尽快调整。

3．40 ～ 50 岁：及时充电

这一阶段是人生的收获季节，也是事业上获得成功的人大显身手的时期。这个年龄仍一无所得、事业无成的人应深刻反省一下原因。重点在自己身上找原因，对环境因素也要做客观分析，切勿将一切原因都归咎于外界因素、他人之过。只有正确地认识自己，找出客观原因，才能解决人生发展的阻碍，把握今后的努力方向。此阶段的另一个任务是继续“充电”。很多人在此阶段都会遇到知识更新问题，特别是科学技术的高速发展，知识更新的周期缩短，如果不及时充电，将难以满足工作需要，甚至影响事业的发展。

4．50 ～ 60 岁：做好晚年生涯规划

此阶段是人生的转折期，无论是在事业上继续发展，还是准备退休，都面临转折问题。由于医学的进步、生活水平的提高，很多人此时乃至以后的十几年，身体健康，照常工作，所以做好晚年生涯规划十分重要。日本的职工一般是 45 岁时，开始做晚年生涯规划，美国的职工是 50 岁时做晚年生涯规划。我国的职工按退休年龄提前五年做晚年生涯规划即可。主要内容应包括：一是，确定退休后的二三十年，自己准备做什么事情，然后根据目标，制订行动方案；二是，学习退休后的工作技能，最好是在退休前三年开始着手学习；三是，了解退休后再就业的有关政策；四是，寻找工作机会。目前，我国有离退休人员的人才职业介绍所，可以与这些部门联系，取得他们的帮助。

03 第三节

生涯彩虹图

20 世纪 80 年代，为了综合阐述生涯发展阶段与角色的相互影响，舒伯创造性地描绘出一个多重角色生涯发展的综合图形——“生涯彩虹图”，形象地展现了生涯发展的时空关系，更好地诠释了生涯的定义。

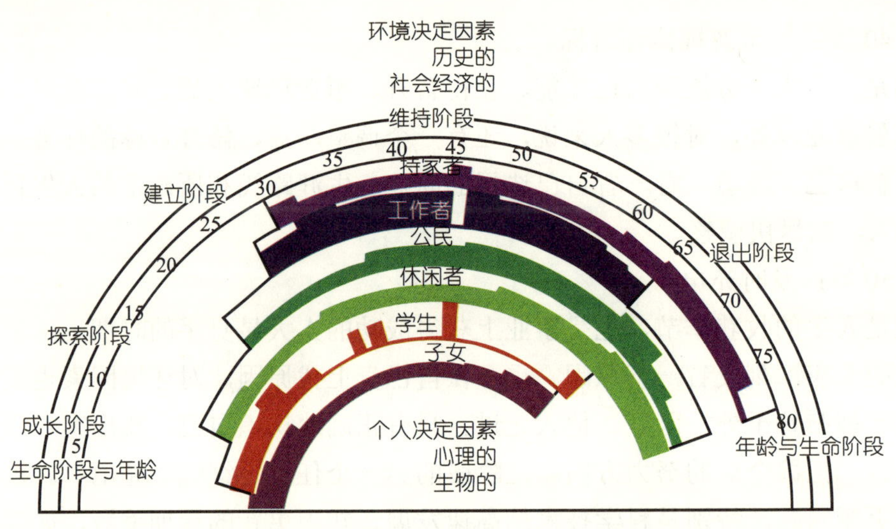

舒伯的职业生涯彩虹图（1980）

1976 ～ 1979 年，舒伯在英国进行了为期四年的跨文化研究，之后他提出了一个更为广阔的新观念——生活广度、生活空间的生涯发展观。这个生涯发展观，除了原有的发展阶段理论之外，较为特殊的是加入了角色理论，并根据生涯发展阶段与角色交互影响的状况描绘出一个多重角色生涯发展的综合图形。这个生活广度、生活空间的生涯发展图形，舒伯将它命名为“一生生涯的彩虹图”。

一、横贯一生的彩虹——生活广度

在一生生涯的彩虹图中，横向层面代表的是横跨一生的生活广度。彩虹的外层显示人生主要的发展阶段和大致估算的年龄：成长阶段（约相当于儿童期），探索阶段（约相当于青春期），建立阶段（约相当于成人前期），维持阶段（约相当于中年期），以及退出阶段（约相当于老年期）。在这五个主要的人生发展阶段，各个阶段还有小的阶段，舒伯特别强调各个时期年龄划分有相当大的弹性。应依据个体不同的情况而定。

二、纵贯上下的彩虹——生活空间

在一生生涯的彩虹图中，纵向层面代表的是纵贯上下的生活空间，由一组职位和角色所组成。舒伯认为人在一生当中必须扮演九种主要的角色，依序是：儿童、学生、休闲者、公民、工作者、夫妻、家长、父母和退休者。

图例为某位来访者自己所勾画的生涯彩虹图。半圆形最中间一层，儿童的角色在 5 岁以前是涂满颜色的，之后渐渐减少，8 岁时大幅度减少，一直到 45 岁开始迅速增加。此处的儿童角色，其实就是为人子女的角色。因而这个角色一直存在。早期个体享受被父母养育照顾的温暖，随着成长成熟，慢慢开始同父母平起平坐，而在父母年迈之际，则要开始多花费一些心力来陪伴、赡养父母。

第二层是学生角色。在这个案例中，学生角色从 4、5 岁开始，10 岁以后进一步增强，20 岁以后大幅减少，25 岁以后戛然而止。但在 30 岁以后，学生角色又出现，特别是 40 岁出头时，学生角色竟然涂满了颜色，但两年后又完全消失，直到 65 岁以后。这是由于处于科技发展日新月异、知识爆炸的社会，青年在离开学校、工作了一段时间之后，常会感到自身知识不能满足工作需要，需要重回学校以进修的方式来充实自我。也有一部分人甚至等到中年，儿女长大之后，暂时离开原有的工作，接受更高的教育，以开创职业生涯的“第二春”。学生角色在 35 岁、40 岁、45 岁左右凸现，正是这种现象的反映。

第三层是休闲者角色。这一角色在前期较平衡地发展，60 岁以后迅速增加，也许有人会惊讶舒伯把休闲者角色列入生涯规划。其实，平衡工作和休闲是一项非常重要的任务，特别是在快节奏、高效率的社会中。正如图中的空白也构成画面一样，休闲是我们维持身心健康的一种重要手段。

第四层是公民。本案例角色从 20 岁开始，35 岁以后得到加强，65 ～ 70 岁达到顶峰，之后慢慢减退。公民的角色，就是承担社会责任、关心国家事务的一种责任和义务。

第五层是工作者的角色。该当事人的工作角色从 26 岁左右开始，颜色阴影几乎填满整个层面，可见当事人对这一角色相当认同。但在 40 多岁时，工作者的角色完全消失。对比其他角色不难发现，这一阶段，学生角色和家长角色都有不同程度的增强。两三年后，学生角色减少时，家长角色的投入程度恢复到平均水平，而工作者的角色又被颜色涂满，60 岁以后开始减少，65 岁终止工作者角色。

第六层是持家者角色，这一角色可以拆分夫妻、父母、（外）祖父母等角色，然后分别作图。此处家长的角色从 30 岁开始，前几年精力投入较多，之后维持在一个适当水平，退休以后才加强了这一角色。76 ～ 80 岁几乎没有了持家者的角色。

虽然个体的生涯过程中还可能承担其他角色，但对于大多数人来说，上述这些是最基本的角色，在使用“生涯彩虹图”时，个体可根据自身情况，在此图的基础上做适当调整。

做一做

● 描绘你的人生彩虹图，并与朋友和家人分享。

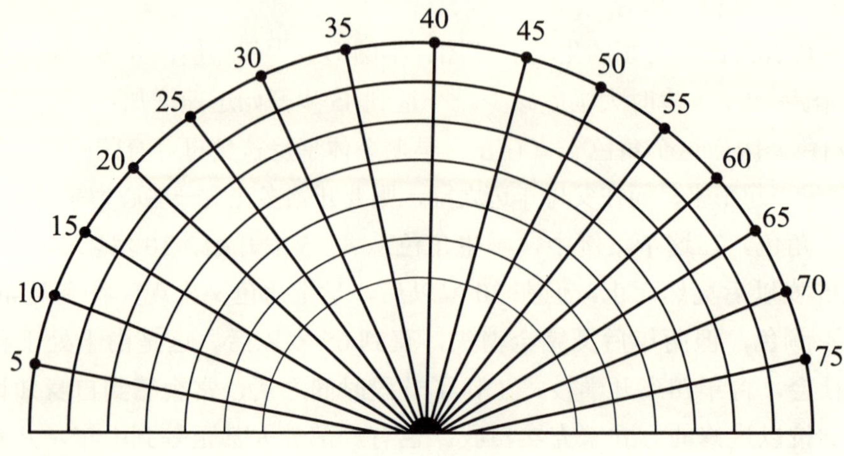

我的人生彩虹图

第二章
职业兴趣与职业选择

01 第一节

霍兰德职业兴趣理论

一、什么是兴趣

（一）兴趣的概念

兴趣是个体对特定的事物、活动或人所产生的带有倾向性、选择性的积极的态度、情绪和情感。每个人都会对个人感兴趣的事物给予优先的注意和积极的探索，并能从中体验趣味和愉悦。例如，对美术感兴趣的人，会积极观赏油画、美展、摄影等；对体育感兴趣的人，会热衷于追逐体坛明星、参加运动、观看比赛、购置装备等。

兴趣可分为物质兴趣、精神兴趣和社会兴趣。物质兴趣指对事物方面的兴趣，例如，对集邮的兴趣；精神兴趣指对精神方面的兴趣，例如，对某种文化、某个学科或某种休闲等方面的兴趣；社会兴趣更多的是指社会活动和工作方面的兴趣，例如，有人对政治活动感兴趣，而有人对义工活动感兴趣。职业兴趣主要是指社会方面的兴趣，但是，当你一旦投入具体的职业兴趣中，时常会表现为物质兴趣和精神兴趣。

（二）兴趣的分类与品质

兴趣也可以分为内在兴趣和外在兴趣。对某种事物本身的兴趣叫作内在兴趣；对某种事物所带来的结果、价值等感兴趣，则称为外在兴趣。例如，你如果喜欢学习本身带给你的那份愉悦、那种兴奋，可以说你对学习有内在兴趣；如果你不喜欢学习，学习只是想在将来找份好工作，你的学习兴趣则称为外在兴趣。内在兴趣有时又被称为直接兴趣，相应地，外在兴趣也可被称为间接兴趣。在活动中，直接兴趣重在过程，间接兴趣重在结果。

兴趣具有倾向性、广阔性和持久性等品质。兴趣的倾向性是指个体对什么方面的事物感兴趣。人的年龄、职业和所处环境不同，其兴趣指向也不同。兴趣的广阔性指兴趣的范围大小。兴趣的广阔性因人而异，有的人兴趣爱好广泛，有的人兴趣爱好狭窄。一般而言，兴趣广泛的人知识面广，容易与人产生共同的话题，有助于人际沟通。但是，要防止兴趣太广。如果你什么都喜欢，而又什么都不精通、不专注，也许会一事无成。兴趣的持久性指兴趣的稳定程度。兴趣的稳定性对一个人的学习和工作非常重要，只有稳定的兴趣才能促使人勇于面对困难，承受挫折，坚持不懈，最终取得成就。

（三）兴趣的层级

兴趣可以分为三个层级：

第一层为“有趣”。对某一事物或活动没有深入了解、亲身参与以前，你可能只是对它感到好奇、有新鲜感。此时的兴趣并非真正意义上的兴趣，更多的是觉得它新奇、有意思。例如，有些小孩看了武侠片之后，觉得武术很有趣，很想去学，但学了几天便因受不了苦而放弃，这就不能说他们对武术真正产生了兴趣。较宽泛的猎奇、较专注的投入才能让你的生活变得更“有趣”，才能从纷纭事物中有选择地发现和培养更多真正意义上的“兴趣”。

第二层为“乐趣”。当你对某些东西感到有趣时，会尝试去了解它、认识它，或者是练习它、拥有它。在这个阶段，你的专注程度比较高，也有可能会从中体验一定的成就感而感受到乐趣。当然，对于那些需要努力学习、训练才能形成的兴趣爱好，如果经过努力而没有进展的话，你很有可能因体会不到乐趣而放弃。例如，学游泳时喝几口水是正常的，但如果是呛水的话，会对学游泳产生挫败感或恐惧感。

第三层为“志趣”。当形成的乐趣能够与你的工作、职业、理想和社会角色融合时，你的乐趣将会与需要或情感结合在一起，产生更加持久和更有深度的兴趣——志趣。与一般的兴趣相比，志趣具有社会性、自觉性和方向性，是志向与兴趣的结合体，是激发和维持生涯发展的原动力。

二、兴趣与几个相关概念

（一）兴趣往往以一定的认知为基础

如果一个人对某种事物毫无认知，很难对其产生真正的兴趣，在短暂的好奇后便会转移注意力。相反，对某一事物的认识越深刻，伴随的情感便越丰富，兴趣也就越浓厚。例如，如果对诗词的韵律、体裁等一无所知，你将很难对唐诗、宋词、元曲等优秀的文化产生兴趣，只会觉得枯燥无味。

（二）兴趣是爱好的前提，爱好是兴趣的发展

兴趣更多的是一种内在的心理倾向，而爱好表现为外在的实际行动。例如，看见别人打网球很“有型”，打网球还有益于健康，你可能会对网球产生兴趣，但如果你只是停留在内心的喜欢而不真正去练习的话，就不能说是爱好网球。因此，爱好是兴趣的外在表现，是兴趣的发展。

（三）兴趣是特长的原动力，而特长是兴趣的添加剂

特长，是需要我们去发现和培养的。如果你对某事物毫无兴趣，便不太可能投入时间和精力去欣赏或参与，甚至根本不知道自己具有该方面的潜能。而如果你对某事物有浓厚的兴趣，便会克服种种困难投入其中，在该方面形成一定的能力特长优势。另一方面，能力特长也会对兴趣带来影响。如果你在某方面有特长，你的投入将会使你的成就越来越大，受到他人的赞誉也会越来越多，于是你的兴趣也会越来越浓；如果你在某方面只有兴趣而没有特长，无效的投入甚至是无情的挫败，将会使你逐渐失去对这方面的兴趣。

（四）兴趣伴生感情，感情反作用于兴趣

对某事物的兴趣能培养你对它的感情，而对某事物的感情也会影响你对它的兴趣。例如，如果你对养花很感兴趣，便会对你所养殖的花产生感情，会因为其生长情况而或喜或悲。又如，刚入学时你可能会对某个学生社团很感兴趣，但当你加入以后，却发现它存在着这样那样的问题，你对它感到失望之时，便会对它失去兴趣，甚至会排斥其他类似的社团。

（五）需要是兴趣的基础，兴趣是需要的延伸

兴趣，都是以需要为前提和基础的，人们需要什么就会对什么产生兴趣。人的需要包括生理需要和社会需要（或者分为物质需要和精神需要），人的兴趣同样表现在这两个方面。一般来说，人的基本的生理需要或物质需要是暂时的，比较容易满足（不切实际的物欲除外）。例如，人对某种食物、服饰感兴趣，吃饱了、穿上了也就满足了；而人的社会需要或精神需要却是持久的、稳定的，甚至是永无止境的。例如，某些人在人际交往、文艺作品等方面的需要。但是，当

你对某事物形成稳定的兴趣时，在没有迫切需要时也会因“条件反射”而形成一定的定势思维和行为习惯。

三、兴趣与职业的关系

“兴趣是最好的老师。”从事一份自己感兴趣的工作，能让你保持长久的激情和不懈的努力，这对于职业生涯的成功非常重要。兴趣在职业上的表现称为职业兴趣。职业兴趣能推动职业生涯的发展，职业生涯也能影响职业兴趣。

（一）职业兴趣对职业生涯发展的作用

1．引导职业的探索和准备

在职业生涯发展的探索阶段，需要付出大量的时间和精力去积累知识技能等资源，学什么专业？学到什么程度？这都需要职业兴趣来引导和推动。你对某个领域越偏好，你对相应专业就越有兴趣，学习的动力就越强，为职业生涯发展积累的知识技能基础就越厚实。

2．推动职业的建立和发展

职业的建立和发展阶段是职业生涯发展的主要阶段，但会面临挫折、挑战、诱惑或抉择。如果你对所从事的工作没有强烈、浓厚的志趣，在面对挫折时便会意志消沉，在面对挑战时便会知难而退，在面对诱惑时便会迷失方向，在面临抉择时便会患得患失。

3．激发工作的创意和灵感

兴趣能促进你在活动中的创造热情，会促使你深入钻研，创造性地学习和工作。获得诺贝尔物理学奖的丁肇中先生说：“兴趣比天才更重要！”也许你觉得自己并不如别人聪明，但如果你对工作有足够的兴趣，便会比别人投入更多的时间和精力去想、去学、去做，别人下班后回家看电视或泡酒吧去了，你却还在思考和探究学习或工作中的问题，假以时日，你会比别人更有创意，更有成就。

（二）职业会影响从业者的兴趣

1．职业特征会影响兴趣的倾向性

兴趣爱好受外界条件所制约，不同地域、阶层、职业、文化的人，其普遍的兴趣爱好不同。从事某种职业一段时间后，特定的职业要求和职业文化会影响你的兴趣喜好。

2．职业发展能促进兴趣的广泛性

兴趣的前提和基础是需要。按照马斯洛的需求层次理论，人们在满足了低级的生理、安全需要后，便会逐渐产生归属、获得尊重和自我实现等高层次需要。因此，当人们整日为衣食而烦恼时，是不太可能去发现和培养那些高成本的兴趣爱好的；而当人们超越了以谋生为主要目的的职业层次时，便会更积极地发现和培养人际交往、修身养性和科学探索等方面的兴趣和爱好。

3．职业要求能强化兴趣的持久性

不同的职业有不同的职业要求和工作职责，长期的专业性工作能使与之相关的兴趣得以持续，甚至将此兴趣扩展到生活中的其他方面；也有可能使一般的兴趣发展为成熟的志趣。例如，一位从未带过小孩的统计学家，某个星期六他的妻子外出购物时，他勉强答应了照看 4 个好动的小孩。他的妻子回来时，他交给妻子一张纸条：“擦眼泪 11 次；系鞋带 15 次；给每个小孩吹气球 5 次，气球的平均寿命 10 秒；警告孩子不要横穿马路 26 次；孩子坚持穿越马路 26 次；我还想再过这样的周六 0 次。”

四、霍兰德职业兴趣理论

职业兴趣理论主要是由美国著名的职业指导专家霍兰德提出和发展的。它源于人格心理学的概念和大量职业咨询的实践与研究，霍兰德从人格的角度来考察职业选择问题，因此，他的职业兴趣理论超越了心理学和非心理学的理论框架，基本上属于包含职业选择和职业适应理论的职业人格理论。

霍兰德认为人的一生中，面临许多选择，职业方面的选择是关系一生幸福的重要内容之一，这其中职业兴趣产生了极为重要的影响。根据霍兰德的观点，一个人的职业兴趣会极大地影响职业的适宜度。当从事的职业与兴趣相吻合时，就可能发挥最佳水平，易于做出成绩；反之则可能感到极不适应或者毫无兴趣，即使取得一定的成绩也难以获得成就感。丁肇中先生说的“兴趣比天才重要”就是以对职业兴趣理论的最好诠释。

（一）职业兴趣理论的基本内容

1．理论核心

目前，霍兰德的职业兴趣量表作为职业选择的首选工具，几乎被国内外所有的职业机构应用。霍兰德的职业兴趣理论提出了四个假设：

（1）大多数人的人格可以分为现实型、研究型、艺术型、社会型、企业型和常规型六种类型，这些人格类型是在个人与环境的相互作用中形成的。每一种特定人格类型的人会对相应的职业类型中的活动感兴趣。

（2）人们所生活的职业环境同样可以划分为上述六种类型。各种职业环境大致由同一种人格类型的人占据。

（3）人们寻求的是能够充分施展自身能力，充分表现、发展自己价值观的职业环境。

（4）个人的行为是由个人的人格和所处的环境相互作用决定的。

在上述假设之下，霍兰德提出：人格类型模式和职业类型模式应互相配合，人格与职业环境的匹配是形成职业满意度、成就感的基础。

2．兴趣类型的特点及其较为适宜的职业环境

六种兴趣类型的内容及特点

类型	劳动者特点	职　业
现实型	具有这类倾向的个体，属于技术与运动取向： ①对机械与物体的关心比较强烈，愿意使用工具从事操作性工作； ②身体技能及机械协调能力好，动手能力强，手脚灵活，动作协调； ③不善言辞，对于人际交往及人员管理、监督等活动不太感兴趣； ④稳健、务实，喜欢从事规则明确的活动及技术性工作，甚至热衷于亲自动手创造新事物。	主要是指各类工程技术工作、农业工作。通常需要一定体力，需要运用工具或操作机器。 主要职业有：工程师、技术员；机械操作、维修、安装工人，矿工、木工、电工、鞋匠等；司机、测绘员、描图员；农民、牧民、渔民等。
研究型	具有这类倾向的个体，喜欢理论思维或偏爱数理统计工作： ①抽象思维能力强，求知欲强，倾向于通过思考、分析解决难题，不愿自己动手； ②喜欢独立的、挑战性的和富有创造性的工作，不太喜欢固定程式的任务； ③知识渊博，有学识有才能，不善于领导他人和人际交往。	主要是指科学研究和科学实验工作。 主要职业：自然科学和社会科学方面的研究人员、专家；化学、冶金、电子、无线电、电视、飞机等方面的工程师、技术人员；飞机驾驶员、计算机操作员等。

续 表

类型	劳动者特点	职　业
艺术型	具有此类倾向的个体，对具有创造、想象及自我表现空间的工作显示出明显偏好： ①喜欢以各种艺术形式的创作来展现自己的才能，实现自身的价值； ②具有特殊艺术才能和个性； ③乐于创造新颖的、与众不同的艺术成果，渴望表现自己的个性，重视自己的感性，直觉力较好，情绪变化较大；比较喜欢独立行事，不太合群； ④对于结构化程度较高的任务及环境都不太喜欢，对于机械性及程式化的工作无兴趣。	主要是指各类艺术创作工作。 主要职业：音乐、舞蹈、戏剧等方面的演员、艺术家编导、教师；文学、艺术方面的评论员；广播节目的主持人、编辑；绘画、书法、摄影家；艺术、家具、珠宝、房屋装饰等行业的设计师等。
社会型	具有此类倾向的个体，喜欢以人为对象的工作： ①通常言语能力优于数理能力，善于言谈，乐于与人相处，给人提供帮助，具有人道主义倾向，责任心较强，喜欢从事为他人服务和教育、指导他人的工作； ②习惯于与人商讨或调整人际关系来解决面临的问题，喜欢参与解决人们共同关心的社会问题，渴望发挥自己的社会作用； ③比较看重社会义务和社会道德。	主要是指各种直接为他人服务的工作，如医疗服务、教育服务、生活服务方面的职业等。 主要职业：教师、保育员、行政人员；医护人员；衣食住行服务行业的经理、管理人员和服务人员；福利人员等。
企业型	具有这种兴趣倾向的个体，喜欢制订新的工作计划、事业规划以及设立新的组织： ①精力充沛、自信、善交际，具有领导才能； ②支配欲、冒险性强，喜欢竞争； ③喜爱权力、地位和物质财富； ④不喜欢具体精细或需要长时间集中心智的工作。	主要是指组织与影响他人共同完成组织目标的工作。 主要职业：经理企业家、政府官员、商人、行业部门和单位的领导者、管理者等。
传统型	具有这类倾向的个体，喜欢高度有序、要求明晰的工作： ①喜欢按计划办事，习惯接受他人的指挥和领导，自己不谋求领导职务； ②不喜欢冒险和竞争；对社会地位、社会评价比较在意，通常愿意在大型机构做一般性工作； ③工作踏实、有毅力，忠诚可靠，遵守纪律，偏保守，与人工作中的交往会保持一定的距离。	主要是指各类与文件档案、图书资料、统计报表等相关的各类科室工作。 主要职业：会计、出纳、统计人员；打字员；办公室人员；秘书和文书；图书管理员；旅游、外贸职员、保管员、邮递员、审计人员、人事职员等。

3．类型之间的关系

霍兰德所划分的六大类型，并非是并列的、有着明晰的边界的。他以六边形标示出六大类型的关系，如下图所示。

六种类型的关系

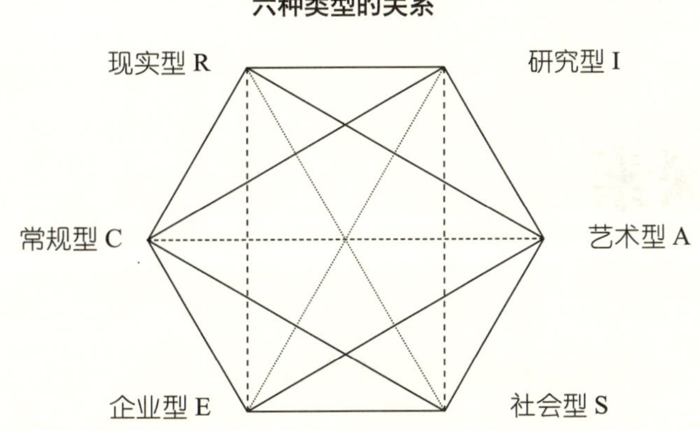

从图中可以看出每一种类型与其他类型之间都存在不同程度的关系：

（1）相邻关系。RI、IR、IA、AI、AS、SA、SE、ES、EC、CE、RC 及 CR，属于相邻关系的两种类型的个体之间的共同点较多。例如，现实型 R、研究型 I 的人都不太偏好人际交往，这两种职业环境中都较少机会与人接触。

（2）相隔关系。RA、RE、IC、IS、AR、AE、SI、SC、EA、ER、CI 及 CS，属于这种关系的两种类型的个体之间的共同点较相邻关系少。例如，现实型 R 做事稳重、务实，而艺术型 A 表现为感性化、情绪化。

（3）相对关系。在六边形上处于对角位置的类型之间即为相对关系，如 RS、IE、AC、SR、EI 及 CA。相对关系的人格类型共同点少，因此，一个人同时对处于相对关系的两种职业环境都兴趣很浓的情况较为少见。

（二）职业兴趣理论在职业生涯规划中的应用

在职业生涯规划中，人们运用职业兴趣理论，通常倾向选择与自我兴趣类型匹配的职业环境，例如，具有现实型兴趣的人希望在现实型的职业环境中工作，可以最好地发挥个人的潜能。但职业选择中，个体并非一定要选择与自己兴趣完全对应的职业环境。

1．个体本身常是多种兴趣类型的综合体，单一类型显著突出的情况不多，因此，评价个体的兴趣类型时常以其在六大类型中得分居前三位的类型组合而成，组合时根据分数的高低依次排列字母，构成其兴趣组型，如 RCA、AIS 等。

2．影响职业选择的因素是多方面的，不完全依据兴趣类型，还要参照社会的职业需求及获得职业的现实可能性。因此，职业选择时会不断妥协，寻求相邻职业环境甚至相隔职业环境。在这种环境中，个体需要逐渐适应工作环境。但如果个体寻找的是相对的职业环境，意味着所进入的是与自我兴趣完全不同的职业环境，则工作起来可能难以适应，或者难以做到工作时觉得很快乐，甚至可能会每天工作得很痛苦。

在长期的职业生涯过程中，“职业兴趣”并非一成不变，例如，一个在管理岗位上工作了 10 年的管理人员，他的职业兴趣一般都是“企业”倾向。事实上，许多成功人士做着与职业兴趣偏离的工作。当然，我们做与自己的“职业兴趣”吻合度高的工作，工作可能更快乐，更容易发挥自己的能力。大学生工作经验较少，将霍兰德的职业兴趣测试作为一种工具来帮助自己进行职业生涯设计，可以更容易发挥自己的能力，并取得成功，实现人生理想。

02 第二节

职业兴趣探索

兴趣对人的职业生涯的影响主要表现在三个方面。

一、兴趣是职业生涯选择的重要依据

正像你在日常生活中喜欢从事自己感兴趣的活动一样，具有一定兴趣类型的你更倾向于寻找与此相关的职业（类型），特别是在外界环境限制较小时，你更倾向于选择自己感兴趣的职业。因而，正确地评估你的兴趣或兴趣类型，可以预测或帮助你进行职业生涯选择。

二、兴趣可以增强职业生涯适应性

兴趣可以通过工作动机促进能力的发挥，兴趣和能力的合理结合会大大提高工作效率。研究表明：如果从事自己感兴趣的职业，则能发挥你的全部才能的 80% ～ 90%，而且长时间保持高效率而不感到疲劳；而对所从事的工作没有兴趣，只能发挥你的全部才能的 0% ～ 20%。

三、兴趣影响工作满意度和稳定性

兴趣在某些情况下（如不考虑经济因素）甚至具有决定性作用。一般来说，从事自己不感兴趣的职业很难让你感到满意，并由此导致工作的不稳定。

做一做

● **兴趣岛游戏**

有六个各具特色的岛屿，它们分别是：

岛屿 I：

深思冥想的岛屿。岛上人迹较少，建筑物多僻处一隅，平畴绿野，适合夜观星象。岛上有多所天文馆、科博馆以及科学图书馆等。岛上居民喜好观察、学习、探究、分析，崇尚和追求真知，常有机会和来自各地的哲学家、科学家、心理学家等交换心得。

岛屿 C：

现代、井然的岛屿。岛上建筑十分现代化，是进步的都市形态，以完善的户政管理、地政管理、金融管理见长。岛上居民冷静保守，做事有条不紊，善于组织规划，细心高效。

岛屿 R：

自然原始的岛屿。岛上保留有热带的原始森林，自然生态保持得很好，有各种各样的野生

动物。岛上居民生活状态还相当原始，他们以手工见长，自己种植花果蔬菜、修缮房屋、打造器物、制作工具，喜欢户外运动。

岛屿 A:

美丽浪漫的岛屿。岛上有美术馆、音乐厅，还有街头雕塑和街边艺人，弥漫着浓厚的艺术文化气息。原住民具有艺术、创新和直觉能力，他们保留了传统的舞蹈、音乐与绘画。许多文艺界人士都喜欢来这里寻找灵感。

岛屿 E:

显赫富庶的岛屿。岛上居民善于企业经营和贸易，能言善道，以口才见长。岛上的经济高度发展，高级饭店、俱乐部、高尔夫球场很多。来往者多是企业家、经理人、政治家、律师等，曾数次在岛上召开财富论坛和其他行业峰会。

岛屿 S:

友善亲切的岛屿。岛上居民个性温和、十分友善、乐于助人。社区均自成一个密切互动的服务网络，人们重视互助合作，重视教育，关怀他人，充满人文气息。

岛屿 I

岛屿 C

岛屿 R

岛屿 A

岛屿 E

岛屿 S

如果你必须选择在六个岛中的一个岛上生活一辈子，请你在 15 秒钟内回答以下问题:

1. 你第一会选择哪一个岛？ ________________
2. 你第二会选择哪一个岛？ ________________
3. 你第三会选择哪一个岛？ ________________
4. 你最不愿意选择哪一个岛？ ________________

请依次记下 4 个问题的答案。 ________________

这六个岛分别代表了六种职业类型。

问题 1 的答案体现了你最显著的职业性格特征、最喜欢的活动类型，以及最喜欢（很可能是最适合）的职业范围。

问题 4 的答案则是你最不喜欢的活动。

● 测试结果分析

» 选择 I：研究型

具有技术倾向，喜欢科学地解决抽象问题，具备思考和创造能力，社交要求不高，思考任务定向，要求实验室设备但不需要强体力劳动。

适合职业：

研究人员、科技工作者、实验人员、科学报刊编辑、生物学家、化学家、地质学家、数学家、医学技术人员、生理学家、物理学家、心理学家、化学/冶金/电子/无线电/电视/飞机/计算机程序设计等方面的工程师、技术人员等。

» 选择 C：常规型

具有有规划、有效率、尽职的、坚持的、有系统的倾向，喜欢界定好的口头和数字任务，坚持按照程序和步骤进行活动。要求系统的、常规的行为，人际技能要求低，要求规章制度明确。

适合职业：

会计、成本核算员、出纳、银行职员、速记员、鉴定人、统计员、打字员、办公室人员、秘书和文书、行政助理人员、图书管理员、风险管理者、旅游外贸职员、保管员、邮递员、审计人员、税务人员、计算机操作人员、计价员、理发师、仓库保管员等。

» 选择 R：现实型

具有运动或机械活动倾向，喜欢需动手操作实用工具或机器来完成任务的工作；要求明确的、具体的体力任务和操作技能；较低的人际关系要求；喜欢户外活动。

适合职业：

木工、电气技师、工程技术员、营养专家、建筑师、运动员、园艺工人、城市规划员、军官、机械操作工、维修工、安装工人、矿工、水电工、司机、测绘员、无线电报务员、摄影师、纺织工、飞机机械师、制图员、农牧民、裁缝、渔业类和野生动物专家。

» 选择 A：艺术型

具有敏感、情感化、直觉和想象倾向，注重美感，喜欢通过各种媒介表达自己，具有持续的创造动机。倾向于通过语言、动作、色彩和形状表达审美原则。喜欢单独工作，对友谊有特殊标准，长时间埋头苦干。

适合职业：

雕刻家、画家、歌唱家、导演、演员、作曲家、乐队指挥、记者、舞蹈家、诗人、广告管理人员、艺术教师、作家、广播员、室内装修人员、绘图师、音乐家、摄影师、公共关系专家、编导、文学艺术评论员、广播节目主持人/编辑、绘画/书法/家居/珠宝等行业的设计师等。

» 选择 E：企业型

具有雄心、鼓动性、有活力的倾向，喜欢竞争性和有影响性的活动。有实现组织目标或经济目的的强烈动机，有说服他人的能力。喜欢管理行为，善于承担监察性角色。

适合职业：

综合性企业管理人员、房地产商、业务经理、企业领导、政府官员、金融家、零售商、批发商、保险代理人、采购代理人、调度员、行业部门的领导和管理者、主持人、推销员、宣传人员、制片人、投资人等。

» 选择 S：社会型

具有理想化、乐于助人、善解人意和乐于支持的倾向。喜欢教课、培训、发展其他人，致力于提高他人的生活质量。要求高水平的沟通技能，热情助人，强调威望。

适合职业：

外交人员、教师、学校管理人员、保育员、行政人员、大学教授、律师、医护人员、人力资源专员、社区工作者、社会学家、咨询人员、精神健康工作者、衣食住行服务行业的经理或管理人员及服务人员、导游、娱乐管理人员等。

把你最想去的三个岛屿的字母组合依次写下来：____________，这就是你的兴趣类型组合。

每个人都是多种兴趣类型的组合，可以根据排在前三位的兴趣组合来匹配职业。例如，你的职业兴趣排前三位的是 RIA，那么，IRA、IAR、ARI 也可以作为参考。

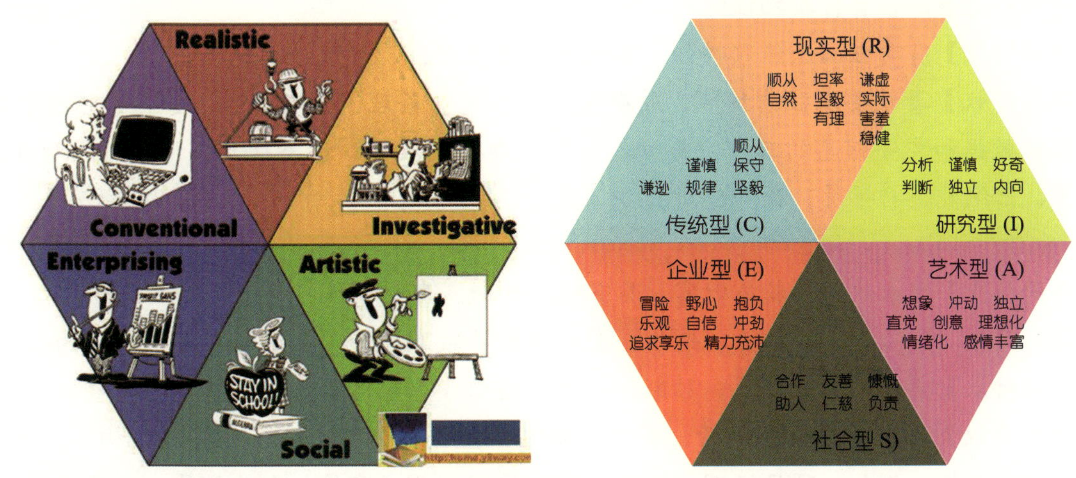

职业索引（一）

R：实用型（Realistic）

【共同特点】愿意使用工具从事操作性工作，动手能力强，做事手脚灵活、动作协调。偏好于具体任务，不善言辞，做事保守。缺乏社交能力，通常喜欢独立做事。

【性格特点】感觉迟钝、不讲究、谦逊的。踏实稳重、诚实可靠。

【职业建议】喜欢使用工具、机器，需要基本操作技能的工作。要求具备机械方面才能、体力，或者从事与物件、机器、工具、运动器材、植物、动物相关的职业。例如，技术性职业（计算机硬件人员、摄影师、制图员、机械装配工），技能性职业（木匠、厨师、技工、修理工）。

I：研究型（Investigative）

【共同特点】思想家而非实干家，抽象思维能力强，求知欲强，善思考，不愿动手。喜欢独立的和富有创造性的工作。知识渊博，不善于领导他人。考虑问题理性，做事喜欢精确，喜欢逻辑分析和推理，不断探讨未知的领域。

【性格特点】坚持性强，有韧性，喜欢钻研。为人好奇，独立性强。

【职业建议】喜欢智力的、抽象的、分析的、独立的定向任务，要求具备智力或分析才能，并将其用于观察、估测、衡量、形成理论、最终解决问题的工作。例如，科学研究人员、教师、工程师、电脑编程人员、医生、系统分析员。

A：艺术型（Artistic）

【共同特点】有创造力，乐于创造新颖、与众不同的成果，渴望表现自己的个性，实现自身的价值。做事理想化，追求完美，不重实际。具有一定的艺术才能和个性。善于表达，怀旧，心态较为复杂。

【性格特点】有创造性，非传统的，敏感，容易情绪化，较冲动，不服从指挥。

【职业建议】喜欢的工作要求具备艺术修养、创造力、表达能力和直觉，并将其用于语言、行为、声音、颜色和形式的审美、思索和感受，具备相应的能力。不善于事务性工作。例如，艺术、文学工作。但是在平常不是指从事艺术工作，而是指工作中倾向于将事情做得漂亮、有情调，锦上添花，追求完美。

C：事务型（Conventional）

【共同特点】尊重权威和规章制度，喜欢按计划办事，细心、有条理，习惯接受他人的指挥和领导，自己不谋求领导职务。喜欢关注实际和细节情况，通常较为谨慎和保守，缺乏创造性，不喜欢冒险和竞争，富有自我牺牲精神。

【性格特点】有责任心、依赖性强、高效率、稳重踏实、细致、有耐心。

【职业建议】喜欢要求注意细节、精确度、有系统有条理，具有记录、归档、依据特定要求或程序组织数据和文字信息的工作。例如，秘书、办公室人员、记事员、会计、行政助理、图书馆管理员、出纳员、打字员、投资分析员。

E：企业型（Enterprising）

【共同特点】追求权力和物质财富，具有领导才能。喜欢竞争、敢于冒风险、有野心/抱负。为人务实，习惯以利益得失、权力、地位、金钱等衡量做事的价值，做事有较强的目的性。

【性格特点】善辩、精力旺盛、独断、乐观、自信、好交际、机敏、有支配愿望。

【职业建议】喜欢要求具备经营、管理、劝服、监督和领导才能，以实现机构、政治/社会及经济目标的工作。例如，项目经理、销售，营销管理、政府官员、企业领导、法官、律师。

S：社会型（Social）

【共同特点】喜欢与人交往、不断结交新的朋友、善言谈、愿意教导别人。关心社会问题、渴望发挥自己的社会作用。比较看重社会义务和社会道德。

【性格特点】为人友好、热情、善解人意、乐于助人。

【职业建议】喜欢要求与人打交道的工作，能够不断结交新的朋友，从事提供信息、启迪、帮助、培训、开发或治疗等工作。例如，教育工作者（教师、教育行政人员），社会工作者（咨询、公关人员）。

职业索引（二）

RIA：牙科技术员、陶工、建筑设计员、模型工、细木工。

RIS：厨师、林务员、跳水员、潜水员、染色员、电器修理工、眼镜制作工、电工、纺织机器装配工、服务员、焊接工。

RIE：建筑和桥梁工程、环境工程、航空工程、公路工程、电力工程、信号工程、电话工程、一般机械工程、自动工程、矿业工程、海洋工程、交通工程技术人员、制图员、家政经济人员、计量员、农场工人、清洁工、无线电修理、汽车修理、手表修理、线路装配工、工具仓库管理员。

RIC：船上工作人员、接待员、杂志保管员、牙医助手、机器制造、汽车装配工、钟表装配和检验、货物检验员、电梯机修工、托儿所所长、钢琴调音员、装配工、印刷工、钢铁工人、卡车司机。

RAI：手工雕刻、玻璃雕刻、制作模型人员、家具木工、制作皮革品、手工绣花、手工钩针编织、排字工人、印刷工人、图画雕刻、装订工。

RSE：消防员、交通巡警、警察、门卫、理发师、房间清洁工、锻工、开凿工人、管道安装工、出租汽车驾驶员、货物搬运工、送报员、勘探员、娱乐场所的服务员、起卸机操作工、电梯操作工、厨房助手。

RSI：纺织工、编织工、某些职业课程教师（如艺术、商业、技术、工艺课程）。

REC：抄水表员、保姆、实验室动物饲养员、动物管理员。

REI：轮船船长、航海领航员、大副、试管实验员。

RES：旅馆服务员、家畜饲养员、渔民、渔网修补工、水手、收割机操作工、搬运行李工人、公园服务员、救生员、登山导游、工程技术员、建筑工人。

RCI：测量员、勘测员、仪表操作者、农业工程技师、化学工程技师、民用工程技师、石油工程技师、资料室管理员、探矿工、煅烧工、烧窑工、矿工、保养工、磨床工、取样工、样品检验员、纺纱工、炮手、漂洗工、电焊工、锯木工、刨床工、制帽工、手工缝纫工、油漆工、染色工、按摩工、木匠、建筑工人、电影放映员、勘测员助手。

RCS：公共汽车驾驶员、一等水手、游泳池服务员、裁缝、建筑工人、混凝土工、电话修理工、爆炸手、邮递员、矿工、裱糊工人、纺纱工。

RCE：打井工、吊车驾驶员、农场工人、邮件分类员、铲车司机、拖拉机司机。

IAS：普通经济学家、农场经济学家、财政经济学家、国际贸易经济学家、实验心理学家、工程心理学家、心理学家、哲学家、内科医生、数学家。

IAR：人类学家、天文学家、化学家、物理学家、医学病理学家、动物标本制作者、化石修复者、艺术品管理员。

ISE：营养学家、饮食顾问、火灾检查员、邮政服务检查员。

ISC：侦察员、电视播音室修理员、电视修理服务员、编目录者、医学实验室技师、调查研究者。

ISR：水生生物学者、昆虫学者、微生物学家、发展心理学家、配镜师、矫正视力者、细菌学家、牙科医生、骨科医生。

ISA：实验心理学家、普通心理学家、发展心理学家、教育心理学家、社会心理学家、临床心理学家、目录学家、皮肤病学家、神经病学家、妇产科医生、眼科医生、五官科医生、医学实验室技术专家、民航医务人员、护士。

IES：细菌学家、生理学家、化学专家、地质专家、地理物理学专家、纺织技术专家、医院药剂师、工业药剂师、药房营业员。

IEC：档案保管员、保险统计员。

ICR：质量检验技术员、地质学技师、工程师、法官、图书馆技术辅导员、计算机操作员、医院听诊员、家禽检查员。

IRA：地理学家、地质学家、水文学家、矿物学家、古生物学家、石油学家、地震学家、声学物理学家、原子和分子物理学家、电学和磁学物理学家、气象学家、设计审核员、人口统计学家、数学统计学家、外科医生、城市规划家、气象员。

IRC：飞机领航员、飞行员、物理实验室技师、文献检查员、农业技术专家、动植物技术专家、生物技师、油管检查员、工商业规划者、矿藏安全检查员、纺织品检验员、照相机修理者、工程技术员、编计算机程序者、工具设计者、仪器维修工。

ASE：戏剧导演、舞蹈教师、广告撰稿人、报刊专栏作者、记者、演员、英语翻译。

ASI：音乐教师、乐器教师、美术教师、管弦乐指挥、合唱队指挥、歌星、演奏家、哲学家、作家、广告经理、时装模特。

AER：新闻摄影师、电视摄像师、艺术指导、录音指导、丑角演员、魔术师、木偶戏演员、骑士、跳水员。

AEI：音乐指挥、舞台指导、电影导演。

AES：流行歌手、舞蹈演员、电影导演、广播节目主持人、舞蹈教师、口技表演者、喜剧演员、模特。

AIS：画家、剧作家、编辑、评论家、时装艺术大师、新闻摄影师、演员、文学作者。

CRI：簿记员、会计、记时员、铸造机操作工、打字员、按键操作工、复印机操作工。

CRS：仓库保管员、档案管理员、缝纫工、讲述员、收银员。

CRE：标价员、实验室工作者、广告管理员、打字机操作员、缝纫机操作工。

CIS：记账员、顾客服务员、报刊发行员、土地测量员、保险公司工作人员。

CIR：校对员、工程职员、海底电报员、检修计划员、发报员。

CSE：接待员、通讯员、售票员、旅馆服务员、私人职员、商学教师、旅游办事员。

CSR：运货代理商、铁路职员、交通检查员、办公室通信员。

CSI：簿记员、出纳员、银行财务职员。

CSA：秘书、图书管理员、办公室办事员。

CER：邮递员、数据员、航空邮件检查员。

CEI：推销员、经济分析家。

CES：银行会计、记账员、秘书、速记员、法院报告人。

ECI：银行行长、审计员、信用管理员、地产管理员、商业管理员。

ECS：信用办事员、保险人员、各类进货员、海关服务经理、售货员、采购员、会计。

ERI：建筑物管理员、工业工程师、农场管理员、护士长、农业经营管理人员。

ERS：仓库管理员、房屋管理员、货栈监督管理员。

ERC：邮政局长、渔船船长、机械操作领班、木工领班、瓦工领班、驾驶员领班。

EIR：科学、技术和有关周期出版物的管理员。

EIC：专利代理人、鉴定人、运输服务检查员、安全检查员。

EIS：警官、侦察员、交通检验员、安全咨询员、合同管理者。

EAS：法官、律师、公证人。

EAR：展览室管理员、舞台管理员、播音员、驯兽员。

ESC：理发师、裁判员、政府行政管理员、财政管理员、工程管理员、职业病防治、售货员、商业经理、办公室主任、人事负责人、调度员。

ESR：家具售货员、书店售货员、公区汽车的驾驶员、日用品售货员、护士长、自然科学和工程的行政领导。

ESI：博物馆管理员、图书馆管理员、古迹管理员、饮食业经理、地区安全服务管理员、技术服务咨询者、超级市场管理员、零售商品店店员、批发商、出租车调度员。

ESA：博物馆馆长、报刊管理员、音乐器材售货员、导游、（轮船或班机上的）事务长、空乘、船员、法官、律师。

SEC：社会活动家、退伍军人服务官员、工商会事务代表、教育咨询者、宿舍管理员、旅馆经理、饮食服务管理员。

SER：体育教练、游泳指导。

SEI：大学校长、学院院长、医院行政管理员、历史学家、家政经济学家、职业学校教师、资料员。

SEA：娱乐活动管理员、国外服务办事员、社会服务助理、一般咨询者、宗教教育工作者。

SCE：部长助理、福利机构职员、生产协调人、环境卫生管理人员、戏院经理、餐馆经理、售票员。

SRI：外科医师助手、医院服务员。

SRE：体育教师、职业病治疗者、体育教练、专业运动员、房管员、儿童家庭教师、警察、引座员、传达员、保姆。

SRC：护理员、护理助理、医院勤杂工、理发师、学校儿童服务人员。

SIA：社会学家、心理咨询者、学校心理学家、政治科学家、大学或学院的系主任、大学或学院的教育学教师、大学农业教师、大学工程和建筑课程的教师、大学法律教师、大学数学、医学、物理、社会科学和生命科学的教师、研究生助教、成人教育教师。

SIE：营养学家、饮食学家、海关检查员、安全检查员、税务稽查员、校长。

SIC：描图员、兽医助手、诊所助理、体检检查员、监督缓刑犯的工作者、娱乐指导者、咨询人员、社会科学教师。

SIR：理疗员、救护队工作人员、手足病医生、职业病治疗助手。

03 第三节

职业兴趣与职业选择

一、职业兴趣类型的特点与职业选择

（一）“社会型（S）”适合竞争性专业

1. “社会型（S）”性格特点

“社会型”的人热情友善、容易相处，在人与事物之间，偏爱与人打交道；喜欢与人交往，不断结交新的朋友，善言谈，愿意教导别人；关心社会问题、渴望发挥自己的社会作用；寻求广泛的人际关系，比较看重社会义务和社会道德。他们具有开拓者的胸怀，喜欢从事竞争性的工作；他们注重和谐，任何关系都可以保持在良好的互动与了解上。因此，不论是外交或者是在公共关系的领域，都是“社会型”的人一展才干的领域。

2. “社会型（S）”适宜专业

体育教育、运动训练、社会体育、运动人体科学、治安学、禁毒学、侦查、边防管理、机械设计制造及其自动化、材料成型及控制工程、过程装备与控制工程、市场营销、行政管理、公共事业管理、劳动与社会保障、土地资源管理、国际政治、外交学、工商管理、人力资源管理和旅游管理专业。

3. “社会型（S）”典型职业

“社会型”的人喜欢要求与人打交道的工作，能够不断结交新的朋友，从事提供信息、启迪、帮助、培训、开发或治疗等事务，并具备相应能力。例如，教育工作者（教师、教育行政人员），社会工作者（咨询人员、公关人员）等。

（二）“经营型（E）”适合财政金融经济专业

1. “经营型（E）”性格特点

“经营型”（也叫“企业型”）的人精明自信、乐观进取，对商业信息比较敏感，善于说服他人接受自己的观点，喜欢追求经济效益和个人成就，具有一定的组织计划能力；他们慎重、冷静，做事脚踏实地，接受能力强，坚持事物的完美度，追求物质上的满足；追求权力、权威和物质财富，具有领导才能；喜欢竞争，敢冒风险，有野心、抱负；为人务实，习惯以利益得失、权力、地位、金钱等来衡量做事的价值，做事有较强的目的性；他们对数字敏感，对钱有着特殊的感觉，很适合经手和财政、金融有关的东西；他们的分析力强，即使每天都有一大堆数据、资料要处理，也都难不倒他们。

2. “经营型（E）”适宜专业

经济学、国际经济与贸易、财政学、金融学、保险、金融工程、信用管理、投资学、税务、市场营销、房地产经营与管理、审计学、统计学、会计学、财务管理、物流管理和电子商务等专业。

3．“经营型（E）”典型职业

“经营型”的人喜欢经营、管理、劝服、监督和领导工作，以实现机构、政治、社会及经济目标的工作，并具备相应的能力。例如，项目经理、销售人员、营销管理人员、政府官员、企业领导、法官和律师等。

古人说：“顺其性而为之。”例如，教师、护士岗位工作人员等由个性温和、有耐心、有同理心的人来担任较为合适；会计、出纳、收银岗位工作人员等由个性谨慎、精打细算的人来担任会表现得更好。同样的道理，一个喜欢变化、重视直觉的人，选择服装设计的工作可能游刃有余，但从事财务管理方面的工作，可能会处处受限。

（三）“常规型（C）”适合需要专注和细心的专业

1．“常规型（C）”性格特点

“常规型”的人尊重权威和规章制度，喜欢按计划办事，细心、有条理，习惯接受他人的指挥和领导，自己不谋求领导职务。喜欢关注实际和细节情况，通常较为谨慎和保守，缺乏创造性，不喜欢冒险和竞争，富有自我牺牲精神。他们细致严谨、自制、认真，喜欢规范明确、秩序井然的工作环境，偏爱系统性、条理性、规则性比较强的活动。他们记忆力一流，师范类专业是首选，尤其是学前教育、历史学专业。他们喜欢把事情做到尽善尽美的地步，但是也会因为太注重细节而忽略了整体，比较适合成为秘书或者行政人员。或者说，需要专注和细心的工作尤其适合此类人。

2．“常规型（C）”适宜专业

“常规型”的人除了师范类专业，还适合选择护理学、人力资源管理、社会学、行政管理、公共事业管理、劳动与社会保障、社会工作、公关文秘、会展管理、房地产经营与管理、酒店管理、图书馆学、档案学、信息资源管理和历史学等专业。

3．“常规型（C）”典型职业

“常规型”的人喜欢要求注重细节、精确度、有系统有条理，具有记录、归档、依据特定要求或程序组织数据和文字信息的职业，并具备相应能力。例如，秘书、办公室人员、记事员、会计、行政助理、图书馆管理员、出纳员、打字员和投资分析员等。

（四）“技术型（R）”适合电子科技研究专业

1．“技术型（R）”性格特点

“技术型”的人愿意使用工具从事操作性工作，动手能力强，做事手脚灵活、动作协调；并且偏好于具体任务，不善言辞，做事保守，较为谦虚；缺乏社交能力，通常喜欢独立做事。他们稳重踏实、崇尚实干，把旺盛的好奇心都发挥在专业事物的研究中，适合在高科技的产业工作，例如，IT、电子通信甚至是航天产业。

2．“技术型（R）”适宜专业

电子信息科学与技术、光信息科学与技术、微电子学、信息安全、通信工程、电子信息工程、计算机科学与技术、软件开发、测控技术与仪器、电气工程及其自动化、信息对抗技术、数字媒体技术、材料学、材料物理、高分子材料与工程、飞行器设计与工程、飞行技术、武器系统与发射工程和弹药工程与爆炸技术等专业。

3．“技术型（R）”典型职业

“技术型”的人喜欢使用工具、机器，需要基本操作技能的工作。对要求具备机械方面才能、体力或从事与物件、机器、工具、运动器材、植物、动物相关的职业有兴趣，并具备相应能力。例如，技术性职业（计算机硬件人员、摄影师、制图员、机械装配员），技能性职业（木匠、厨师、技工、修理工等）。

（五）“研究型（I）”适合有成就感的专业

1．研究型（I）”性格特点

“研究型”的人是思想家而非实干家，抽象思维能力强，求知欲强，肯动脑，善思考，不愿动手。喜欢独立的和富有创造性的工作。知识渊博，有学识才能，不善于领导他人。考虑问题理性，做事喜欢精确，喜欢逻辑分析和推理，不断探讨未知的领域。严谨缜密，勤学好问，善于观察分析、逻辑推理，喜欢以理性思考的方式探究事物。他们无法忍受单调的例行公事，喜欢从事有成就感的工作。他们可以全神贯注在长期性的探索中，追根究底地研究学术工作，这是他们所擅长的项目之一；他们喜欢挑战甚至会强迫自己置身于麻烦中，努力从逆境中建立自己的基业，任何使他们的能力面临最大考验的工作，都能够满足他们对工作的需求。

2．“研究型（I）”适宜专业

临床医学、麻醉学、医学影像学、医学检验、海洋科学、心理学、生物工程、武器系统与发射工程、强药工程与爆炸技术、特种能源工程与烟火技术、船舶与海洋工程、港口航道与海岸工程、交通运输、飞行技术、航海技术、轮机工程、物流工程、油气储运工程、车辆工程、地质学和地理信息系统等专业。

3．“研究型（I）”典型职业

“研究型”的人喜欢智力的、抽象的、分析的、独立的定向任务，要求具备智力或分析才能，并将其用于观察、估测、衡量、形成理论、最终解决问题的工作，并具备相应的能力。例如，科学研究人员、教师、工程师、电脑编程人员、医生和系统分析员等。

（六）“艺术型（A）”适合充分发挥才能的专业

1．“艺术型（A）”性格特点

“艺术型”的人有创造力，乐于创造新颖、与众不同的成果，渴望表现自己的个性，实现自身的价值。做事理想化，追求完美，不重实际。具有一定的艺术才能和个性。善于表达、怀旧、心态较为复杂。他们敏感深刻、自由奔放，喜欢在宽松自由的环境中，借助于音乐、文字、形体、色彩等形式表达自己的感受，追求与众不同。但是他们无法忍受机械化的生活方式、严肃的纪律和一成不变的例行公事，不擅长逻辑和科学方面的思考或从事纪律严格的工作。他们具有浓厚的艺术气息，并且有把自己的感情融入工作中的天性，因此，此类达人适合向文艺界或设计界发展，他们需要能够充分发挥才能的工作，尤其适合需要高度创意和艺术性的工作。

2．“艺术型（A）”适宜专业

“艺术型”除了艺术类专业之外，还适合选择旅游管理、汉语言文学、新闻学、广播电视新闻学、广告学、编辑出版学、传播学、媒体创意、英语及小语种等专业。除此之外，可考虑选择历史学、食品科学与工程、轻化工程、包装工程、印刷工程、纺织工程、服装设计与工程、园艺、植物保护、茶学、环境科学和生态学等专业。

3．“艺术型（A）”典型职业

“艺术型”的人喜欢的工作要求具备艺术修养、创造力、表达能力和直觉，并将其用于语言、行为、声音、颜色和形式的审美、思索和感受，具备相应的能力。不善于常规型工作，例如，艺术方面（演员、导演、艺术设计师、雕刻家、建筑师、摄影家和广告制作人），音乐方面（歌唱家、作曲家和乐队指挥），文学方面（小说家、诗人和剧作家）等。

然而，大多数人并非只有一种性向。例如，有的人可能同时包含社会性向、艺术性向和研究性向三种。霍兰德认为，这些性向越相似、相容性越强，则一个人在选择职业时所面临的内在冲突和犹豫就会越少。

人们的工作满意度与流动倾向性，取决于个体的人格特点与职业环境的匹配程度。当人格和职业相匹配时，将会产生较高的满意度和较低的流动率。例如，社会型的个体应该从事社会型的工作，社会型的工作对技术型的人则可能不合适。这一结果的关键在于：一是个体之间在人格方面存在本质差异；二是个体具有不同的类型；三是当工作环境与人格类型协调一致时，会产生更高的工作满意度和更低的离职可能性。

二、选择职业原则

（一）适宜原则

各种类型的人适宜从事同种类型的典型职业。例如，常规型（C）的人从事常规型（C）职业。

（二）相近原则

各种类型的人选择从事与人格类型相近类型的职业，比较容易适应，也容易上手。例如，研究型（I）的人从事与其相邻的技术型（R）或艺术型（A）职业。

（三）中性原则

各种类型的人选择从事与人格类型成中性关系类型的职业，经过不懈地努力，能够适应。例如，经营型（E）的人从事与其相隔一个类型的技术型（R）或艺术型（A）职业。

（四）相斥原则

各种类型的人如果选择与人格相斥关系类型的职业，必然是一种痛苦。例如，经营型（E）的人从事与其相对立的研究型（I）职业。

在志愿填报选择专业时，首先要考虑自己的职业兴趣方向，以此为依据，再选择一个与职业兴趣相关联的专业。一方面，有了兴趣就会持积极态度去学习、复习和迎考，而不是被动、消极地对待学业。另一方面，兴趣上激发学习动力的主要因素，能够激励学生在四年的大学学习中主动吸取各方面的专业知识。进入职场后，对大多数会在将来从事所学专业的学生来说，因兴趣而学，同样会因兴趣而在这个领域游刃有余，大展宏图。

做一做

● **职业测评**

按照“附录一：霍兰德职业性向测验量表”的要求，完成你的职业测评，并回答：你未来会选择什么样的职业？为什么？

____

第三章

能力与职业选择

01 第一节

能力与职业能力

能力，简单地说就是一个人可以完成某件事情的资本及本领的总和。俗话说“没有金刚钻，别揽瓷器活”，意思是，做好一件事情需要相关的本领。能力是一个人获得职业成功的重要条件。意大利诗人但丁说过：“要是白松的种子掉进英国的石头缝里，它只会长成一棵很矮的小树；但要是它被种在南方肥沃的土地里，它就能长成一棵大树。”按照自己的能力选择适合自己的工作，就如一粒种子落在适合的土壤里会顺利地成长，最终会实现自己的目标。人也一样，在适合自己能力的岗位上工作，才能发挥自己的才能，达到自己的职业目标。

一、能力及其影响因素

（一）能力的含义

能力是指个人顺利完成某种活动所必须具备的心理特征，包括智力、性向和成就。智力是指个人的一般能力；性向是指个人可以发展的潜在能力；成就是指个人通过教育或培训在学识、知识和技能方面达到的较高水平。

从定义可以看出，能力对于职业生涯的作用是不言而喻的，从事任何一种活动都必须具备一定的能力，能力是影响活动效果的基本因素。同样，对任何一种职业生涯而言，要使其职业生涯顺利进行，就必须具备相应的能力。能力总是和你所从事的活动联系在一起，人们总是通过某种活动来考察你的能力。

（二）能力的分类

人的能力是多种多样的，按照不同的角度可以将能力做出如下分类。

1．一般能力和特殊能力

一般能力指在不同种类的活动中表现出来的能力，如观察力、记忆力、想象力、创造力等。其中抽象概括能力是一般能力的核心。平常我们所说的智力是就一般能力而言的。人们要完成任何一种活动，都和这些能力的发展分不开。

特殊能力指在某种专业活动中表现出来的能力。它是顺利完成某种专业活动的心理条件。例如，画家的色彩鉴别力、形象记忆力；音乐家的区别旋律的能力、音乐表象能力以及感受音乐节奏的能力等，均属于特殊能力。

一般能力与特殊能力的关系是十分密切的。一方面，一般能力是特殊能力的组成部分。人的一般听觉能力既存在于音乐能力中，也存在于言语能力中。没有听觉一般能力的发展，就不可能发展音乐和言语听觉能力。另一方面，特殊能力的发展有助于一般能力的发展。

2．模仿能力和创造能力

模仿能力是指人们通过观察别人的行为、活动来学习各种知识，然后以相同的方式做出反应的能力。模仿不但表现在观察别人的行为后做出的相同反应中，而且表现在某些延缓的行为反应中。模仿是动物和人类的一种重要的学习能力。

创造力是指产生新的思想和新的产品的能力。一个具有创造力的人往往能摆脱具体的知觉情境和思维定式的束缚，在习以为常的事物和现象中发现新的联系和关系，提出新的思想，产生新的产品。作家在头脑中构思新的人物形象，创作新的作品；科学家提出新的理论模型，并用实验证实这些模型，都是创造力的具体表现。

模仿力和创造力是两种不同的能力。动物能模仿，但不会创造。模仿只能按照现成的方式解决问题，而创造力能提供解决问题的新方式与新途径。人的模仿力和创造力有明显的个别差异。有的人擅长模仿，而创造力较差；有的人既善于模仿又富有创造力，了解这一点对选拔和使用人才具有现实意义。模仿力与创造力有密切的关系，人们常常是先模仿，然后再进行创造。科研工作者先观察、模仿别人的实验，然后才有可能提出具有独创性的实验设计；学习书法的人先临摹前人的字帖，然后才可能创作具有个人独特风格的作品。在这个意义上，模仿可以说是创造的前提和基础。

3. 流体能力和晶体能力

根据能力在人的一生中的不同发展趋势，以及能力和先天禀赋与社会文化因素的关系，可以将能力分为流体能力和晶体能力。

流体能力是指在信息加工和问题解决过程中所表现出的能力。例如，对关系的认识，类比、演绎推理能力，形成抽象概念的能力等。它较少地依赖于知识和文化的内容，而决定于个人的禀赋。流体能力的发展与年龄有密切的关系。人在20岁以后，流体能力的发展达到顶峰，30岁以后会随着年龄的增长而降低。心理学家发现，流体能力属于人类的基本能力，其个别差异受教育文化的影响较少。因此，在编制适用于不同文化的所谓文化水平测验时，多以流体能力作为不同文化背景的个体智力比较的基础。

晶体能力指获得语言、数学知识的能力，它决定于后天的学习，与社会文化有密切的关系。人的一生中晶体能力一直在发展，在25岁以后，发展的速度渐趋平缓。晶体能力依赖于流体能力。如果两个人具有相同的经历，其中一个人有较强的流体能力，那么，他将发展出较强的晶体能力。然而，一个有较高流体能力的人如果生活在贫乏的智力环境中，那么，他的晶体能力的发展将是低下的或平平的。

4. 认知能力、操作能力和社交能力

认知能力是指人脑加工、储存和提取信息的能力，即我们平常所讲的智力，例如，观察力、记忆力、想象力等。人们认识客观世界、获得各种各样的知识，主要依赖于人的认知能力。

操作能力是指人们操作自己的肢体以完成各项活动的能力，例如，劳动能力、艺术表演能力、体育运动能力等。操作能力是在操作技能的基础上发展起来的，成为顺利掌握操作技能的条件。操作能力与认知能力不能截然分开。不通过认知能力积累一定的知识和经验就不会有操作能力的形成和发展；反过来，操作能力不发展，人的认知能力也不可能得到很好的发展。

社交能力是指在人们的社会交往活动中所表现出来的能力，例如，组织管理能力、言语感染力、判断决策能力、调解纠纷、处理意外事故的能力等。这种能力对组织团体、促进人际交往和信息沟通有着重要的作用。受遗传和环境的影响，人的能力存在个体差异，这主要可以从质与量两个方面来体现。从质的角度而言，人的特殊能力存在差异。这不仅体现为人们所具有的特殊能力的不同，即使是同一种特殊能力，构成要素也会有差异，更何况高等教育总体而言属于专业教育，不同专业要求并发展了大学生的不同的特殊能力。从量的角度而言，人的能力发展水平和发展速度存在差异。在遗传和环境这两大因素的支配下，成熟和学习交互作用，个人的能力在不断发展。人与人在能力特质的总体发展程度上有差异，同一个人的各种特质之间也有发展程度上的差异。

（三）能力的影响因素

影响能力的因素主要体现在素质、知识和技能、教育、社会实践和主观努力五个方面。

1．素质

素质是有机体天生具有的某些解剖和生理特征，主要是神经系统、脑的特征以及感官和运动器官的特征。素质是能力发展的自然前提，离开这个物质基础就谈不上能力的发展。天生或早期聋哑的人难以发展音乐能力，双目失明者无从发展绘画才能，严重的早期脑损伤或脑发育不全的缺陷是智力发展的障碍。素质是能力发展的自然基础，但不是能力本身。素质作为先天生成的解剖生理结构，不能现成地决定能力。先天素质只是为能力的发展提供了最初的可能性。

2．知识和技能

知识是人类社会历史经验的总结。从心理学的观点来说，是头脑中的经验系统以思想内容的形式为人所掌握。技能是操作技术，是对具体动作的掌握，它以行为方式的形式为人所掌握。知识、技能与能力有密切的关系。

知识是能力形成的理论基础；技能是能力形成的实践基础。能力的发展是在掌握和运用知识、技能的过程中实现的；同时，能力在一定程度上决定一个人在知识、技能的掌握上可能取得的成就。能力和知识、技能密切相关，它们之间既相互联系又互相制约，这种关系主要体现为：掌握知识、技能以一定的能力为前提；能力制约掌握知识、技能的快慢、深浅、难易和巩固程度；知识的掌握会导致能力的提高。当然，知识、能力的发展与技能的发展是不完全同步的。

3．教育

教育是掌握知识和技能的具体途径与方法。教育不仅在儿童和青少年的智力发展中起着主导作用，而且对能力的发展同样起着主导作用。教育不但使学生掌握知识和技能，而且通过知识和技能的传授，还能促进心理能力的发展。学校教育对学生能力的培养是至关重要的，但是，当学生走上工作岗位，已经掌握的知识和技能就显得不够用，有些甚至已经过时了。因此在组织中，对在职员工的教育和培训就显得特别重要，使他们必须掌握多种知识、多种技能，并能进行综合的运用。

4．社会实践

能力是人在改造客观世界的实践活动中形成和发展起来的。劳动实践对各种特殊能力的发展起着重要的作用。不同职业的劳动制约能力发展的方向，不同的实践向人们提出不同的要求，人们在实践和完成任务的活动中，不断地克服薄弱环节，从而使能力得到相应的发展和提高。

5．主观努力

主观努力是获得成功的必由之路。要使能力获得较快和较大的增长，没有主观的勤奋努力是根本不可能的。世界上许多政治家、科学家和发明家，无论他们从事的领域有多么大的不同，他们的共同点是长期坚持、刻苦努力、顽强地与困难做斗争。没有刚毅、顽强、百折不挠的意志力，任何成就都不可能取得，也无从谈起能力的发展。

测一测

● 学习能力测试

下面这个测试可用来测验你的学习能力。本测试由20道题组成，每个题目只有一个正确答案，请选择最符合自己实际状况的答案，然后填写在题后的括号内。

A. 非常符合 B. 有点符合 C. 无法确定 D. 不太符合 E. 很不符合

测试题：

1. 我习惯记下阅读中的不懂之处。（ ）
2. 我经常阅读与现在专业无直接关系的书籍。（ ）
3. 在观察或思考时，我会多角度培养我的思维。（ ）
4. 我在做笔记时，把材料归纳成条文或图表，以便理解。（ ）
5. 听人讲解问题时，我会眼睛注视着讲解者。（ ）
6. 我注意归纳并写出学习中的要点。（ ）
7. 我善于运用较新的手段解决问题。（ ）
8. 我不喜欢一成不变的生活方式。（ ）
9. 我经常查阅字典、手册等工具书。（ ）
10. 认为重要的内容，我格外注意听讲和理解。（ ）
11. 阅读中若有不懂的地方，我非弄懂不可。（ ）
12. 我会联系其他学科内容进行学习。（ ）
13. 阅读中认为重要或需要记住的地方，就画线或做记号。（ ）
14. 我善于吸取别人好的学习方法。（ ）
15. 我对需要牢记的公式、定理等关键部分会进行反复记忆。（ ）
16. 我喜欢观察实物或参考有关资料进行学习。（ ）
17. 我能够制订切实可行的学习计划。（ ）
18. 我喜欢了解自己不知道的东西。（ ）
19. 遇到自己不知道的事情，我能够主动地请教他人。（ ）
20. 我能够较快地掌握新的工作方法。（ ）

评分标准及解释：

选择A得5分；选择B得4分；选择C得3分；选择D得2分；选择E得1分。

得分在20～40分：能力差；41～60分：能力一般；61～80分：能力良好；81～100分：能力优秀。

● 沟通能力测试

每个人都希望自己有很好的人缘，能够建立良好的人际关系，那么，与别人很好地沟通就显得非常重要。你想测测自己的沟通能力吗？下面我们来进行测试吧。

1. 在讨论会上我喜欢发表自己的新观点。（ ）

A．很喜欢 B．比较喜欢 C．不喜欢

2. 别人向我请教时，我乐于提出建议并给予帮助。（ ）

A．很乐意 B．比较乐意 C．不太乐意

3. 交谈中与他人突然发生口角，我能克制自己的情绪并注意说话的语气。 (　　)

A．能够克制　　B．比较能克制　　C．不能克制

4. 与别人交谈我很注意礼貌用语。 (　　)

A．很注意　　B．比较注意　　C．不太注意

5. 我能够耐心倾听别人诉说自己的不幸。 (　　)

A．很耐心　　B．比较耐心　　C．不太耐心

6. 我能跟与自己观点不同的人交换意见。 (　　)

A．能够　　B．偶尔能够　　C．不能够

7. 初次见面我能给别人留下很深的印象。 (　　)

A．能够　　B．偶尔能够　　C．不能够

8. 我能够和一个性格内向的人交流思想感情。 (　　)

A．能够　　B．偶尔能够　　C．不能够

9. 我能够自如地用口语和非口语（如眼神、手势、面部表情等）表达我的想法。 (　　)

A．很自如　　B．比较自如　　C．不自如

10. 别人能够准确地理解我的口语和非口语所要表达的意思。 (　　)

A．能够　　B．偶尔能够　　C．不能够

11. 在交谈中我选择使用的词语准确恰当。 (　　)

A．很准确　　B．比较准确　　C．不准确

12. 我能够很好地领会别人内心的想法。 (　　)

A．能够　　B．偶尔能够　　C．不能够

13. 陌生人面前我能轻松自如地发表我的见解。 (　　)

A．很轻松　　B．比较轻松　　C．不轻松

14. 我不会轻易地泄露别人的隐私。 (　　)

A．绝对不会　　B．偶尔会　　C．会

15. 请别人帮助我时，我讲话很客气。 (　　)

A．是　　B．偶尔是　　C．没意识到

16. 我不会轻易对别人表达自己的不满。 (　　)

A．从不会　　B．偶尔会　　C．会

17. 讨论问题时我善于倾听别人的意见而不将自己的观点强加于别人。 (　　)

A．善于　　B．比较善于　　C．不善于

18. 即便心烦意乱，我也不会对别人乱发脾气。 (　　)

A．从不会　　B．偶尔会　　C．会

19. 我能够领会别人的言外之意。 (　　)

A．能够　　B．偶尔能够　　C．不能够

20. 有人认为我讲话很幽默。 (　　)

A．很多人　　B．比较多的人　　C．没有人

选择A得3分，选择B得2分，选择C得1分。

20～35分，说明你的沟通能力不太强。你应该在社会生活中大胆而主动地与他人交往，不断提高自己的语言表达能力和人际协调能力。

36～45分，说明你的沟通能力比较强，能够很好地与别人相处。

46～60分，说明你的沟通能力很强，与人交往能够左右逢源，很受大家欢迎。

二、职业能力

（一）职业能力的含义

职业能力是人们从事某种职业的多种能力的综合。例如，一位教师只具有语言表达能力是不够的，还必须具有对教学的组织和管理能力，对教材的理解和使用能力，对教学问题和教学效果的分析、判断能力等。如果说职业兴趣能决定一个人的择业方向，以及在该方面所乐于付出努力的程度，那么，职业能力则能说明一个人在既定的职业方面是否能够胜任，也能说明一个人在该职业中取得成功的可能性。

职业能力是多种能力的综合，因此，我们可以把职业能力分为一般职业能力、专业能力和综合能力。

1．一般职业能力

一般职业能力主要是指一般的学习能力、文字和语言运用能力、数学运用能力、空间判断能力、形体知觉能力、颜色分辨能力、手的灵巧度、手眼协调能力等。此外，任何职业岗位的工作都需要与人打交道，因此，人际交往能力、团队协作能力、对环境的适应能力，以及遇到挫折时良好的心理承受能力都是职业活动中不可缺少的能力。

2．专业能力

专业能力主要是指从事某一职业的专业能力。在求职过程中，用人单位最关注的就是求职者是否具备胜任岗位工作的专业能力。例如，你去应聘教学工作岗位，对方最看重你是否具备最基本的教学能力。

3．职业综合能力

这里主要介绍国际上普遍注重培养的四个方面的“关键能力”：

（1）跨职业的专业能力。从三个方面可以体现一个人跨职业的专业能力：一是运用数学和测量方法的能力；二是计算机应用能力；三是运用外语解决技术问题和进行交流的能力。

（2）方法能力。一是信息收集和筛选能力；二是掌握制订工作计划、独立决策和实施的能力；三是具备准确的自我评价能力和接受他人评价的承受力，并能够从成败经历中吸取经验教训。

（3）社会能力。社会能力主要是指一个人的团队协作能力、人际交往和善于沟通的能力。在工作中能够协同他人共同完成工作，对他人公正宽容，具有准确裁定事物的判断力和自律能力等，这是岗位胜任和在工作中开拓进取的重要条件。

（4）个人能力。随着我国经济体制改革的深入、法制的不断健全完善，人的社会责任心和诚信越来越被重视，一个人的职业道德越来越受到全社会的尊重和赞赏。爱岗敬业、工作负责、注重细节的职业人格会得到全社会的肯定和推崇。

（二）能力对职业的影响

1．一定的职业能力是胜任职业岗位的必要条件

任何职业岗位都有相应的岗位职责要求。一定的职业能力是胜任某种职业岗位的必要条件。因此在进行择业时，首先要明确自己的能力优势以及胜任某种工作的可能性。

在条件允许的情况下，可以由专业职业指导人员帮助分析，根据求职者的学历状况、职业资格、职业实践等来确定求职者的职业能力，必要时可以通过心理测试，在基本确定求职者的职业

能力和发展的可能性的基础上帮助求职者进行职业选择。

2．职业实践和教育培训是职业能力发展的前提

（1）职业实践促进职业能力的发展。

职业能力是在实践的基础上得到发展和提高的。一个人长期从事某专业劳动，能促使人的能力向高度专业化发展。例如，计算机文字录入员，随着工作的熟练和经验的积累，录入的速度会越来越快，准确性会越来越高。个体的职业能力只有在实际工作中才能不断发展、提高和强化。

（2）教育培训促进教育能力的提高。

个体职业能力的提高除了在实践中磨炼和提高之外，最有效的途径就是接受教育和培训。像我们所熟悉的职业教育、专科教育、大学本科教育、研究生教育等，学生通过对有关知识和技能的掌握，对以后更好地胜任本职工作会有极大的帮助。

（3）职业能力、职业发展与职业创造间的关系。

职业能力是人的发展和创造的基础。能力是成功地完成某种任务或胜任工作的必不可少的基本因素。没有能力或能力低下，就难以达到工作岗位的要求，不能胜任。个体的职业能力越强，各种能力越是综合发展，就越能促进人在职业活动中的创造和发展，就越能取得较好的工作绩效和业绩，越能给个人带来职业成就感。

02 第二节

职业能力测评与职业选择

一、职业能力测评

职业能力测评，或者职业能力测试，指的是通过某些测试来预测某人的职业定位以及适合的职业类型、性格等，属于一种倾向性的测试，又称为职业能力倾向性测试。

职业能力测评系统主要包括EQ情商测评、事业心测评、沟通交流能力测评、处理问题能力测评、领导能力测评、创业潜力测评、成功倾向测评、职业选择测评、工作压力测评、 工作态度测评、职业满意度测评、人际关系测评等；科学全面的职业评测工具，让我们在最擅长的职业获取最成功的职场人生。职业能力测评的意义是：

1．可以帮助职业测评参测者根据自己的性格、能力来确定自己的职业生涯发展规划。

2．帮助职业测评参测者确定职业目标，尽可能地发挥自己最大的潜能。

3．多角度专业化的职业评测维度可以帮助职业测评参测者提高个人的工作技能，提高个人的职场竞争力。

4．用人单位合理地应用职业评测报告结果进行人岗匹配，达到企业和个人的利益最大化。

二、职业能力倾向测评

所谓能力倾向，是一种潜在的、特殊的能力。它与经过学习训练而获得的才能是有区别的。它是一种尚未接受教育训练就存在的潜能。而职业能力倾向主要是指与个体成功地从事某种工作有关的能力因素，是对于不同职业的成功在不同程度上有所贡献的心理因素。社会上的职业很多，各种职业对人的能力的要求也各不相同，而人的能力也存在很大的个别差异。因此，如果我们能对自己的职业能力做出恰当的评价，就可以结合自己的职业兴趣，选择适合自己的职业，并在选定的职业中充分施展自己的才华和优势。职业能力倾向测验是一种测量人们从事某种职业活动的潜在能力的评估工具。它具有诊断功能和预测功能，可以判断一个人的能力优势与成功发展的可能性，为人员选拔、职业设计与开发提供科学依据。

（一）特殊性倾向测验

这个测验是系列式的，包括四大类多个小测验，是国外企业常用的职业能力倾向性测验。这四大类分别是：机械倾向性测验，主要测量人们对机械原理的理解和判断空间形象的速度、准确性以及手眼协调的运动能力；文书能力测验，是专门了解个人打字、速记、处理文书和联系工作能力的测验，适合科室和文职人员的能力测量；心理运动能力测验，主要测验工业中许多工作所需的肌肉协调、手指灵巧或眼与手精确协调等技能；视觉测验，运用特殊仪器对视力的多种特征进行测验，以评定是否符合一定工作的要求。

（二）多重能力倾向测验

主要用来测量与某些活动有关的一系列心理潜能，能同时测定多种能力倾向。其中普通能力成套测验（GATB）是较有代表性且较常用的。可以测量九种职业能力：

1．G——智能。智能即一般的学习能力，包括对说明、指导语和诸原理的理解能力。推理判断能力，迅速适应新环境的能力。

2．V——语言能力。语言能力是指按语言的意义及其相关的概念，有效地掌握它的能力；对字词、句子、段落、篇章及其相关关系的理解能力；清楚而准确地表达信息的能力。包括口头表达能力和文字理解与表达能力。

3．N——数理能力。数理能力是指在正确而快速进行计算的同时，能进行推理，解决应用问题的能力。

4．Q——书写知觉能力。书写知觉能力是指对文字、表格、票据等材料细微部分的正确知觉的能力；直观地比较、辨别字词和数字，发现错误和矫正的能力。

5．S——空间判断能力。空间判断能力是指对记忆平面图形与立体图形之间的关系的理解能力和解决应用问题的能力。

6．P——形态知觉能力。形态知觉能力是指对实物或图像的有关细节的正确知觉能力；根据视觉能够比较、辨别的能力；对图形的形状和阴影的细微差别、长宽的细小差异，进行辨别的能力。

7．K——动作协调能力。动作协调能力是指迅速、准确和协调地做出精确的动作，并迅速完成作业的能力；迅速而准确地做出反应动作的能力；手、眼协调运动的能力。

8．F——手指灵活性。手指灵活性是指快速而准确地活动手指，操作细小物体的能力。

9．M——手腕灵活性。手腕灵活性是指随心所欲地、灵巧地活动手以及手腕的能力；拿取、放置、调换、翻转物体时手的精巧运动和手腕的自由运动能力。

其中，V、N、Q 能力出色的人，属于认知型职业类型；S 和 P 能力出色的人可归入知觉型；K、F、M 突出的人属于运动机能型。现实生活中，许多人可能两类能力类型都相当优秀，或者九种能力水平相差不多，没有哪一种特别突出。一般能力倾向测验的意义在于帮助你发现什么样的职业领域最能发挥自己的潜能，而不是简单地划定“最适合的职业”。要知道，人的很多能力是可以通过后天培养而形成的。

（三）GATB 的职业能力倾向类型与职业选择

职业能力倾向类型与职业选择

序号	职　　业	职业能力倾向类型
1	人文系统的专门职业	G—V—N
2	特别需要言语能力的事务职业	G—N—Q
3	自然科学系统的专门职业	G—N—S
4	需要数学能力的一般事务职业	G—N—Q
5	机械装置的操纵运转及警备保安职业	G—Q—M
6	机械事物的职业	G—Q—K
7	需要一般性判断和注意力的职业	G—Q
8	美术作业能力	G—S—P
9	设计、制图作业及电器职业	N—S—M
10	制版、描图的职业	Q—P—F
11	检查分类职业	Q—P

续 表

序号	职　业	职业能力倾向类型
12	造型手指作业的职业	S—P—F
14	手臂作业的职业	P—M
15	看视作业、身体性作业的职业	K—F—M

测一测

● 职业能力倾向的自我测评

下面的测验包括九个方面的能力的简易量表，每种能力倾向都有五道试题。测验时，请你仔细阅读每一道题，并采用五级评分法对自己进行判定。

（一）一般学习能力倾向（G）	强 1	较强 2	一般 3	较弱 4	弱 5
1. 快而容易地学习新内容					
2. 快而正确地解数学题					
3. 你的学习成绩					
4. 对课文的字、词、段落的理解、分析和综合能力					
5. 对学习过的知识的记忆能力					
（二）言语能力倾向（V）	**强 1**	**较强 2**	**一般 3**	**较弱 4**	**弱 5**
1. 善于表达自己的观点					
2. 阅读速度和理解能力					
3. 掌握词汇量的程度					
4. 你的语文成绩					
5. 你的文学创作能力					
（三）算术能力倾向（N）	**强 1**	**较强 2**	**一般 3**	**较弱 4**	**弱 5**
1. 做出精确的测量					
2. 笔算能力					
3. 口算能力					
4. 打算盘					
5. 你的数学成绩					
（四）空间判断能力倾向（S）	**强 1**	**较强 2**	**一般 3**	**较弱 4**	**弱 5**
1. 解决立体几何方面的习题					
2. 画二维度的立体图形					
3. 看几何图形的立体感					
4. 想象盒子展开后的平面图					
5. 想象三维度的物体					
（五）形态和知觉能力倾向（P）	**强 1**	**较强 2**	**一般 3**	**较弱 4**	**弱 5**
1. 发现相同图形中的细微差别					
2. 识别物体的形状差异					
3. 注意物体的细节部分					
4. 观察物体的图案是否正确					
5. 对物体的细微描述					

续 表

（六）（书写知觉能力倾向）（Q）	强 1	较强 2	一般 3	较弱 4	弱 5
1. 快而准地抄写资料（姓名、日期、电话号码等）					
2. 发现错别字					
3. 发现计算错误					
4. 能很快查找编码卡片					
5. 自我控制能力（如较长时间抄写资料）					
（七）眼手运动协调能力倾向（K）	**强 1**	**较强 2**	**一般 3**	**较弱 4**	**弱 5**
1. 玩电子游戏					
2. 打篮球、排球、足球一类活动					
3. 打乒乓球、羽毛球					
4. 打算盘能力					
5. 打字能力					
（八）手指灵巧度（F）	**强 1**	**较强 2**	**一般 3**	**较弱 4**	**弱 5**
1. 灵巧地使用很小的工具					
2. 穿针眼、编织等使用手指的活动					
3. 用手指做一件小艺品					
4. 用计算器的灵巧度					
5. 弹琴					
（九）手腕灵巧度（M）	**强 1**	**较强 2**	**一般 3**	**较弱 4**	**弱 5**
1. 用手把东西分类					
2. 在推拉东西时手的灵活度					
3. 很快地削苹果					
4. 灵活地使用手工工具					
5. 在绘画、雕刻等手工活动中的灵活性					

1. 统计分数的方法

（1）对每一类能力倾向计算总分数

每组五道题完成后，分别统计各等级选择的次数总和，用下面的公式计算出该类的总计次数（把“强”定为第一项，以此类推，“弱”定为第五项；第一项之和就是选“强”的次数和）。总计次数：（第一项之和 ×1）+（第二项之和 ×2）+（第三项之和 ×3）+（第四项之和 ×4）+（第五项之和 ×5）。

（2）计算每一类能力倾向的自评等级。

自评等级：总计次数 /5。

2. 将自评等级填入下表

职业能力倾向	自评等级	职业能力倾向	自评等级
G		Q	
V		K	
N		F	
S		M	
P			

3. 根据结果对照下表，可找到适合你的职业

职业 类型	职业能力倾向								
	G	V	N	S	P	Q	K	F	M
生物学家	1	1	1	2	2	3	3	2	3
建筑师	1	1	1	1	2	3	3	3	3
测量员	2	2	2	2	2	3	3	3	3
测量辅导员	4	4	4	4	4	4	3	4	3
制图员	2	3	2	2	2	3	2	2	3
建筑和工程技术员	2	2	2	2	2	3	3	3	3
建筑和工程技术专家	2	3	3	3	3	3	3	3	3
物理科学技术专家	2	2	2	2	3	3	3	3	3
物理科学技术员	2	3	3	3	2	3	3	3	3
农业、生物、动物、植物学的技术专家	2	2	2	2	3	3	3	3	3
农业、生物、动物、植物学的技术员	2	3	3	3	3	3	3	3	3
数学家和统计学家	1	1	1	3	3	2	4	4	4
系统分析和计算机程序编制员	2	2	2	2	3	3	4	4	4
经济学家	1	1	1	3	3	2	4	4	4
社会学家、人类学者	1	1	2	2	2	3	4	4	4
心理学家	1	1	3	4	4	3	4	4	4
历史学家	1	1	4	3	3	3	4	4	4
哲学家	1	1	3	2	2	3	4	4	4
政治学家	1	1	3	4	4	3	4	4	4
政治经济学家	2	2	2	3	3	3	3	3	5
社会工作者	2	2	3	4	4	3	4	4	4
社会服务助理人员	3	3	3	4	4	3	4	4	4
法官	1	1	3	4	3	3	4	4	4
律师	1	1	3	4	3	4	4	4	4
公证人	2	2	3	4	4	3	4	4	4
图书管理学专家	2	2	3	3	4	2	3	4	4
图书馆、博物馆和档案管理员	3	3	3	2	2	4	3	2	3
职业指导者	2	2	3	4	4	3	4	4	4

续 表

职业 / 类型	职业能力倾向								
	G	V	N	S	P	Q	K	F	M
大学教师	1	1	3	3	2	3	4	4	4
中学教师	2	2	3	4	3	3	4	4	4
小学和幼儿园教师	2	2	3	3	3	3	3	3	3
职业学校教师（职业课）	2	2	2	3	3	3	3	3	3
职业学校教师（普通课）	2	2	3	4	3	3	4	4	4
内、外牙科医生	1	1	2	1	2	3	2	2	2
兽医学家	1	1	2	1	2	3	2	2	3
护士	2	2	3	3	3	3	3	3	2
护士助手	2	4	4	4	4	2	2	3	3
工业药剂师	2	1	2	3	2	2	3	2	3
医院药剂师	2	2	2	4	9	2	3	2	4
营养学家	2	2	2	3	3	3	4	4	3
配镜师（医）	2	2	2	2	2	3	3	3	3
配眼镜商	3	3	3	3	3	4	3	2	3
放射科技术人员	3	3	3	3	3	3	3	3	3
药物实验室技术专家	2	2	2	3	2	3	3	2	3
药物实验室技术员	2	3	3	3	3	3	3	3	2
画家、雕刻家	2	3	4	2	2	5	2	1	3
产品设计和内外装饰者	2	2	3	2	2	4	2	2	4
舞蹈家	2	2	4	3	4	4	4	4	4
演员	2	2	3	3	4	3	4	4	3
电台播音员	2	2	3	4	2	4	2	2	4
作家和编辑	2	1	3	2	3	3	4	4	4
翻译人员	2	1	4	3	4	3	4	4	4
体育教练	2	2	2	4	4	3	4	4	2
运动员	3	3	4	2	3	4	2	2	3
秘书	3	3	3	4	3	2	3	3	3
打字员	3	3	4	4	4	3	3	3	4

续 表

职业 类型	职业能力倾向								
	G	V	N	S	P	Q	K	F	M
会计	3	3	3	4	4	2	3	3	4
出纳	3	3	3	4	4	2	3	3	4
统计员	3	3	2	4	3	2	3	3	3
电话接线员	3	3	4	4	4	3	3	3	4
办公室职员	3	4	3	4	4	3	3	4	4
商业经营管理	2	2	3	4	4	3	4	4	4
售货员	3	3	3	4	4	3	4	4	3
警察	3	3	3	4	3	3	3	4	4
门卫	4	4	5	4	4	4	4	4	3
厨师	4	4	4	4	3	4	3	3	3
招待员	3	3	4	4	4	4	3	4	2
理发员	3	3	4	4	9	4	2	2	3
导游	3	3	4	3	3	5	3	3	3
驾驶员	3	3	3	3	3	3	3	4	4
农民	3	4	4	4	4	4	4	4	4
动物饲养员	3	4	4	4	4	4	4	4	3
渔民	4	4	4	4	4	5	3	4	3
矿工	3	4	4	3	4	5	3	4	3
纺织工人	4	4	4	4	3	5	3	3	3
机床操作工	3	4	4	3	3	4	3	4	3
锻工	3	4	4	4	3	4	3	4	3
无线电修理工	3	3	3	3	2	4	3	3	3
细木工	3	3	3	3	3	4	3	4	4
家具木工	3	3	3	3	3	4	3	4	3
一般木工	3	4	4	3	4	4	3	4	3
电工	3	3	3	3	3	4	3	3	3
裁缝	3	3	4	3	3	4	3	2	3

第四章 职业价值观与职业选择

01 第一节

价值观与职业价值观

价值观在职业选择上的体现就是职业价值观，是人们对待职业的一种信念和态度，或是在职业生活中表现出来的一种价值取向。工作价值观可以反映个人价值观。人们在选择职业时，个人的择业标准和对具体职业的评价集中反映了他们的职业价值观。例如，在择业过程中，有的人追求丰厚的收入，有的人希望奋斗到较高的社会地位，有的人喜欢工作环境轻松愉快，还有很多人将能充分发挥自己的才能作为择业的第一标准。

一、价值观

价值观是人们认识和评价客观事物或现象对自身或对社会的重要性所持有的内部标准。每个人都生活在特定的生活环境中，对现实中的一切事物都会有一定的评价：哪些是好的、可接受的、值得的，哪些是不好的、不可接受的、不值得的，这就是价值观。例如，人际关系 / 归属感，团队合作，物质保障 / 高收入，稳定，安全，创造性，多样性、变化性，新鲜感，乐趣，自由独立，被认可，受尊重，能帮助他人，能发挥自己的才能，成就感，信仰，成功，名誉，地位，有学习 / 发展 / 成长的机会，权力 / 领导或影响他人，有益于社会，为社会服务，挑战性，冒险性，竞争，符合自己的道德观，工作环境、地点与生活平衡，健康，家庭，爱，幸福，亲情，亲密关系，朋友，和谐，平等……

价值观代表了人们最基本的信念，这些信念使得人们对某些事情的认可和接受程度比对其他事情要高。价值观对个人的思想和行为具有重要的导向和调节作用，使其指向一定的目标或带有一定的倾向性。

一个人的价值观是从出生开始，在家庭和社会的影响下，逐渐形成和稳定下来的。一个人所处的社会环境、家庭的经济和社会地位、父母的职业和价值观、早期的学校教育等对其价值观具有决定性的作用。此外，广播、电视、电影、报纸等大众媒体对价值观的影响也是不可忽视的。西方学者关于价值观的研究表明，一个人的价值观一旦形成，就会相对稳定、持久，不易发生变化。但是随着时代的变化、生活的变迁，人们的某些观念也会发生变化，这就是价值观的社会属性。

价值观对人的行为和生活选择有着不可估量的影响，就像亚当•斯密所说的，价值观就像“一只看不见的手”在不知不觉中决定了我们选择以什么样的方式度过一生。然而，你是否清楚地意识到它们的存在呢？对自身价值观的探索将使我们的生活更有方向感，它将有助于我们更好地回答三个最根本的哲学问题：“我是谁？”“我适合做什么工作？”“我的生命有什么意义？”

价值观具有如下特性：

（一）稳定性

价值观具有相对的稳定性和持久性。在特定的环境和条件下，人们的价值观将保持一段时期的相对稳定。个人的价值观一旦形成，便具有相对的稳定性，形成一定的价值取向和行为定势。例如，有些人觉得财富很重要，那么，在没有重大变故的情况下，他们将会一直向往它、追逐它。

（二）可塑性

价值观念是后天形成的，受家庭、学校和社会的共同影响。价值观随着知识的增长和经验的积累而逐步形成。因此，随着生活环境、工作环境、经济条件、文化环境等方面的改变，人的价值体系完全有可能随之而变。例如，新员工普遍会认为工资待遇和发展空间很重要，因为他们的经济基础和社会基础还比较薄弱；而对于有了一定经济实力和社会资历的老员工而言，他们往往会认为家庭、休闲、声望、健康等很重要。人的价值观念会因为不同境遇下需要的变化而变化。

（三）社会性

价值观是人们对社会存在的反映。人们所处的自然环境、社会环境和经济环境等对价值观念有着普遍的影响。处在同一环境下的人，会拥有某些相同的价值体系。在特定的地域或时期中，都会有一些普遍的价值标准，反映为普遍的思维定式和行为习惯。例如，对组织或家庭的忠诚，已作为核心价值观之一根植于老一辈人的观念中；而发展、变通、效益等成为新经济时代年轻人的共同价值观念。

（四）多样性

价值观的多样性反映在两个方面：一是，人是社会关系的总和，人的角色多样性决定人的价值追求多样性。例如，作为员工的我们追求绩效和发展，作为公民的我们追求和谐与法治，作为家人的我们需要健康和亲情，等等。二是，不同的人具有不同的人格特征和所处环境，因而存在价值观念差异。例如，有些同学认为学习最重要，而有些同学认为找份好工作最重要；有些同学认为能自己创业就算成功，而有些同学认为能为社会做出贡献才是成功。

做一做

● 留舍最爱

假如你带着五种动物——孔雀、老虎、大象、狗和猴子，四周环境危险重重，你不能将它们带到最后，你必须一个一个地舍弃，最后只能留一个动物。

孔雀　　老虎　　大象　　狗　　猴子

你首先舍弃的动物是什么？为什么？

____

____

你舍弃的第二个动物是什么？为什么？

____

你舍弃的第三个动物是什么？为什么？

你舍弃的第四个动物是什么？为什么？

你最后留下的动物是什么？为什么？

思考：

1. 如果这五个动物中，孔雀代表爱人，老虎代表金钱和权力，大象代表父母，狗代表朋友，猴子代表子女，你的留舍顺序是：________________________________。

2. 在这个取舍练习中，你的心理感受是什么？

3. 你是否懂得了珍惜与拥有？

二、职业价值观

俗话说，“人各有志”，这个“志”表现在职业选择上就是职业价值观。它是一种具有明确的目的性、自觉性和坚定性的职业选择的态度和行为，对一个人职业目标和择业动机起着决定性作用。

（一）职业价值观的含义

职业价值观是指人生目标和人生态度在职业选择方面的具体表现，是一个人对职业的认识和态度以及对职业目标的追求和向往，是个人对某项职业的价值判断和希望从事某项职业的态度倾向，即个人对某项职业的希望、愿望和向往。工作价值观反映了个人在工作中所寻找的是什么、需要的是什么、用什么样的标准来判断工作的“好”与“坏”等。

对职业价值观和工作价值观的研究是职业生涯规划的基础。认识到你思想中最根深蒂固的价值，是理解工作中什么样的特征才能令你满足的第一步。如果你在职业生涯中找到了自己的价值观，你的工作就会变得更有意义、有目的；如果你的工作没有使你得到满足，生活就会变得乏味和令人烦闷。对职业价值观进行必要的学习和了解，并将其运用于生涯抉择，将有利于提高职业满意度和生涯成就感。

根据职业指导专家的大量调查，人们的职业价值观念可以分为九类，它们分别是：

1. 自主型（独立经营型）

自主型的人不愿意接受别人的指使，希望凭借自身努力而拥有自己的领地，不愿意受到他人的干涉，期望能充分施展本领。该类型的人的代表性职业：室内装饰专家、图书管理专家、摄影师、音乐教师、作家、演员、记者、诗人、作曲家、编剧、雕刻家、漫画家等。

2．经济型（金钱至上型）

经济型的人认为世界上的各种关系都建立在金钱的基础上。人与人之间的所有关系，甚至是父母与子女之间的爱都带有金钱的烙印。他们相信金钱可以买到所有的幸福。在各行各业中都有这种类型的人存在。

3．支配型（独断专行型）

支配型的人有很强的支配意识，期望担任组织中的“一把手”。他们常常无视他人的意见和感受，显得独断专行，并以此为乐。该类型的人的代表性职业：进货员、商品批发员、旅馆经理、饭店经理、广告宣传员、调度员、律师、政治家、零售商等。

4．小资型

小资型的人追求虚荣，优越感也很强。他们渴望拥有较高的社会地位和名誉，希望受到他人的尊重和赞赏。当欲望得不到满足时，常常会因为过于强烈的自我意识而觉得自卑。小资型的人分布于各行各业，但在经济收入相对稳定和丰厚的职业群中表现得较为突出。

5．自我实现型

自我实现型的人不太关心通常意义上的幸福，潜心追寻个性的发挥和真理的发现。他们不计较名利，钟情于自己的专业领域，视专业成就为最高价值。该类型的人的代表性职业：气象学者、生物学者、天文学家、药剂师、动物学者、化学家、科学报刊编辑、地质学家、植物学者、物理学者、数学家、实验员、科研人员等。

6．志愿型（社会服务型）

志愿型的人富有同情心，把他人的痛苦视为自己的痛苦，不愿意做哗众取宠的事，乐于默默地帮助有需要的人，并以此为乐。他们富有社会服务意识和人道主义精神，适合他们的典型职业：社会学者、导游、福利机构工作者、咨询人员、社会工作者、社会科学教师、护士等。

7．创业型

创业型的人拥有强烈的独立意识、冒险精神和成就动机。他们不愿意在安稳、有条理的环境中工作，不愿意接受他人的支配。在追逐财富的同时更看重生涯的成就。他们通常用较好的心态去面对得与失，创立自己的事业是他们最大的愿景（哪怕在别人的企业中任职）。

8．公关型（合作谈判型）

公关型的人重视与人的沟通和合作，认为人脉/朋友是最大的财富，通常拥有较广阔的人际关系网络。他们在成功的交往、合作与谈判中感受到快乐与成就，该类型的人的代表性职业：公关人员、推销人员、商务秘书等。

9．安逸型（享乐主义型）

安逸型的人喜欢自由安逸的生活，喜欢安稳的工作，不愿意面对挑战和风险，随遇而安。他们常常被人认为缺乏责任感、缺少进取心。这类型的人在常规型职业群中比较多，家庭作业者中也不乏这类人。

做一做

● 选择你未来的职业（工作）时，你最看重的是什么？

1．工资高，福利好

2．工作环境（物质方面）舒适

3. 人际关系良好
4. 工作稳定有保障
5. 能提供较好的受教育机会
6. 有较高的社会地位
7. 工作不太紧张，外部压力少
8. 能充分发挥自己的能力特长
9. 社会需要与社会贡献大

把你最看重的三个选项写在下面：

1. ________________
2. ________________
3. ________________

（二）职业价值观的特性

1. 职业价值观是因人而异的

由于每个人的先天条件和后天经历不同，职业价值观的形成也会受到不同的影响，因此，每个人都有自己的价值观和价值观体系。在同样的客观条件下，具有不同价值观和价值观体系的人，动机模式不同，产生的行为也不同。

2. 职业价值观是相对稳定的

价值观是人们思想认识的深层基础，它形成了人们的世界观和人生观。它是随着人们认知能力的发展，在环境、教育的影响下，逐步培养而成的。人的价值观一旦形成，便会相对稳定。但自身状况和外界环境发生较大变化时，职业价值观也会随之而变。

3. 职业价值观是具有阶段性的

根据马斯洛的需求层次理论，人的低层次的需要得到满足以后，他就会产生更高层次的需求。从职业人生来看，大多数人的职业价值观是具有阶段性的，特别是某一阶段的自身需求满足后，新的职业价值观也会随之产生并确定下来。

4. 职业价值观不是唯一的

人的职业价值观不是唯一的，择业时会有几个动机支配个人的选择。人们为选择感到痛苦时，就是因为个人的职业价值观不唯一，而在某一职业中又难以得到全部满足，从而患得患失。

· 延伸阅读 · 这就是我想要的生活

英国某小镇有一位青年人，以为小镇的人说唱为生；有一个华人妇女，远离家人，在小镇打工。他们在同一个小餐馆用餐，经常相遇。时间长了，彼此十分熟悉了。

有一天，这位妇女关切地对那个小伙子说：“不要沿街卖唱了，去做一个正当的职业吧。我介绍你到中国教书，你可以拿到比现在高得多的薪水。”

小伙子听了以后，先是一愣，然后反问道：“难道我现在从事的不是正当的职业吗？我喜欢这个职业，它给我也给其他人带来了欢乐，这有什么不好？我为什么要远渡重洋，抛弃亲人，抛弃家园，去做我不喜欢的工作呢？”邻桌的英国人也都为之愕然。他们不明白，为了多挣一些钱，抛弃家人，远离故土，有什么值得羡慕的。他们认为，家人团聚、平平安安是最大的幸福。它与财富的多少、地位的贵贱无关。

做一做

● **看完这个小故事，你有什么感想？请写在下面：**

____

____

____

____

____

要想永远过着快乐且成功的人生，唯一的方法就是按照正确的价值观生活。不管在工作中或生活上，我们都始终清楚知道人生中最重要的价值是什么，然后无论发生任何状况，都毅然决然地遵从这些价值而生活。这种生活态度必须始终一致，而不能计较这么做是不是有什么好处，即使这么做会得罪人也必须坚守原则。因为，人生真正的幸福只有一条路——按照自己的价值观去生活。你怎么样地坚信，就怎么样地行动。

不管你的价值观是什么，但千万别忘了，它就是你的人生的指南针，掌握着你的人生的去向，每当你面临抉择，它就会代你做出决定，引领你做出必需的行动。这个心里的指南针如果使用不当，就会给你带来挫折、失望、沮丧，甚至人生就此掉进阴暗的世界；你若使用得当，它就会带给你无穷的力量，让你的人生充满自信。不论处在任何状况都保持乐观态度，这是许多成功人士所共有的一个特质。

三、职业价值观主要理论

（一）马斯洛需求层次理论

马斯洛需求层次理论是人本主义科学的理论之一，1943 年，由美国心理学家亚伯拉罕•马斯洛在《人类激励理论》中所提出。马斯洛把需求分成生理需求、安全需求、情感和归属感、尊重和自我实现五类，由较低层次到较高层次排列。在自我实现需求之后，还有自我超越需求，但通常不作为马斯洛需求层次理论中必要的层次，一般会将自我超越合并至自我实现需求中。

1．马斯洛需求理论的五个层次

第一层次：生理上的需要

如果这些需要任何一项得不到满足，人类个人的生理机能就无法正常运转。换而言之，人类的生命就会因此受到威胁。在这个意义上说，生理需要是推动人们行动的最首要的动力。马斯洛认为，只有这些最基本的需要满足到维持生存所必需的程度后，其他的需要才能成为新的激励因素，而到了此时，这些已相对满足的需要就不再成为激励因素。

第二层次：安全上的需要

马斯洛认为，整个有机体是一个追求安全的机制。人的感受器官、效应器官、智能和其他能量主要是寻求安全的工具，甚至可以把科学和人生观都看作满足安全需要的一部分。当然，当这种需要相对满足后，也就不再成为激励因素了。

第三层次：情感和归属的需要

人人都希望得到关心和照顾。感情上的需要比生理上的需要来得细致，它和一个人的生理特性、经历、教育、宗教信仰都有关系。

第四层次：尊重的需要

人人都希望自己有稳定的社会地位，要求个人的能力和成就得到社会的承认。尊重的需要又可分为内部尊重和外部尊重。内部尊重是指一个人希望在各种不同情境中有实力、能胜任、充满信心、能独立自主。总之，内部尊重就是人的自尊。外部尊重是指一个人希望有地位、有威信，受到别人的尊重、信赖和高度评价。马斯洛认为，尊重需要得到满足能使人对自己充满信心，对社会满腔热情，体验到自己活着的用处、价值。

第五层次：自我实现的需要

自我实现的需要是最高层次的需要。它是指实现个人理想、抱负，发挥个人的能力到最大限度，达到自我实现境界的人，接受自己也接受他人，解决问题能力增强，自觉性提高，善于独立处事，要求不受打扰地独处，完成与自己的能力相称的一切事情的需要。也就是说，人必须做称职的工作，这样才会使他们感到最大的快乐。马斯洛提出，为满足自我实现需要所采取的途径是因人而异的。自我实现的需要是在努力实现自己的潜力，使自己越来越成为自己所期望的人物。

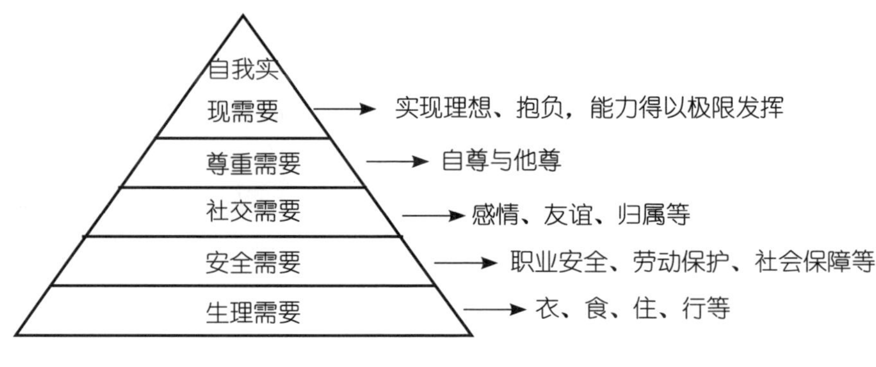

马斯洛需求层次理论图

2．马斯洛需求层次理论的应用

（1）五种需要像阶梯一样从低到高，按层次逐级递升，但这样的次序不是完全固定的，可以变化，也有种种例外情况。

（2）需求层次理论有两个基本出发点：一是人人都有需要，某层需要获得满足后，另一层需要才出现。二是在多种需要未获得满足前，首先满足迫切需要。该需要满足后，后面的需要才显示其激励作用。

（3）一般来说，某一层次的需要相对满足了，就会向高一层次发展，追求更高一层次的需要就成为驱使行为的动力。相应地，获得基本满足的需要就不再是一股激励力量。

（4）五种需要可以分为两级。其中生理上的需要、安全上的需要和感情上的需要都属于低一级的需要，这些需要通过外部条件就可以满足；而尊重的需要和自我实现的需要是高级需要，它们是通过内部因素才能满足的，而且一个人对尊重和自我实现的需要是无止境的。同一时期，一个人可能有几种需要，但每一时期总有一种需要占支配地位，对行为起决定作用。任何一种需要都不会因为更高层次需要的发展而消失。各层次的需要相互依赖和重叠，高层次的需要发展后，低层次的需要仍然存在，只是对行为影响的程度大大降低。

（5）马斯洛和其他的行为心理学家都认为，一个国家多数人的需求层次结构是同这个国家的经济发展水平、科技发展水平、文化和人民受教育的程度直接相关的。在发展中国家，生理需要和安全需要占主导的人数比例较大，而高级需要占主导的人数比例较小；在发达国家，则刚好相反。

在企业管理中，了解员工的需要是应用需求层次论对员工进行激励的一个重要前提。在不同组织中，不同时期的员工以及组织中不同的员工的需要充满差异性，而且经常变化。因此，管理者应该经常性地用各种方式进行调研，弄清员工未得到满足的需要是什么，并有针对性地进行激励。

（二）施恩——职业锚理论

职业锚（Career Anchor）的概念是由美国的施恩教授提出的。它是指一个人面临职业选择的时候，他无论如何都不会放弃的职业中至关重要的东西或价值观。正如“职业锚”这一名词中“锚”的含义一样，职业锚实际上就是人们选择和发展自己的职业生涯时所围绕的中心，是企业和个人进行职业生涯决策时的核心因素，是判断人们是否达到职业成功的标准。

职业锚理论产生于美国麻省理工学院斯隆管理学院施恩教授领导的专门研究小组，是在对该学院毕业生的职业生涯研究中演绎的。斯隆管理学院的 44 名 MBA 毕业生，自愿形成一个小组接受施恩教授长达 12 年的职业生涯研究，包括面谈、跟踪调查、公司调查、人才测评、问卷等多种方式，最终分析总结了职业锚（又称职业定位）理论。

施恩教授在 1978 年提出了五种类型的职业锚，随后大量的学者对职业锚进行了广泛的研究，并在 20 世纪 90 年代将职业锚确定为八种类型：

1．技术 / 职能型

技术 / 职能型的人追求在技术 / 职能领域的成长和技能的不断提高，以及应用这种技术 / 职能的机会。他们对自己的认可来自于他们的专业水平，他们喜欢面对专业领域的挑战。他们通常不喜欢从事一般的管理工作，因为这意味着他们不得不放弃在技术 / 职能领域的成就。

2．管理型

管理型的人追求并致力于工作晋升，倾心于全面管理、独立负责一个部分，可以跨部门整合其他人的努力成果。他们想去承担整体的责任，并将公司的成功与否看成自己的工作。具体的技术 / 职能工作仅仅被看作通向更高、更全面管理层的必经之路。

3．自主 / 独立型

自主 / 独立型的人希望随心所欲安排自己的工作方式、工作习惯和生活方式。追求能施展个人能力的工作环境，最大限度地摆脱组织的限制和制约。他们宁愿放弃提升或工作发展机会，也不愿意放弃自由与独立。

4．安全 / 稳定型

安全 / 稳定型的人追求工作中的安全与稳定感。他们因为能够预测稳定的将来而感到放松。他们关心财务安全，例如，退休金和退休计划。稳定感包括诚实、忠诚，以及完成老板交代的工作。尽管有时他们可以达到一个高的职位，但他们并不关心具体的职位和具体的工作内容。

5．创业型

创业型的人希望用自己的能力去创建属于自己的公司或创建完全属于自己的产品（或服务），而且愿意去冒风险，并克服面临的障碍。他们想向世界证明公司是他们靠自己的努力创建的。他们可能正在别人的公司工作，但同时在学习并寻找机会。一旦时机成熟了，他们便会走出去创立自己的事业。

6. 服务型

服务型的人一直追求他们认可的核心价值，例如，帮助他人，改善人们的安全，通过新的产品消除疾病等。他们一直追寻这种机会，这意味着即使变换公司，他们也不会接受不允许他们实现这种价值的变动或工作提升。

7. 挑战型

挑战型的人喜欢解决看上去无法解决的问题，战胜强硬的对手，克服无法克服的困难障碍等。对他们而言，参加工作或职业的原因是工作允许他们去战胜各种不可能。他们需要新奇、变化和困难，如果事情非常容易，他们会马上感到厌烦。

8. 生活型

生活型的人希望将生活的各个主要方面整合为一个整体，喜欢平衡个人的、家庭的和职业的需要。因此，生活型的人需要一个能够提供“足够弹性”的工作环境来实现这一目标。他们将成功定义得比职业成功更广泛。相对于具体的工作环境、工作内容，生活型的人更关注自己如何生活、在哪里居住、如何处理家庭事情等。

经过近40年的发展，职业锚已经成为职业发展、职业生涯规划的必选工具。职业锚实际上是内心中个人能力、动机、需要、价值观和态度等相互作用和逐步整合的结果。在实际工作中，通过不断审视自我，逐步明确个人的需要与价值观，明确自己的擅长及今后发展的重点，最终在潜意识里找到自己长期稳定的职业定位即职业锚。

（三）舒伯的职业价值观

生涯规划大师舒伯提出了十五种职业价值观，分别是：

1. 利他主义。能够体现对他人的关心，为他人的幸福和利益尽一份力的职业。

2. 美的追求。能够制作美的物品，得到美感的享受并将美带给世界的职业。

3. 智力挑战。能够不断进行智力开发、动脑思考、理解事物怎样运行和作用的职业。

4. 成就动机。能够不断取得成就，有一种获得成功感的工作。喜欢能给人现实可见结果的职业。

5. 自主。能够自己做主，按自己的方式、想法去做，自主安排进度，不受他人干扰的职业。

6. 多样性。工作的内容能经常变换，有机会尝试不同种类、涉及不同领域的职业。

7. 稳定。能够有一个安稳的局面，不太可能受到失业、调动等事情困扰的职业。

8. 生活风格。工作能够让你按照自己所选择的生活方式生活，并成为自己希望成为的人。

9. 创造力。能使你发明新事物、设计新产品或产生新思想的工作。

10. 同事关系。能和喜欢的人接触并共事，与老板和同事的相处融洽愉快。

11. 社会关系。能和各种人交往，建立比较广泛的社会联系和关系。

12. 工作环境。工作能在不冷、不热、不脏的宜人环境下进行。

13. 声望。所从事的工作在人们的心目中有较高的社会地位，能使自己得到他人的重视与尊敬。

14. 权力控制。工作能够获得对他人或某事的管理权，能指挥和调遣一定范围内的人或事物。

15. 经济回报。工作能够获得优厚的报酬，使自己有足够的财力去获得自己想要的东西，使生活过得较为富足。

舒伯的价值观只包含了15项内容，不一定能够完全包括每个同学的情况。同学们可以根据以上内容，归纳总结自己的职业价值观。

02 第二节

职业价值观探索

一、价值观探索

（一）价值观清单

下面列出 40 项价值观，你可以根据清单项目勾选自己最看重的价值。

价值观清单

○ 01 金钱	○ 02 自我表现	○ 03 身份地位	○ 04 权力	○ 05 影响力
○ 06 专业	○ 07 丰富的知识	○ 08 服务他人	○ 09 自主	○ 10 安全感
○ 11 快乐	○ 12 做事的品质	○ 13 内在和谐	○ 14 升迁	○ 15 成长
○ 16 关爱	○ 17 生理上的挑战	○ 18 帮助别人	○ 19 亲和	○ 20 制造力
○ 21 冒险	○ 22 知识上的领先	○ 23 亲密关系	○ 24 名誉	○ 25 友谊
○ 26 变化	○ 27 挑战性的问题	○ 28 受人肯定	○ 29 责任	○ 30 领导力
○ 31 卓越	○ 32 能够自由运用时间	○ 33 成就感	○ 34 财富	○ 35 智慧
○ 36 名气	○ 37 和开放诚实的人工作	○ 38 发挥潜力	○ 39 自由	○ 40 刺激

做一做

● **价值观清单**

除了清单中的 40 项价值观，你认为还有哪些重要的价值观？请写在下面：

____

____

____

____

____

写出你认为最重要的 5 项价值观以及你心目中理想的相关职业：

1. ____________理想的相关职业：____________
2. ____________理想的相关职业：____________
3. ____________理想的相关职业：____________
4. ____________理想的相关职业：____________
5. ____________理想的相关职业：____________

（二）职业价值观自测

请把以下21种价值对你的重要程度进行排序。将对你最重要的价值标上“1”，第二重要的价值标上“2”，直至将对你最不重要的价值标上“21”。

成就	成功；通过决心、坚持和努力而达到的结果。对“成就”一词的定义是：获得成功的结果，达到预定的目标
审美	为了美而欣赏、享受美
利他	关心别人，为别人的利益而付出
自主	能够独立地做出决定的能力和权限
创新	产生新思想或做出革命性的设计
平和	能够克制焦虑的情绪，能阻止坏脾气的产生；思绪平静，内心感觉安全
健康	生命存在的条件，没有疾病和痛苦，身体总体状况良好
诚实	言行一致，待人真诚
正义	无偏见，公平、正直；遵从真理、事实和理性
知识	为满足好奇心或求知欲而寻求信息、原则和真理等
爱心	建立在钦佩、仁慈基础上的感情。温暖的依恋、热情、献身；无私奉献，忠诚地接纳他人，积极为他人谋求利益
忠诚	效忠于某个人、某个团队、某个组织或政党
道德	相信并遵守社会公德和行为规范
外貌	拥有或保持好的身材和容貌
愉悦	是一种惬意的感觉，伴随对美好事物的期待和对伟大愿望的实现而产生；不在于表面上的高兴，而更在于内心的满足和喜悦
权力	拥有支配权、权威或能够对他人施加影响
认可	由于他人的反应而感到自己很重要、很有价值；得到特别关注
信仰	仅指宗教信仰。与神交流，服从神，代表神行动
技能	乐于有效使用知识、完成工作的能力；具有专门的技艺
财富	拥有大量的物质财富；生活富足
智慧	具有洞察内在品质和关系的能力；有洞察力、智慧和判断力

说明：在以上21种价值中，你对某一价值的排序越靠前，表明你越重视该价值。当你需要进行职业生涯抉择时，首先要确立正确的目标。此时，价值观是重要的参考指标之一，因为它是你在今后的生涯发展中无论如何都不会轻易放弃的追求。

做一做

● **猕猴觅豆**

有只猕猴拿了一把豆，行走时不小心把一颗豆掉在地上。它把其他豆放在地上，回去找那颗丢失的豆。结果，非但丢的豆没找回，其他放在地上的豆也没有了。猕猴很懊恼。

1. 如果你是猕猴，你会怎么做？

____

____

2. 你是否为了追求某种事物，把其他都放弃了？

____

____

3. 如果没得到你很重视的事物，你会如何做呢？

____

____

二、舒伯职业价值观测评

（一）舒伯的“职业价值观量表”

请仔细阅读下表，并在每题前方填上 1 ～ 5 的数字，代表该选项对你的重要性。（5 代表非常重要，4 代表很重要，3 代表重要，2 代表不太重要，1 代表不重要）

舒伯的“职业价值观量表”

分值	题号	题　　目	分值	题号	题　　目
	1	能参与救灾济贫的工作		31	能够减少别人的苦难
	2	能经常欣赏完美的艺术作品		32	能运用自己的鉴赏力
	3	能经常尝试新的构想		33	常需构思新的解决方法
	4	必须花精力去思考人生		34	必须不断地解决新的难题
	5	在职责范围内有充分自由		35	能自行决定工作方式
	6	可以经常看到自己的工作成果		36	能知道自己的工作绩效
	7	能在社会扮演更重要的角色		37	能让你觉得出人头地
	8	能知道别人如何处理事务		38	可以发挥自己的领导能力
	9	收入能比相同条件的人高		39	可使你存下很多钱
	10	能有稳定的收入		40	有好的保险和福利制度
	11	能有清静的工作场所		41	工作场所有现代化设备
	12	主管善解人意		42	主管能采取民主的领导方式
	13	能经常和同事一起休闲		43	不必和同事有利益冲突
	14	能经常变换职务		44	可以经常变换工作场所
	15	能成为你想成为的人		45	工作常让你觉得如鱼得水
	16	能帮助贫困和不幸的人		46	常帮助他人解决困难
	17	能增添社会的文化气息		47	能创作优美作品
	18	可以自由地提出新颖的想法		48	常提出不同的处理方案
	19	必须不断学习才能胜任		49	需对事情深入分析研究
	20	工作不受他人干涉		50	可以自行调整工作进度
	21	常觉得自己的辛劳没有白费		51	工作结果受到他人肯定
	22	能使你更有社会地位		52	能自豪介绍自己的工作
	23	能够分配调整他人工作		53	能为团体拟订工作计划
	24	能常常加薪		54	收入高于其他行业
	25	生病时能得到妥善照顾		55	不会轻易被解雇或裁员
	26	工作地点光线、通风好		56	工作场所整洁卫生
	27	有一个公正的主管		57	主管学识和品格让你敬佩
	28	能与同事建立深厚友谊		58	能够认识很多风趣的伙伴
	29	工作性质常会变化		59	工作内容随时间变化
	30	能实现自己理想		60	能充分发挥自己的专长

（二）职业价值观量表记分和解释

职业价值观量表记分和解释

得分	对应题目	职业价值观	得分	对应题目	职业价值观
	1 16 31 46	利他主义		9 24 39 54	经济报酬
	2 17 32 47	美的追求		10 25 40 55	安全稳定
	3 18 33 48	创造发明		11 26 41 56	工作环境
	4 19 34 49	智力激发		12 27 42 57	上司关系
	5 20 35 50	独立自主		13 28 43 58	同事关系
	6 21 36 51	成就满足		14 29 44 59	多样变化
	7 22 37 52	声望地位		15 30 45 60	生活方式
	8 23 38 53	管理权力			

做一做

- 根据测评结果，自我评价一下你的职业价值观：

第五章

气质、性格与职业选择

- 第一节　气质与职业选择
- 第二节　性格与职业选择

在现今的职场中，很多企业在招聘新人时，将气质性格的测试放在首位。当气质性格与职业相匹配时，才对其能力进行测试。他们认为性格比能力重要。如果一个人能力不足，可以通过培训来提高；但一个人的性格与职业不匹配，要改变起来，就困难多了。

气质性格并无好坏之分，但气质性格类型与职业类型的匹配度，却决定事业的成功与否。在为自己的职业发展做规划时，首先要正确测定自己的个性，职业发展规划是与职业气质、能力、兴趣、潜力、价值观、理念等因素相关联的。性格与工作相匹配，工作中更得心应手、轻松愉快、富有成就。反之则会不适应、困难重重，给个人的发展和组织造成影响。

要想做好工作，需要专业的知识、良好的技能，也需要和自己的气质性格相匹配。借助科学手段了解自己的气质性格类型，更有利于进行准确的职业定位，更有利于职业的发展。当从事的职业与个性相吻合时，就可能发挥能力，容易做出成就；反之可能导致才能的浪费，或者必须付出更大的努力才能成功。

许多工作对性格品质有着特定的要求，要选择某一职业就必须具备这一职业所要求的性格特征。但是，性格在很大限度上来源于后天的培养，并不是无法改变的，每个人在社会中都会因为种种外界原因而改变原先的性格，也许这种改变会让你意外地发现自己的潜力。另外，人的个性并不能决定个人的社会价值与成就水平。当你发现你的个性与职业的匹配度不高时，可以通过个人努力来弥补自身的不足。同样，一个人在自己适宜的职业中不努力就不会成功。

01 第一节

气质与职业选择

气质是表现在心理活动的强度、速度和灵活性与指向性等方面的一种稳定的心理特征。人的气质差异是先天形成的，受神经系统活动过程的特性所制约。气质只给人们的言行涂上某种色彩，但不能决定人的社会价值，也不直接具有社会道德评价含义。

气质不能决定一个人的成就，具有任何气质的人只要经过自己的努力都可能在不同实践领域取得一定的成就，也有可能成为平庸无为的人。

气质在社会所表现的，是一个人从内到外的一种内在的人格魅力的质量的升华。所表现的有高雅、高洁、恬静、温文尔雅、豪放大气、不拘小节、立竿见影等；所指的人格魅力有修养、品德、举止行为、待人接物、说话的感觉等。气质不是自己能够说出来的，而是长久的内在修养平衡及文化修养的一种结合，是持之以恒的结果。

一、气质的四种类型

古希腊医生希波克拉底和罗马医生盖伦认为，因为人体内有血液、黄胆汁、黏液和黑胆汁四种液体，又由于它们所占的比例不同，所以构成了人的不同气质。20 世纪 30 年代，苏联生理学家巴甫洛夫发现高级神经活动有两个基本过程，即兴奋和抑制。在强度、平衡性和灵活性方面，不同的人有不同的特点。他根据这三个方面特点的变化，划分出高级神经活动的四种基本类型，即多血质、胆汁质、抑郁质和黏液质类型。而这些类型恰好与希波克拉底的四种气质类型相一致，为之找到了科学的自然基础。巴甫洛夫划分的四种气质类型有以下典型表现：

（一）多血质

多血质相当于神经活动的强而均衡的灵活型。具有这种气质的人热情、活泼好动，善于交际，反应迅速，适应能力强，精神愉快，机智灵活，注意力易转移，情绪易改变；但办事重兴趣，富于幻想，不愿做耐心、细致和琐碎的工作。

春天般的多血质类型，典型代表：孙悟空。

多血质型的人的特点：该种气质类型的人，虽然表情丰富、动作敏捷、活泼爱动，但情绪多变，做事相对轻率。在人际交往时应努力表现灵活、亲切和机敏的一面，尽量避免浮躁。

多血质型的人适合的职业：较适合社交性、文艺性和多样化，要求反应敏捷且均衡的职业，不太适合应需要细心钻研的职业。这种类型的人可以从事范围广泛的职业，如外交人员、律师、运动员、新闻记者、服务员和演员等。

（二）胆汁质

胆汁质相当于神经活动的强而不均衡型。具有这种气质的人兴奋度很高，容易冲动，脾气暴躁，性情直率，精力旺盛，能以很高的热情埋头于事业；兴奋时，决心克服一切困难，精力耗尽时，情绪一落千丈。

夏天般的胆汁质类型：张飞。

胆汁质型的人的特点：该种气质类型的人，虽然精力充沛、生机勃勃、积极向上，但情绪暴躁，易于激动，容易感情用事。在人际交往时应沉着冷静，善于控制自己的情绪，做到勇敢、率直但不急躁。

胆汁质类型的人适合的职业：较适合反应迅速、动作有力、应急性强、危险性较大、难度较高的职业。不适宜从事稳重、细致的职业。这类人可以是出色的导游员、营销员、节目主持人、外事接待人员。

（三）抑郁质

抑郁质相当于神经活动的弱型，兴奋和抑制过程都弱。具有这种气质的人沉静，易相处，人缘好，办事稳妥可靠，做事坚定，能克服困难；但是比较敏感，易受挫折，孤僻寡断，疲劳不易恢复，反应缓慢，不愿进取。

秋天般的抑郁质类型，典型代表：林黛玉。

抑郁质型的人的特点：该种气质类型的人，柔弱易疲倦，情绪发生慢而强，敏感而富于自我体验，情感深刻稳定，易孤僻。在人际交往时要突破闭锁心理，把自己的深刻体验表述出来。

抑郁质型的人适合的职业：比较适合从事持久、细致的职业，而不适合要求反应灵敏、处事果断的职业。这类人可从事的职业有技术人员、化验员、机要秘书和物资保管员等。

（四）黏液质

黏液质相当于神经活动的强而均衡的安静型。具有这种气质的人平静，情绪稳定，善于克制忍让，生活有规律，不为无关事情分心，埋头苦干，有耐久性，态度持重，不卑不亢，不爱空谈，严肃认真；但是古板，不够灵活，因循守旧。

冬天般的黏液质类型，典型代表：唐僧。

黏液质型的人的特点：该种气质类型的人，沉着、坚毅、冷静，但是缺乏活力，冷淡等。在人际交往时应尽量将自己的情绪调动起来，让他人更多地了解你的内心感受，以便互相交流，达成共识。

黏液质型的人适合的职业：比较适合有条不紊、刻板平静、耐受性较高的职业，不太适宜从事激烈多变的职业。此类型人可从事的职业有外科医生、法官、管理人员和财务人员等。

现实生活工作中，并不是所有的人都可以按照四种传统气质型来划分的，只有少数人是四种气质类型的典型代表，多数人是介于各类型之间的中间类型。

在判断某个人的气质时，并非把他绝对划归为某种类型，主要观察和测定构成他的气质类型的各种心理特性及构成气质生理基础的高级神经活动的基本特性。

每种气质类型都有优点和缺点，无所谓好坏。气质的优点和缺点表现在人和各种活动中，并不影响人和行动方向。一般不能把某一种气质类型看作积极的，而把另一种气质类型看作是消极的。各种气质类型都有积极的一面，也有消极的一面。这要联系整个个性特点及其在活动中的社会意义来评定，例如，胆汁质气质类型的人性急，在社会活动中可表现为勇敢、爽朗、有进取心，也可表现为冒失；多血质的人灵活，在社会活动中可表现为活泼、机智、善交际，也可表现为动摇、轻浮、不踏实，忽冷忽热；黏液质型的人迟缓，可表现为镇定、刚毅、实干，也可表现为顽固、呆板、拖拉；抑郁质的人可表现为多虑，好思考，也可表现为怀疑心重，缺乏自信等。

二、气质类型与职业选择

气质属于人的各种心理品质的动力方面。它使人的心理活动染上某些独特的色彩，却并不决定一个人性格的倾向性和能力的发展水平。所以，气质相同的人可以成为对社会做出重大贡献、品德高尚的人，也可以成为一事无成、品德低劣的人；可以成为先进人物，也可以成为落后人物，甚至反动人物。反之，气质极不相同的人可以成为品德高尚的人，成为某一职业领域的能手或专家。但是，在一些特殊职业中（例如，飞机驾驶员、宇航员、大型动力系统调度员或运动员等），要承受高度的身心紧张，要求人有极其灵敏的反应，要求人敢于冒险和临危不惧，对人的气质特性提出特定的要求。在这种情况下，气质的特性影响一个人是否适合该种职业。因此，在培训这类职业的工作人员时应当测定人的气质特性。这是职业选择和淘汰的根据之一。大体来说，不同的气质类型有着不同的心理特点和适合的职业与行业。

（一）多血质

神经特点：感受性低；耐受性高；不随意反应性强；具有可塑性；情绪兴奋性高；反应速度快而灵活。

心理特点：活泼好动，善于交际；思维敏捷；容易接受新鲜事物；情绪情感容易产生也容易变化和消失，容易外露；体验不深刻。

典型表现：多血质又称活泼型，敏捷好动，善于交际，在新的环境不感到拘束。在工作学习上富有精力且效率高，表现出机敏的工作能力，善于适应环境变化。在集体中精神愉快，朝气蓬勃，愿意从事合乎实际的事业，能对事业心向神往，能迅速地把握新事物，在有充分自制能力和纪律性的情况下，会表现出巨大的积极性。兴趣广泛，但情感易变。如果事业上不顺利，热情可能消失，速度与投身事业一样迅速。从事多样化的工作往往成绩卓越。

适合的职业：导游、推销员、节目主持人、演讲者、外事接待人员、演员、市场调查员、监督员等。

（二）胆汁质

神经特点：感受性低；耐受性高；不随意反应强；外倾性明显；情绪兴奋性高；控制力弱；反应快但不灵活。

心理特点：坦率热情；精力旺盛，容易冲动；脾气暴躁；思维敏捷；准确性差；情感外露，但持续时间不长。

典型表现：胆汁质又称不可遏止型或战斗型。具有强烈的兴奋过程和比较弱的抑郁过程，情绪易激动，反应迅速，行动敏捷，暴躁而有力；在语言上、表情上、姿态上都有一种强烈而迅速的情感表现；在克服困难上有不可遏止和坚韧不拔的劲头，而不善于考虑是否能做到；性急，易爆发而不能自制。这种人的工作特点带有明显的周期性，埋头于事业，也准备去克服通向目标的重重困难和障碍。但是当精力耗尽时，易失去信心。

适合的职业：管理工作、外交工作、驾驶员、服装纺织业、餐饮服务业、医生、律师、运动员、冒险家、新闻记者、演员、军人、公安干警等。

（三）黏液质

神经特点：感受性低；耐受性高；不随意反应低；外部表现少；情绪具有稳定性；反应速度快但灵活。

心理特点：稳重，考虑问题全面；安静，沉默，善于克制自己；善于忍耐。情绪不易外露；注意力稳定且不容易转移，外部动作少而缓慢。

典型表现：这种人又称为安静型，在生活中是一个坚持而稳健的辛勤工作者。这类型的人行动缓慢而沉着，严格恪守既定的生活秩序和工作制度，不为无所谓的动因而分心。黏液质的人态度稳重，交际适度，不做空泛的清谈，不易激动，不易发脾气，也不易流露情感，能自治，也不常常显露自己的才能。这种人长时间坚持不懈，有条不紊地从事自己的工作。其不足是有些事情不够灵活，不善于转移自己的注意力。惰性使他们因循守旧，表现出固定性有余，而灵活性不足。具有从容不迫和严肃认真的品德，以及性格的一贯性和确定性。

适合的职业：外科医生、法官、管理人员、出纳员、会计、播音员、话务员、调解员、教师、人力人事管理主管等。

（四）抑郁质

神经特点：感受性高；耐受性低；随意反应低；情绪兴奋性高；反应速度慢，刻板固执。

心理特点：沉静、对问题感受和体验深刻；持久；情绪不容易表露；反应迟缓但是深刻；准确性高。

典型表现：有较强的感受能力，易动感情、情绪体验的方式较少，但是体验持久而有力，能观察到别人不容易察觉的细节，对外部环境变化敏感，内心体验深刻，外表行为非常迟缓、忸怩、怯弱、怀疑、孤僻、优柔寡断，容易恐惧。

适合的职业：校对、打字、排版、检察员、雕刻工作、刺绣工作、保管员、机要秘书、艺术工作者、哲学家、科学家。

三、气质类型测试量表

心理学研究表明，每个人的气质类型都不相同。所以，对下面60道题的回答，没有对错之分。只要弄明白每个题目的意思，然后品味一下，并将你的真实思想情感与下面的5种情形相对应。

完全一致（或完全赞成，完全符合等，2分）；比较一致（1分）；一致与不一致之间（0分）；不太一致（－1分）；很不一致（－2分）。

（注意：做题时，不要累计加分。每题单独记分）

1	做事力求稳妥，不做无把握的事
2	遇到使你生气的事就怒不可遏
3	宁肯一人干事，不愿意和很多人在一起
4	到一个新环境很快就能适应
5	厌恶那些强烈的刺激，如尖叫、噪音、危险镜头等
6	和人争吵时，总想先发制人，喜欢挑衅。
7	喜欢安静的环境
8	善于和人交往
9	羡慕那些善于克制自己感情的人
10	生活有规律，很少违反作息制度
11	在多数情况下情绪是乐观的
12	碰到陌生人觉得很拘束
13	遇到令人气愤的事，能很好地自我克制

14	做事总是有旺盛的精力
15	遇到问题常常举棋不定，优柔寡断
16	在人群中不觉得过分拘束
17	情绪高昂时，觉得什么都有趣；情绪低落时，又觉得干什么都没意思
18	当注意力集中于一件事物时，别的事很难放到心上
19	理解问题总比别人快
20	碰到危险情况时，有极度恐怖感
21	对工作学习、事业有很高的热情
22	能够长时间做枯燥、单调的工作
23	符合兴趣的事，干起来劲头十足，否则就不想干
24	一点小事就能引起情绪波动
25	讨厌那种需要耐心细致的工作
26	与人交往不卑不亢
27	喜欢热烈的活动
28	喜欢看感情细腻、描写人物内心活动的文学作品
29	工作学习时间长了，常感到厌倦
30	不喜欢长时间谈论一个问题，愿意实际动手干
31	宁愿侃侃而谈，不愿窃窃私语
32	别人说我总是闷闷不乐
33	理解问题常比别人慢
34	厌倦时只要短暂的休息就能精神抖擞，重新投入工作
35	心里有话宁愿自己想，不愿说出来
36	认准一个目标就希望尽快实现，不达目的，誓不罢休
37	学习工作一段时间后，常比别人更困倦
38	做事有些鲁莽，常常不考虑后果
39	老师讲授新知识时，总希望讲得慢些，多重复几遍
40	能够很快地忘记那些不愉快的事情
41	做作业或完成一项工作总比别人花的时间多
42	喜欢运动量大的剧烈体育活动，也喜欢参加多种文艺活动
43	不能很快地把注意力从一件事情转移到另一件事情上
44	接受一个新任务后，就希望把它迅速解决
45	认为墨守成规比冒险强
46	能够同时注意几件事物
47	当我烦闷的时候，别人很难使我高兴起来
48	爱看情节起伏跌宕、激动人心的小说
49	对工作认真、严谨，持始终一贯的态度

续 表

50	喜欢复习学过的知识，重复做已经掌握的工作
51	和周围的人的关系总是相处得不好
52	喜欢变化大、花样多的工作
53	小的时候会背的诗歌，我似乎比别人记得更清楚
54	别人说我“出语伤人”，自己并不觉得这样
55	在体育活动中，常因反应慢而落后
56	反应敏捷，头脑机智
57	喜欢有条理而不太麻烦的工作
58	兴奋的事情常使我失眠
59	老师讲的新概念，我常常听不懂
60	假如工作枯燥无味，马上就会情绪低落。

气质类型量表评分标准

典型气质类型得分表	题　号	总分
胆汁质	2 6 9 14 17 21 27 31 36 38 42 48 50 54 58	
多血质	4 8 11 16 19 23 25 29 34 40 44 46 52 56 60	
黏液质	1 7 10 13 18 22 26 30 33 39 43 45 49 55 57	
抑郁质	3 5 12 15 20 24 28 32 35 37 41 47 51 53 59	

气质类型的诊断：

多血质。多血质一栏超过 20 分，其他三栏得分均较低，为典型多血质。多血质一栏得分在 10 ～ 20 分之间，其他三栏得分较低，为一般多血质。

胆汁质。胆汁质一栏得分最多，其他三栏相对较低。

黏液质。黏液质一栏得分最多，其他三栏相对较低。

抑郁质。抑郁质一栏得分相对较高，其他三栏相对较低。

混合气质。其中两栏得分显著超过另外两栏，而且分数比较接近。例如，胆粘、血胆、血粘、粘抑等，为两种气质的混合。

如果有一栏得分较低，其他三栏相差不大，则为三种气质混合型。

多血质的人情感丰富，反应灵活，易接受新事物，但是情绪不稳定，精力易分散。

胆汁质的人直率热情，精力旺盛，反应迅速而有力，但是脾气急躁，易于冲动。

黏液质的人安静稳重，善于自制，但是对周围事物冷淡，反应迟缓。

抑郁质的人情感体验深刻而稳定，观察敏锐，办事认真细致，但是过于多愁善感，行为孤僻。

要了解自己的气质类型，可以通过日常生活中对自己的观察，或他人的评价，还可参考一些气质量表的测量结果。不过，更重要的是要认识到：气质是没存好坏之分的；只有适合与不适合之别。一般地说，各种气质类型都有优点和缺点。

气质只是人的性格和能力发展的一个前提，各种气质类型的人都有可能在事业上取得成就。据分析，俄国四位著名文学家就是四种不同气质类型的代表：普希金属于胆汁质，赫尔岑属于多血质，克雷洛夫属于黏液质，果戈理属于抑郁质。气质本身是不能预测成就大小的。了解自己的气质的意义主要是：尽量根据自身的特点选择最适合的发展方向和人生道路。

02 第二节

性格与职业选择

“思想决定行为，行为决定习惯，习惯决定性格，性格决定命运。”近年来，许多用人单位出现一种新的选人观念。他们认为，性格比能力更重要。原因是，如果一个人能力不足，可以通过培训不断提高；但一个人的性格不好，改变起来就相对困难。外界因素的引导还要通过内在因素起作用。所以在招聘新人时，用人单位往往将性格测试放在首位。

·延伸阅读· **性格决定命运**

晋惠帝司马衷有个儿子叫司马遹，是个聪明懂事的孩子。当上太子后，却不爱读书，喜欢做买卖。他在宫里让人同他一起杀猪卖酒，竟然练到可以用手掂量肉的斤两，毫厘不差。这么好的营业员人才，偏偏去当了皇上，结果当得一塌糊涂，连小命也丢了。

明朝的天启皇帝的爱好是盖房子。他亲自当木匠，操作斧锯凿削，做得比正经木匠还好。他一天到晚都迷这个，从不厌倦。当他干活时，最烦有别的事分心。魏忠贤就抓住了他这个特点，专门在他干木匠活时奏事。天启一听，就赶紧打发说：“你们去办吧，我知道了。”结果大权旁落，最后断送了大明江山。

做一做

● **看完这个故事，请你写一段读后感：**

____

____

____

____

____

性格会决定一个人的职业命运，决定一个人的职业适应性和职业成就。性格是一个人的职业素质中最核心、最具稳定性的内容。人的职业选择带有很大的偶然性，例如，大家都知道，宋徽宗是个好画家，李后主是个好词人，但他们都不是一个好皇帝。那么，你知道自己的职业性格吗？

性格之所以对我们的职业生涯规划影响深远，最主要的是因为性格不同，每个人的思维方式，跟外界的接触方式都不一样。所以，职业性格对职业生涯规划的影响是巨大而深远的。我们进行职业生涯规划和职业决策的时候，一定不能忽略性格对职业的影响。

在职场中，尽管每个人都会根据所处的环境和所打交道的人采取不同的行为方式，但我们的性格是基本保持不变的。你的性格会让身边的人们预测到你的很多方面，这是你存在的依据。当然，性格也可能改变，特别是当你努力认识自己的潜能并试图开发它们的时候。但这个改变需要相当长的时间，是一个潜移默化的过程。所以，对于现在的职场人士，接受自己的性格，改变工作的现状，才是最切实际的做法。

性格不易改变，那么，怎样才能适应工作的需求呢？尤其这份工作对你来说是非常重要的。要学会改变工作方式，这会收到意想不到的效果，而改变工作方式和改变性格没有直接的联系。如果经过深入的分析，发现自己的性格与职业的要求确实不匹配，那就需要及时地调整职业的选择和方向。必须及时地寻找长足的发展方向并逐步培养职业竞争力。如果蹉跎时间，等到重新发展已不切实际，性格与工作不适的矛盾就不能轻易解决了。

一、性格与性格类型

性格是指一个人对事物的稳定态度以及与之相适应的习惯化了的行为方式，在一个人的人格中处于核心地位，它决定个人的活动方向，是个人区别于他人的最主要特征。与气质相比，性格更多地受到后天社会生活环境的影响。心理学家认为，气质是性格形成的先天因素，而家庭是个人性格形成的最重要因素。虽然家庭、学校、社会都会对人的性格发生多方面的影响，但相比之下，家庭的影响最为重要。因为在 6 岁之前，是人的性格基本定型的最重要阶段，而孩子在这段时间通常都是在家庭中度过的，接触最多的就是自己的父母。因此，父母对孩子性格的形成起着关键作用。

人的性格类型与职业之间有一定相关性，不同性格类型适合不同的职业要求；从事某种特定职业的人员，会按照职业的要求不断巩固或者调整原有的性格，甚至影响职业原有的一些特点。但性格与职业之间不存在严格的对应关系。不同性格类型的人在同一职业领域能够有各具特色的表现，同一性格的人在不同职业领域也会有各显魅力的展示。

目前，应用最广泛的是基于荣格心理类型理论的“梅尔—布瑞格斯心理类型指标”（MBTI）。该理论根据四组维度八个向度将人的性格分为 16 种性格类型。四个维度即：

（一）内向—外向（I—E）

根据能量更集中地指向哪里来区分。外向型关注自己如何影响外部环境，将心理能量和注意力聚集于外部世界和与他人的交往上。例如，聚会、评论、聊天，关注外部环境的变化对自己的影响。内向型将心理能量和注意力聚集于内部世界，注重自己的内心体验。例如，独立思考，看书，避免成为注意的中心，听的比说得多。

（二）实感—直觉（S—N）

根据收集信息的方式不同来区分。实感型的人关注由感觉器官获取的具体信息：看到的、听到的、闻到的、尝到的、触摸到的事物。例如，关注细节、喜欢描述、喜欢使用和琢磨已知的技能。直觉性的人关注事物的整体和发展变化趋势：灵感、预测、暗示，重视推理。例如，重视想象力和独创力，喜欢学习新技能，但容易厌倦，喜欢使用比喻，跳跃性地展现事实。

（三）思维—情感（T—F）

根据个人做决定的方式不同区分。思维型的人重视事物之间的逻辑关系，喜欢通过客观分析做决定评价。例如，理智、客观、公正。情感型的人以自己和他人的感受为重，将价值观作为判定标准。例如，对他人情感的影响敏感，认为圆通和坦率同样重要。

（四）判断—知觉（J—P）

根据个人最感到舒适的生活方式不同区分。判断型的人先工作后玩，确立目标并按时完成，注重结果。知觉型的人如果有时间就会先玩后工作，有新情况时便改变目标，注重过程，通过接触新事物获得满足。

以上四个维度两两组合，便可以得到 16 种性格类型。

1．ENTP（外向 + 直觉 + 思维 + 知觉）

反应快、睿智，有激励别人的能力，警觉性强、直言不讳。在解决新的、具有挑战性的问题时机智而有策略；善于找出理论上的可能性，然后再用战略的眼光分析。善于理解别人。不喜欢例行公事，很少会用相同的方法做相同的事情，倾向于一个接一个地发展新的爱好。较适合做演员、记者、营销人员、摄影师、销售人员等。

2．INTP（内向 + 直觉 + 思维 + 知觉）

对任何感兴趣的事物，都要探索一个合理的解释。喜欢理论和抽象的事情，喜欢理念思维多于社交活动。沉静，满足，有弹性，适应力强。在他们感兴趣的范畴内，有非凡的能力去专注并深入地解决问题。有怀疑精神，有时喜欢批判，常常善于分析。较适合做艺术工作者、电脑分析师、工程师、科学家、作家等。

3．ESFJ（外向 + 实感 + 情感 + 判断）

有爱心、有责任心、合作。希望周边的环境温馨而和谐，并为此果断地营造这样的环境。喜欢和他人一起精确并及时地完成任务。忠诚，即使在细微的事情上也如此。能体察他人在日常生活中的所需并竭尽全力帮助。希望自己和自己的所为能受到他人的认可和赏识。较适合做美容师、健康工作者、办公人员、秘书、教师等。

4．ISFJ（内向 + 实感 + 情感 + 判断）

沉静，友善，有责任感和谨慎。能坚定不移地承担责任。做事贯彻始终、不辞劳苦和准确无误。忠诚，替人着想，细心；往往记着他所重视的人的种种微小事情，关心别人的感受。努力创造一个有秩序、和谐的工作和家居环境。较适合做健康工作者、图书管理员、服务性工作者、教师等。

5．ENFP（外向 + 直觉 + 情感 + 知觉）

热情洋溢、富有想象力。认为生活充满很多可能性。能很快地将事情和信息联系起来，然后很自信地根据自己的判断解决问题。很需要别人的肯定，又乐于欣赏和支持别人。灵活、自然、不做作，有很强的即兴发挥的能力，言语流畅。较适合做演员、神职人员、咨询师、记者、音乐家、公关人员等。

6．INFP（内向 + 直觉 + 情感 + 知觉）

理想主义者，忠于自己的价值观及自己所重视的人。外在的生活与内在的价值观配合，有好奇心，很快看到事情的可能与否，能够加速对理念的实践。试图了解别人、协助别人发展潜能。适应力强，有弹性；如果和自己的价值观没有抵触，往往能包容他人。较适合做艺术工作者、娱乐工作者、编辑、心理学家、社会工作者、作家等。

7．ENFJ（外向 + 直觉 + 情感 + 判断）

温情、有同情心、反应敏捷、有责任感。非常关注别人的情绪、需要和动机。善于发现他人的潜能，并希望能帮助他们实现。能够成为个人或群体成长和进步的催化剂。忠诚，对赞美和批评都能做出积极的回应。友善、好社交。在团体中能很好地帮助他人，并有鼓舞他人的领导能力。较适合做演员、神职人员、咨询顾问、咨询师、音乐家、教师等。

8．INFJ（内向＋直觉＋情感＋判断）

寻求思想、关系、物质等之间的意义和联系。希望了解什么能够激励人，对人有很强的洞察力。有责任心，坚持自己的价值观。在对于目标的实现过程中有计划而且果断坚定。较适合做艺术工作者、神职人员、音乐家、心理医生、教师、作家等。

9．ESTP（外向＋实感＋思维＋知觉）

灵活、忍耐力强，实际，注重结果；觉得理论和抽象的解释非常无趣。喜欢积极地采取行动解决问题；注重当前，自然不做作，享受和他人在一起的时刻；喜欢物质享受和时尚；学习新事物最有效的方式是通过亲身感受和练习。较适合做财务核查员、工匠、警察、销售人员、服务性工作者。

10．ISTP（内向＋实感＋思维＋知觉）

容忍，有弹性；是冷静的观察者，但当问题出现时，便迅速行动，找出可行的解决方法。能够分析哪些东西可以使事情进行顺利，又能够从大量资料中找出实际问题的重心。很重视事件的前因后果，能够以理性的原则把事实组织起来，重视效率。较适合做手工艺者、建筑工程师、机械工作者、保全服务工作者、统计人员等。

11．ESTJ（外向＋实感＋思维＋判断）

实际、现实性主义、果断，一旦下决心就会马上行动；善于将项目和人组织起来将事情完成，并尽可能用最有效率的方法得到结果；注重日常的细节，有一套非常清晰的逻辑标准，系统性地遵循，并希望他人同样遵循；在实施计划时坚定有力。较适合做督导者、行政人员、财务经理、经理、推销人员等。

12．ISTJ（内向＋实感＋思维＋判断）

沉静，认真；贯彻始终、得人信赖而取得成功。讲求实际，注重事实和有责任感。能够合情合理地去决定应做的事情，而且坚定不移地完成，不会因外界事物而分散精神。以做事有次序、有条理为乐，不论在工作上、家庭上或者生活上，重视传统和忠诚。较适合做会计师、财务核查人员、工程师、财务经理、警察、技师等。

13．ENTJ（外向＋直觉＋思维＋判断）

坦诚、果断，有天生的领导能力。能很快看到公司或组织程序和政策中的不合理性和低效能性，发展并实施有效和全面的系统来解决问题。善于做长期的计划和目标的设定。通常见多识广，博览群书，喜欢拓宽自己的知识面并将此分享给他人。在陈述自己的想法时非常强势而有力。较适合做行政人员、律师、经理、营销人员、工程人员等。

14．INTJ（内向＋直觉＋思维＋判断）

完美主义者。沉静，友善，敏感和仁慈。欣赏目前和他们周遭所发生的事情。喜欢有自己的空间，做事又能把握自己的时间。忠于自己的价值观，忠于自己所重视的人。不喜欢争论和冲突，不会强迫别人接受自己的意见或价值观。较适合做电脑分析师、工程师、法官、律师、工程人员、科学家等。

15．ISFP（内向＋实感＋情感＋知觉）

安静、友好、敏感、和善；喜欢有自己的空间，喜欢能按照自己的时间表工作；对于自己的价值观和自己觉得重要的人非常忠诚，有责任心；不喜欢争论和冲突；不会将自己的观念和价值观强加给别人。较适合做文书工作者、建筑工作者、音乐家、户外工作者、油漆工作者等。

16．ESFP（外向＋实感＋情感＋知觉）

外向、友好、接受力强；热爱生活、人类和物质上的享受；喜欢和别人一起将事情做成功；在工作中讲究常识和实用性，并使工作显得有趣；灵活、自然不做作，对于新的事物能很快地适应；学习新事物最有效的方式是和他人一起尝试。较适合做儿童保育员、采矿工程师、秘书、督导等。

二、职业性格及类型

职业性格是指人们在长期特定的职业生活中所形成的与职业相联系的、稳定的心理特征。例如，有的人对待工作总是一丝不苟，踏实认真；在待人处事中总是表现出高度的原则性、果断、负责；在对待自己的态度上总是表现为谦虚、自信、严于律己等，所有这些特征的总和就是个人的职业性格。职业性格可以分为九种：

（一）变化型

这种性格的人能够在新的或意外的工作情境中感到愉快，喜欢工作内容经常有些变化，在有压力的情况下工作得很出色，追求并且能够适应多样化的工作环境，善于将注意力从一件事转移到另一件事情上。

（二）重复型

具有这种性格的人适合并喜欢连续不断地从事同一种工作，喜欢按照一个固定的模式或别人安排好的计划工作，爱好重复的、有规则的、有标准的职业。

（三）服从型

服从型的人喜欢配合别人或按照别人的指示去办事，愿意让别人对自己的工作负责，不愿意自己担负责任，不愿意自己独立做出决策。

（四）独立型

独立型的人喜欢计划自己的活动并指导别人的活动，会从独立的、负有责任的工作中获得快感，喜欢对将要发生的事情做出决定。

（五）协作型

具有协作型性格的人会对与人协同工作感到愉快，善于引导别人按客观规律办事，希望自己能得到同事的喜欢。

（六）劝服型

劝服型的人总是乐于设法使别人同意自己的观点，并能够通过交谈或书面文字达到自己的目的。他们对别人的反应具有较强的判断能力，并善于影响他人的态度、观点和判断。

（七）机智型

这种性格的人在紧张、危险的情况下能很好地执行任务。在意外的情况下，能够自我控制、镇定自若，工作出色。在出差错时不会惊慌，应变能力强。

（八）自我表现型

他们喜欢表现自己，通过自己的工作和情感来表达自己的思想。

（九）严谨型

这种性格的人注重细节的精确，愿意在工作过程的各个环节中，按照一套规则、步骤将工作过程做得尽善尽美。工作严格、努力、自觉、认真，保质保量，喜欢看到自己出色完成工作后的效果。

三、职业性格探索

测一测

● 职业性格测评（一）

下列题目均为单选，选择后请对照表格分数总结最后分值。

1. 你更喜欢吃哪种水果？（　　）

A. 草莓　B. 苹果　C. 西瓜

D. 菠萝　E. 橘子

2. 你平时休闲经常去的地方是？（　　）

A. 郊外　B. 电影院　C. 公园

D. 商场　E. 酒吧　F. 练歌房

3. 你认为容易吸引你的人是？（　　）

A. 有才气的人　B. 依赖你的人　C. 优雅的人

D. 善良的人　E. 性情豪放的人

4. 如果你可以成为一种动物，你希望自己是？（　　）

A. 猫　B. 马　C. 大象

D. 猴子　E. 狗　F. 狮子

5. 天气很热，你更愿意选择什么方式解暑？（　　）

A. 游泳　B. 喝冷饮　C. 开空调

6. 如果必须与一个你讨厌的动物或昆虫在一起生活，你能容忍的是？（　　）

A. 蛇　B. 猪　C. 老鼠　D. 苍蝇

7. 你喜欢看哪类电影、电视剧？（　　）

A. 悬疑推理类　B. 童话神话类　C. 自然科学类

D. 伦理道德类　E. 战争枪战类

8. 以下哪个是你随身必带的物品？（　　）

A. 打火机　B. 口红　C. 记事本

D. 纸巾　E. 手机

9. 你出行时喜欢坐什么交通工具？（　　）

A. 火车　B. 自行车　C. 汽车

D. 飞机　E. 步行

10. 以下颜色你更喜欢哪种？（　　）

A. 紫　B. 黑　C. 蓝

D. 白　E. 黄　F. 红

11. 下列运动中挑选一个你最喜欢的（不一定擅长）？（　　）

A. 瑜伽　B. 自行车　C. 乒乓球

D. 拳击　E. 足球　F. 蹦极

12. 如果你拥有一座别墅，你认为它应当建在哪里？ （　　）

A. 湖边　　B. 草原　　C. 海边

D. 森林　　E. 城中区

13. 你更喜欢以下哪种天气现象？ （　　）

A. 雪　　B. 风　　C. 雨

D. 雾　　E. 雷电

14. 你希望自己的窗口在一座30层的大楼的第几层？ （　　）

A. 7层　　B. 1层　　C. 23层

D. 18层　　E. 30层

15. 你认为自己更喜欢在以下哪一个城市生活？ （　　）

A. 丽江　　B. 拉萨　　C. 昆明

D. 西安　　E. 杭州　　F. 北京

题号＼得分	A	B	C	D	E	F
1	2	3	5	10	15	
2	2	3	5	10	15	20
3	2	3	5	10	15	
4	2	3	5	10	15	20
5	5	10	10			
6	2	5	5	15		
7	2	3	3	10	15	
8	2	2	5	5	10	
9	2	3	5	10	15	
10	2	3	5	8	12	15
11	2	3	5	8	10	15
12	2	3	5	10	15	
13	2	3	5	10	15	
14	2	3	5	10	15	
15	1	3	5	8	10	15

➢180分以上:

你是一个头脑冷静且意志力很强的人。这样的人拥有强烈的事业心，做事通常都是不达目的誓不罢休。虽然你外表显得温和友善，但内心傲气实足。比较看重有利于自己的人际关系，性情急躁，得理不饶人，也不肯轻易认输。想法很现实，无论是爱情或是婚姻都以理性思维对待，不幻想、空想，对金钱的欲望一般。

➢140～179分:

你是个善于交朋友且拥有好人缘的人。阳光又活泼，心机较深。有事业心、野心，渴望获得成功。崇尚爱情，但思维较理性，当爱情与婚姻发生冲突时会选择对自己有利的一方。金钱欲望强烈。

➢100～139分:

你是感性的人，爱幻想，交朋友以是否与自己投缘为标准。平时性格比较倔强、急躁、孤傲，有时也优柔寡断、犹豫不定。不喜欢墨守成规，喜欢创造性、创新性强的工作，事业心较重。喜欢浪漫的爱情，但往往是幻想、不切实际的。对金钱的欲望一般。

➢70～99分:

你是个爱自由、喜欢冒险、好奇心强的人。事业心一般，对于工作总是持随遇而安的态度，不愿意自己主动去争取什么，善于妥协。通常对细小的事情敏感，但耐心较差，虽然勇于冒险，却又胆小，生活里时常出现种种矛盾。渴望浪漫的爱情，但又对婚姻持现实的态度。对金钱没有特殊的概念，不善理财。

➢40～69分:

你是一个看重友情，性格温顺，踏实，偶尔却有点狡黠的人。事业心一般，能足够认真地对待本职工作，除此之外的事务并不能引起你足够的兴趣。喜欢有规律的生活、工作，不愿意接受太大的变动，不喜欢冒险。家庭观念强，比较于善理财。

➢40分以下:

你是个爱幻想、爱玩闹、生活没有规律，散漫的人。平时爱交朋友，比较能和朋友打成一片，没有严格的择业标准，异性缘好。事业心较差，对工作没有概念，经常得过且过。善于享受生活，但意志力和耐心较差，喜欢我行我素，强调个性和自我。对爱情不够坚持、认真，容易妥协。基本没有理财观念。

● **职业性格测评（二）**

根据自己的实际情况，对下面的问题做出回答。

第1组
（1）喜欢内容经常变化的活动或工作情景
（2）喜欢参加新颖的活动
（3）喜欢提出新的活动并付诸行动
（4）不喜欢预先对活动或工作做出明确而细致的计划
（5）讨厌需要耐心、细致的工作
（6）能够很适应新环境
第1组总计次数（　　）

第2组
（1）当注意力集中于一件事时，别的事很难使我分心
（2）在做事情的时，不喜欢受到出乎意料的干扰
（3）生活有规律，很少违反作息制度
（4）按照一个设计好的工作模式来做事情
（5）能够长时间做枯燥、单调的工作
第2组总计次数（　　）

第3组
（1）喜欢按照别人的批示办事，需要负责任
（2）在按别人指示做事时，自己不考虑为什么要做些事，只是完成任务
（3）喜欢让别人来检查工作
（4）在工作上听从指挥，不喜欢自己做出决定
（5）工作时喜欢别人把任务的要求讲得明确而细致
（6）喜欢一丝不苟地按计划做事，直到得到一个圆满的结果
第3组总计次数（　　）

第 4 组
（1）喜欢对自己的工作独立做出计划
（2）能处理和安排安排突然发生的事情
（3）能对将要发生的事情负起责任
（4）喜欢在紧急情况下果断做出决定
（5）善于动脑筋，出主意，想办法
（6）通常情况下对学习、活动有信心
第 4 组总计次数（　　）

第 5 组
（1）喜欢与新朋友相识和一起工作
（2）喜欢在几乎没有个人秘密的场所工作
（3）试图忠实于别人且与别人友好
（4）喜欢与人互通信息、交流思想
（5）喜欢参加集体活动，努力完成所分给的任务
第 5 组总计次数（　　）

第 6 组
（1）理解问题总比别人快
（2）试图使别人相信你的观点
（3）善于通过谈话或书信来说服别人
（4）善于使别人按照你的想法来做事情
（5）试图让一些自信心差的同学振作起来
（6）试图在一场争论中获胜
第 6 组总计次数（　　）

第 7 组
（1）你能做到临危不惧吗？
（2）你能做到临场不慌吗？
（3）你能做到知难而退吗？
（4）你能冷静处理突然发生的事故吗？
（5）遇到偶然事故可能伤及他人时，你能果断采取措施吗？
（6）你是一个机智灵活、反应敏捷的人吗？
第 7 组总计次数（　　）

第 8 组
（1）喜欢表达自己的观点和感情
（2）做一件事情时，很少考虑它的利弊得失
（3）喜欢讨论对一部电影或一本书的感情
（4）在陌生场合不感到拘谨和紧张
（5）相信自己的判断，不喜欢模仿别人
（6）很喜欢参加学校的各种活动
第 8 组总计次数（　　）

第 9 组
（1）工作细致而努力，试图将事情完成得尽善尽美
（2）对学习和工作持认真严谨、始终一贯的态度
（3）喜欢花很长时间集中于一件事情的细小问题
（4）擅于观察事物的细节
（5）无论填什么表格态度都非常认真
（6）做事情力求稳妥，不做无把握的事情
第 9 组总计次数（　　）

统计和确定你的职业性格类型，根据每组回答“是”的总次数，填入下表。

组	回答“是”的次数	相应的职业性格
第 1 组	（　　）	变化型
第 2 组	（　　）	重复型
第 3 组	（　　）	服从型
第 4 组	（　　）	独立型
第 5 组	（　　）	协作型
第 6 组	（　　）	劝服型
第 7 组	（　　）	机智型
第 8 组	（　　）	好表现型
第 9 组	（　　）	严谨型

选择“是”的次数越多，则相应的职业性格类型越接近你的性格特点；选择“不”的次数越多，则相应性格类型越不符合你的性格特点。

● 性格倾向自我测试

1. 测试。

下面的 50 道性格自我测试选择题，认为非常符合自己情况的选择 A，不确定的选择 B，完全否定的选择 C。

（1）我能跟与我观点不同的人和谐相处。（　　）

A. 是　　B. 不确定　　C. 否

（2）我看书比较慢，但力求完全看懂。（　　）

A. 是　　B. 不确定　　C. 否

（3）我行动很快，但给人感觉做事有些粗枝大叶。（　　）

A. 是　　B. 不确定　　C. 否

（4）我时常反省自己，思考自己的功与过。（　　）

A. 是　　B. 不确定　　C. 否

（5）不高兴时，我常常不假思索地发脾气。（　　）

A. 是　　B. 不确定　　C. 否

（6）在人多的时候，我总是很低调，力求不引人注目。（　　）

A. 是　　B. 不确定　　C. 否

（7）记日记，我总是三天打鱼两天晒网。（ ）

A. 是　B. 不确定　C. 否

（8）我待人总是很谨慎。（ ）

A. 是　B. 不确定　C. 否

（9）我是个大大咧咧的人。（ ）

A. 是　B. 不确定　C. 否

（10）我在众人面前发表演说时，常有恐惧感。（ ）

A. 是　B. 不确定　C. 否

（11）我完全胜任领导团体的工作。（ ）

A. 是　B. 不确定　C. 否

（12）我时常对人产生猜疑。（ ）

A. 是　B. 不确定　C. 否

（13）一旦受到表扬，我会工作得更加努力。（ ）

A. 是　B. 不确定　C. 否

（14）我喜欢过平静、轻松的生活。（ ）

A. 是　B. 不确定　C. 否

（15）我从不忧虑将来的事情。（ ）

A. 是　B. 不确定　C. 否

（16）我常会白日做梦、想入非非。（ ）

A. 是　B. 不确定　C. 否

（17）我喜欢做具有挑战性的工作。（ ）

A. 是　B. 不确定　C. 否

（18）我时常回忆过去的生活。（ ）

A. 是　B. 不确定　C. 否

（19）我积极参加集体活动。（ ）

A. 是　B. 不确定　C. 否

（20）我总是深思熟虑后再做决定。（ ）

A. 是　B. 不确定　C. 否

（21）花钱时，我不精于算计。（ ）

A. 是　B. 不确定　C. 否

（22）有人在旁边监督时，我无法集中精力工作。（ ）

A. 是　B. 不确定　C. 否

（23）我始终以乐观的态度对待人生。（ ）

A. 是　B. 不确定　C. 否

（24）我喜欢独立思考问题。（ ）

A. 是　B. 不确定　C. 否

（25）我擅长应付麻烦的事情。（ ）

A. 是　B. 不确定　C. 否

（26）对陌生人我习惯谨慎对待。（ ）

A. 是　B. 不确定　C. 否

（27）对于制订学习或工作计划，我缺乏主动性。（ ）

A. 是　B. 不确定　C. 否

（28）我不擅长交际。（ ）

A. 是　B. 不确定　C. 否

（29）我的意志缺乏坚定性。（ ）

A. 是　B. 不确定　C. 否

（30）对于交通安全，我总是谨小慎微。（ ）

A. 是　B. 不确定　C. 否

（31）我是一个心直口快的人。（ ）

A. 是　B. 不确定　C. 否

（32）我时常很自卑。（ ）

A. 是　B. 不确定　C. 否

（33）我是一个不修边幅的人。（ ）

A. 是　B. 不确定　C. 否

（34）我很重视别人对我的看法。（ ）

A. 是　B. 不确定　C. 否

（35）和别人在一起时，我总是滔滔不绝。（ ）

A. 是　B. 不确定　C. 否

（36）我喜欢独居。（ ）

A. 是　B. 不确定　C. 否

（37）我的思想情绪不稳定。（ ）

A. 是　B. 不确定　C. 否

（38）看到房间里乱七八糟，我就无法静下心来。（ ）

A. 是　B. 不确定　C. 否

（39）遇到问题，我不耻下问。（ ）

A. 是　B. 不确定　C. 否

（40）周围环境嘈杂，我就无法静下心来学习、工作。（ ）

A. 是　B. 不确定　C. 否

（41）我擅长演讲、表演。（ ）

A. 是　B. 不确定　C. 否

（42）我是个不爱说话的人。（ ）

A. 是　B. 不确定　C. 否

（43）我很快就能适应一个新的环境。（ ）

A. 是　B. 不确定　C. 否

（44）同陌生人打交道，我常感到恐惧。（ ）

A. 是　B. 不确定　C. 否

（45）我常会自不量力，好像没有什么事情能难住我。 （　　）

A. 是　　B. 不确定　　C. 否

（46）失败的阴影，我总是难以忘记。 （　　）

A. 是　　B. 不确定　　C. 否

（47）我认为脚踏实地干事比理论原理探索更重要。 （　　）

A. 是　　B. 不确定　　C. 否

（48）我很在意周围人的工作或学习成绩。 （　　）

A. 是　　B. 不确定　　C. 否

（49）与看小说和电影相比较，我更热衷于郊游和跳舞。 （　　）

A. 是　　B. 不确定　　C. 否

（50）买东西时，我常常瞻前顾后。 （　　）

A. 是　　B. 不确定　　C. 否

2. 汇总性格倾向自我测试题总分。

第一步，先统计题号为单数的题目答案选择了多少个 A、多少个 B、多少个 C（A 计 2 分，B 计 1 分，C 计 0 分），再合计所有题号为单数的题目的总分。

第二步，先统计题号为双数的题目答案选择了多少个 A。多少个 B。多少个 C（A 计 0 分，B 计 1 分，C 计 2 分），再合计所有题号为双数的题目的总分。

第三步，把第一步的总分和第二步的总分相加，即为性格倾向测试总分。

3. 根据下表，比较性格倾向测试题总分，确定接近的性格类型。

性格倾向测试部分	性格倾向类型
0 ～ 19 分	内倾向性格
20 ～ 39 分	偏内倾向性格
40 ～ 59 分	中性型性格（混合型性格）
60 ～ 79 分	偏外倾向性格
80 ～ 100 分	外倾向性格

性格倾向测试题总分在 0 ～ 100 分，依据得分就可以大概了解一个人的性格内倾向或外倾向的程度。

四、完善你的性格

自我性格的培养和完善需要相当长的一个过程，你可以试着通过下面的途径来不断完善自己。

1. 通过交友来培养自己的性格。与朋友交往，可以从他们身上学到好的性格特征。此外，在与朋友交往的过程中，通过比较，你可以发现自己性格中的弱点，这样就可以有针对性地完善自己的性格。

2. 通过读好书、看好的电视节目和电影来培养自己的性格。一部好书可以影响人的性格形成，乃至影响一个人的一生。同学们应多读一些好书。

3. 在工作中培养良好的性格品质。一个人的性格决定了他在职场中的命运。因此，在日常工作中注意对自身良好性格的培养，不仅有利于工作的顺利开展，也有利于自我完善。

4. 在体育锻炼中培养性格。体育锻炼对人的性格培养具有重要作用。国外有关专家的研究表明，一些项目的体育锻炼可以培养好的性格品质。这些性格特征包括决心、进取心、自信心、坚韧性、责任感、勇敢、果断性、主动性、独立性和自制力等。

在为自己的职业发展做规划时，首先要正确测定自己的个性，职业发展规划是与职业气质、能力、兴趣、潜力、价值观、理念等因素相关联的，性格若与工作相匹配，工作中更能得心应手、轻松愉快、富有成就。反之则会不适应、困难重重，给个人的发展和组织造成影响。

要想做好工作，需要专业的知识、良好的技能，也需要和自己的性格相匹配，借助科学手段了解自己的性格类型，更有利于进行准确的职业定位，更有利于职业的发展。当从事的职业与个性相吻合时，就可能发挥能力，容易做出成就；反之可能导致才能的浪费，或者必须付出更大的努力才能成功。

许多工作对性格品质有着特定的要求，要选择某一职业就必须具备这一职业所要求的性格特征。但是，性格在很大限度上来源于后天的培养，并不是无法改变的，每个人在社会中都会因为种种外界原因而改变原先的性格，也许这种改变会让你意外的发现自己的潜力。另外，人的个性并不能决定社会价值与成就水平。当你发现你的个性与职业的匹配度不高时，可以通过个人努力来弥补不足。同样，一个人在自己适宜的职业中不努力就不会成功。

五、气质、性格发展的促进

当前，越来越多的机构开始重视人力资源的合理使用问题。一方面，用人单位逐渐利用心理学知识进行人才选拔；另一方面，个人越来越多地考虑自己的特点及职业要求。气质特征与职业之间的合理匹配成为时代发展的自然要求，个体了解自己的气质特征可以扬长避短，充分发挥自己的气质优势，克服自己气质特征中不利一面的影响。

将你的突出个性运用到恰当的工作中，便能形成你独特的能力优势。因此，外界鼓励我们运用性格中的主导功能和辅助功能，对我们的性格发展和职业发展都非常重要。值得一提的是，对于家长和教师而言，常常是对孩子与自己相同的方面大加赞赏而不是尊重孩子自身发展的情况，甚至指责孩子与自己性格不一样的地方。这样做，其实是不利于孩子的成长与发展的。正确的做法应该是：在尊重和鼓励孩子性格中的主导功能和辅助功能的基础上，再去引导他们发展性格中的第三功能和第四功能，这样才能引导他们在发展自身个性特长的基础上，获得更全面的性格发展。

如果你从来没有被鼓励去做一个“真实的自己”，或者对自己的“天性”感到迷茫，请不要悲伤，因为只要我们全面了解自身的真正天性，善于发现性格功能的发展规律，并按照规律加以努力，一定能帮助我们获得成功或者是满意的生涯体验。

第六章

多元智能与职业选择

01 第一节

多元智能理论

清华大学秦皇岛智能装备研究院行业大数据研发中心主任刘伟，经过长达六年的潜心研究，把心理学“多元智能”理论与高考志愿专业选择“嫁接”，形成了完整的测评分析系统。这一科研成果为我们提供了便利，可以帮助我们既轻松又准确地选择最适合的专业。

多元智能理论是由美国哈佛大学心理学家霍华德•加德纳（Howard Gardner）在 1983 年提出的。被心理学界誉为“哥白尼的日心说”。加德纳认为，每个学生都在不同程度上，拥有八种基本智能。智能之间的不同组合，表现出个体间的智力差异。在正常条件下，只要有适当的外界刺激和个体本身的努力，都能让自己的任何一种智能得到提高。但在调查中发现，人们在学习和工作的过程中，更愿意使用自己擅长的智能类型，同时这种智能类型会不断地得到提高。这非常符合依据能力、潜质、兴趣、性格选择专业和职业的科学原则。

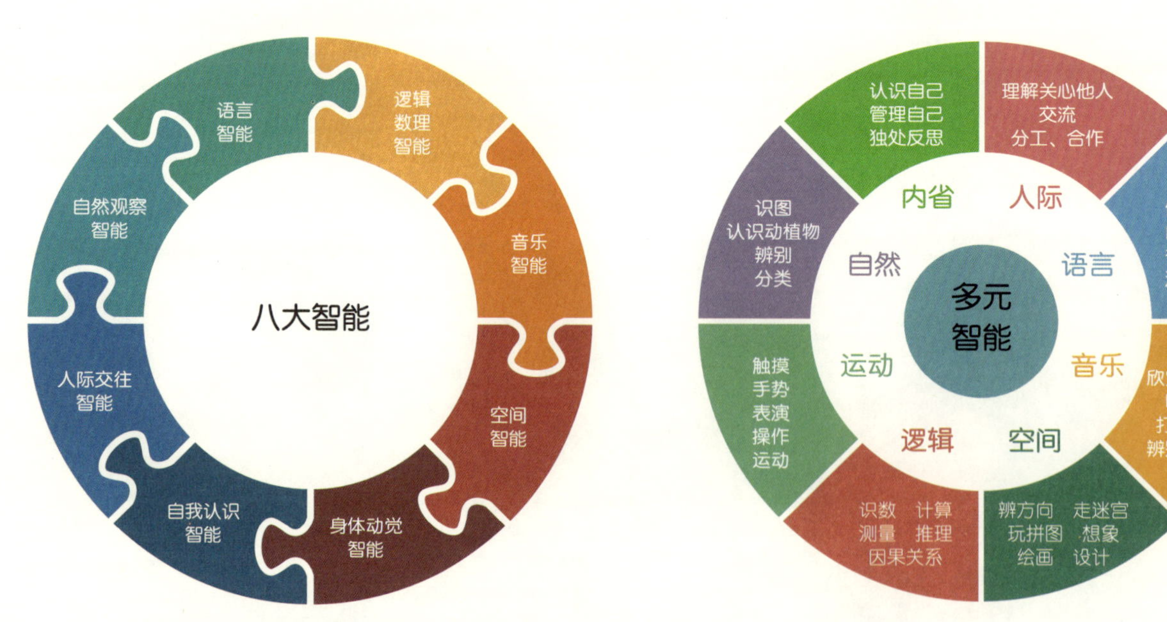

一、多元智能理论的应用

（一）语言智能（Linguistic Intelligence）

活动表现：口语、阅读、写作、讲故事、诗歌。

学习技巧：写故事、做笔记、解释与教别人、制订提纲、列清单、用缩写。

兴趣爱好：文字游戏、诗歌、讲故事、歌词、朗读。

对应专业：文学、社会学、新闻学、教育学、外语、哲学。

（二）逻辑数学智能（Logical-Mathematical Intelligence）

活动表现：计算、调查、解决问题、战略、逻辑。

学习技巧：提问、分类、解释、分析、比较。

兴趣爱好：国际象棋、猜谜、拼图、电脑。

对应专业：计算机、经济学、工程学、会计、医学、化学、物理学、统计学。

（三）空间智能（Spatial Intelligence）

活动表现：地图阅读、艺术设计、工艺、机械。

学习技巧：观察、思维导图、视图、彩色笔记、卡通绘画。

兴趣爱好：涂鸦、摄影、造型、设计。

对应专业：视觉设计、服装设计、建筑、工程、航空、地理、摄影、广告、平面设计。

（四）身体动觉智能（Bodily-Kinesthetic Intelligence）

活动表现：体育、舞蹈、手工艺、魔术、哑剧模仿。

学习技巧：手势、表演、戏剧、做模型。

兴趣爱好：摔跤、打球、魔术、杂技、舞蹈。

对应专业：戏剧、舞蹈、健身、健身教育。

（五）音乐智能（Musical Intelligence）

活动表现：唱歌、演奏乐器。

学习技巧：音律、节奏、歌唱、带兴趣唱歌、在音乐环境中学习。

兴趣爱好：哼、唱歌、打鼓、韵律、吹口哨。

对应专业：乐队、声乐、作曲、合唱、乐团、指挥。

（六）人际智能（Interpersonal Intelligence）

活动表现：同情、领导、管理人际关系。

学习技巧：小组学习、教学、角色扮演、讨论、学习倾听。

兴趣爱好：团队游戏、体育、聊天、帮助、志愿工作。

对应专业：市场推广、公共关系、服务、销售、教育、商业管理、护理学、人力资源管理。

（七）自然认知智能（NaturalistIntelligence）

活动表现：了解动物、从事与植物相关的活动、科学知识使用。

学习技巧：使用感观、观察和隐喻、建立活体模型。

兴趣爱好：训练宠物、养鱼、户外活动、栽花种树。

对应专业：生物学、生态学、园艺学、动物学、地质、海洋、农业、烹饪。

（八）自我认知智能（Intrapersonal Intelligence）

活动表现：个人了解、观点、判断、自主、目标。

学习技巧：问自己为什么、对自己很重要、我现在知道什么。

兴趣爱好：思考、调查、规划人生目标、写日记。

对应专业：创意写作、哲学、心理学。

二、八种智能类型及特点

（一）语言智能

语言智能是指有效地运用口头语言或文字，表达自己的思想并理解他人。灵活掌握语言、语义和语法，具备用言语思维、用言语表达和欣赏语言深层次内涵等方面的能力。适合的职业是新闻主播、编辑、作家、记者、教师、翻译等。语言智能突出的学生很喜欢看书，而且阅读速度特别快，有很强的文字信息记忆能力。善于辩论、擅长演讲和写作。通常表现为学习语文和外语非常轻松，甚至有些学生会利用业余时间自修日语或其他语言，文科学生的语言智能一般比较高。

推荐专业：新闻学类、语言学类、文学类、法学类、教育学类以及史学类。

（二）逻辑数学智能

逻辑数学智能是指有效地计算、测量、推理、归纳、分类，并进行复杂数学运算的能力。这项智能包括对逻辑的方式和关系、陈述和主张、功能及其他相关的抽象概念的敏感性。适合的职业是科学家、经济学家，以及金融、投资、保险领域的分析师、数学家、统计学家、工程师、IT研发人员等。逻辑数学智能高的学生通常表现为喜欢推理，很喜欢查找事物的规律，对科学很着迷，能够很好地理解复杂的逻辑关系，运算速度很快，给人的感觉智商很高，擅长学习数学、物理，特别擅长学习理综合。这部分人比较适合学习理学并继续深造读研，属于科学家苗子。

推荐专业：理学类、数字、统计学、金融学类、电子信息类、计算机类、工学类专业。

（三）空间智能

空间智能是指准确感知视觉空间及周边一切事物，并且能把所感觉到的形象以图画的形式表现出来。这部分人对色彩、线条、形状、空间关系很敏感。航海家、飞行员、雕塑家、画家、发明家、摄影师、服装设计师、广告设计师、电影制片人等，都表现出高度发达的空间智能。空间智能高的学生通常学习几何很容易，喜欢探索宇宙空间方面的知识，特别擅长绘画，喜欢从图画中获得信息，他们擅长使用形象思维，而且能以三度空间的方式来思考，能感觉到外在和内在的影像，也能重现、转变或修饰影像，不但在空间中从容地游走，还可以随心所欲地操弄物件的位置。他们看到图纸通常能在脑海里形成立体的图像。

推荐专业：天文学、建筑学、艺术设计、工业设计、车辆工程、机械设计制造、大气科学、地理科学、空间科学、土木工程、给排水科学与工程、道路与桥梁工程、交通运输、海洋工程等。

（四）身体动觉智能

身体动觉智能是指善于运用整个身体来表达思想和情感，能灵巧地运用双手制作或操作物体的能力。通常表现为拥有特殊身体技巧，如平衡、协调、敏捷、力量、弹性和速度的能力。代表职业是外科医生、运动员、工程师、舞蹈家等。身体动觉智能比较高的学生一般拥有很强的肢体语言表达能力，身体协调性很强，喜欢制作，动手能力强，很容易通过训练永久记忆动作。

推荐专业：临床、麻醉、药剂、精密仪器以及需要加工、安装、操作的工科类专业。

（五）音乐智能

这种智能主要是指人敏捷地感知音调、旋律、节奏和音色等的能力，表现为对音乐的节奏、音调、音色和旋律的敏感以及通过作曲、演奏和歌唱等表达音乐的能力。这种智能在作曲家、指挥家、歌唱家、乐师、乐器制作者、音乐评论家等人身上表现得非常突出。

推荐专业：作曲、音乐学、音乐表演、声乐表演、模特表演、播音与主持等。

（六）人际交往智能

人际交往智能是指能够有效地理解别人和与人交往的能力，包括四大要素：①组织能力，包括群体动员与协调能力；②协商能力，指仲裁与排解纷争能力；③分析能力，指能够敏锐察知他人的情感、动向、想法，易与他人建立密切关系的能力；④人际联系，指对他人表现出关心，善解人意，适于团体合作的能力。人际交往型的人善于观察他人情绪、情感，能体会他人的感觉、感受，辨别不同人际关系的暗示以及对这些暗示做出适当的反应。政治家、外交家、领导者、职业经理人（CEO）、心理咨询师、公关人员、营销人员等都具备很高的人际交往智能。此项智能高的学生表现为很合群，有很强的社交能力，特别能“将就”别人、体谅别人。遵守秩序有耐心，善于察言观色并能够积极应对，有很强的团队精神和奉献精神。这部分学生走向社会往往有很大的成就。

推荐专业：管理学类、经贸类、社会学、政治学、外交家、翻译、公共关系学等。

（七）自省智能

这种智能主要是指认识自己的能力，正确把握自己的长处和短处，把握自己的情绪、意向、动机、欲望，对自己的生活有规划，能自尊、自律，会吸收他人的长处，会从各种回馈中了解自己的优劣，常静思以规划自己的人生目标，爱独处，以深入自我的方式来思考，喜欢独立工作，有自我选择的空间。心理学家、方案规划人员、企业家、政治家、哲学家以及思想家都拥有很高的自省智能。此项智能高的学生通常表现为“很懂事”，做事了然于胸，有计划、有条理，善于总结经验教训，自控能力强，学习时注意力集中，勇于面对挫折而且不斤斤计较。

推荐专业：心理学、教育学、管理学类、哲学、法学、财务管理、审计学、人力资源管理、工程管理以及自主创业。

（八）博物（自然）智能

博物（自然）智能是指能认识植物、动物和其他自然环境（如云和石头）的能力。博物智能很强的人，在生物科学上的表现较为突出，有强烈的好奇心和求知欲，有着敏锐的观察能力，能了解事物的细微差别。博物智能可以进一步归结探索智能。包括对于社会的探索和对于自然的探索。天文学家、生物学家、地质学家、考古学家、海洋学家、生态学家以及环境设计师都拥有很高的博物智能。此项智能高的学生通常表现为喜欢收集，不喜欢扔东西，很旧的玩具、旧书、用过的作业本甚至是旧的书皮都会攒下来，比较喜欢动物、植物以及自然景观，喜欢亲近自然，擅长研究自然事物，心思特别细致，善于观察且具有很强的洞察力。

推荐专业：材料科学、仪器类、医学检验、医学影像、天文类、地理科学、大气科学、海洋科学、自然环境类、化工和制药类、地矿类、农林类、园林、园艺等。

02 第二节

多元智能量表

（一）语言智能（Linguistic Intelligence）

项目	
L01	我喜欢看书
L02	我很容易明白别人的指示、谈话内容及其言外之意
L03	我从收音机或录音带可以获取比电视或电影更多的资讯
L04	我喜欢文字游戏，如填字游戏、猜谜语、快速拼字等
L05	我喜欢用“绕口令”“栋笃笑”娱乐自己，又娱乐别人
L06	在学校，语文、历史对我来说比数学、科学容易
L07	我在谈话时常引用看来的或听来的资讯
L08	我与人交流时，细心聆听，善用言语
L09	我善于记人名、地点、日期或琐事细节
L10	我能看图说故事，用丰富词汇编写故事
L11	我会朗读课文和听讲故事
L12	我能用说话表达想法、情绪和需求
L13	我能运用所学的字、词和句式写作
L14	我喜爱讨论、辩论等应用语言文字的活动
L15	我善于讲故事和笑话或编写难以置信的故事

言语/语言智力指的是人对语言的掌握和灵活运用的能力，表现为个人能顺利而有效地利用语言描述事件、表达思想并与他人交流。诗人拥有真正的语言智力，演说家、律师等都是语言智力高的人。

（二）逻辑数学智能（Logical-Mathematical Intelligence）

项目	
LM01	在看或听故事时，我通常会按故事的情节猜想结局，而且猜中率很高
LM02	我对科学的新发展很有兴趣
LM03	我比较容易相信经过科学研究或有数据的事情（例如，天气报告，经测试的实验报告）
LM04	我喜欢把事物进行分配、分类等

续 表

项 目	
LM05	我喜欢寻找事物的规律、形式及逻辑顺序
LM06	我喜欢棋类或其他运用数学策略的游戏
LM07	我喜欢提出假设性问题，或思索如何进行某项试验（例如，假如每星期给我的玫瑰花多浇一倍水会怎样？）
LM08	我相信事物都会有合理的解释
LM09	我懂得估算或进行快速心算
LM10	我喜欢利用计算机解题和参加计算游戏
LM11	我喜欢侦探推理，数学家和科学家的发明故事
LM12	我喜欢数学课，喜欢参与数学和科学活动
LM13	我喜欢提问，探究事情发生的原因
LM14	我喜欢有计划地做事（例如，在考试或测验前，我会计划如何温习）
LM15	我喜欢将事物统计用表列出

逻辑数学智能指的是对逻辑结构关系的理解、推理、思维表达能力。主要表现为个人对事物间各种关系如类比、对比、因果和逻辑等关系的敏感，以及通过数理进行运算和逻辑推理等。科学家、数学家或逻辑学家就是这类智力高的人。

（三）空间智能（Spatial Intelligence）

项 目	
S01	对我来说，阅读地图、图标比阅读文字容易
S02	我画图画得很好
S03	我喜欢制作有趣的立体模型
S04	我更多是从图画而不是从文字中获取讯息
S05	我一般能在陌生的地方找到路
S06	我喜爱随手图画
S07	我喜爱玩拼图、走迷宫、堆积木或砌模型等想象游戏
S08	我喜爱阅读地图，以及观看设计图及含图像作品
S09	我喜爱想象，容易想入非非
S10	我对色彩很敏感（例如，很容易分辨不同深浅程度的红色。）
S11	我能很轻松地想象一个事物的景象
S12	我喜欢看电影和其他视觉艺术表演
S13	我喜欢手工、美术、劳作、视觉艺术课
S14	我会选择材料、用具，按照自己意念进行设计创作
S15	我喜欢用比喻来解说事情

空间智能指的是对色彩、形状、空间位置等要素的准确感受和表达的能力，表现为个人对线条、形状、结构、色彩和空间关系的敏感，以及通过图形将它们表现出来的能力。工程师、航海

家、水手、外科医生、雕塑家、建筑设计师、画家等都是具有高度发达的空间智能的人。

（四）身体动觉智能（Bodily-Kinesthetic Intelligence）

	项　目
BK01	在玩运用身体动作猜电影名称或歌曲名称的游戏时，我很容易将这些名称用动作表达出来
BK02	我与人谈话时，常用手势或其他形式的身体语言
BK03	我听见音乐时，就会摇摆身体或跳舞
BK04	我会亲自练习一项新的技能，而不只是看说明或描述的录像带
BK05	我擅长一种或多种体育运动
BK06	我善于模仿他人的动作、言谈举止
BK07	我喜欢摔跤、拍打朋友、跑进课室、翻跳椅子的动作
BK08	我喜爱体育活动和身体动作游戏
BK09	我喜爱通过身体感觉（例如，用手触摸）进行学习
BK10	我喜爱动手完成细致的手工艺作品（例如，缝纫、编织、雕刻、木工或做模型）
BK11	我喜爱拆解和组装物件
BK12	我喜爱惊险娱乐的活动或刺激的游戏
BK13	我善于协调各部分身体动作（例如，跳舞、演戏、体操）
BK14	我较难长时间坐着不动
BK15	我记得最清楚的事物是做过的，而不是说过的或看过的

身体动觉智能指的是人的身体的协调、平衡能力和运动的力量、速度、灵活性等，表现为用身体表达思想、情感的能力和动手的能力，最典型的就是从事体操或表演艺术的人。

（五）音乐智能（Musical Intelligence）

	项　目
M01	我会弹奏一种或多种乐器
M02	我喜爱随意哼唱、不自觉地用手脚轻打节拍
M03	我喜爱吹口哨、唱歌活动
M04	我喜爱听音乐
M05	我有好听的歌喉
M06	我讲话时很有节奏感
M07	我能辨别唱歌走调
M08	我能随着音乐的节奏，用动作来表达
M09	我参加乐队、合唱团
M10	我发现有时在走路时，脑海里会出现某个电视节目的音乐或其他的旋律
M11	我知道很多歌曲或乐曲的旋律
M12	有音乐陪伴做事时，心情愉快，我会更专注、更快地完成
M13	如果一首曲子听过一遍到两遍，我一般能很准确地把它唱出来
M14	我会自己作词、谱曲以抒发情感
M15	我会倾听乐曲的内涵，领受音乐的意境（例如，我会知道乐曲是表达快乐或是悲伤或是大自然的和谐等）

音乐智能指的是个人感受、辨别、记忆、表达音乐的能力。表现为个人对节奏、音调、音色和旋律的敏感，以及通过作曲、演奏、歌唱等形式来表达自己的思想或情感。在作曲家、歌唱家、演奏家等人身上表现得特别明显。

（六）人际智能（Interpersonal Intelligence）

项　目	
I01	我喜欢团体运动（例如，羽毛球、排球、篮球、足球）而不喜欢个人运动（例如，游泳、跑步）
I02	遇到问题时，我愿意找别人帮助
I03	我至少有三个亲密的朋友
I04	我喜欢教一个人或一群人如何做某件事
I05	我懂得关心、体谅和帮助别人
I06	我在人群中感到很不舒服，不愿意个人独处
I07	我乐意接纳别人的意见
I08	我会倾听别人说话，懂得互动，沟通良好
I09	我乐意与人分工合作，喜爱角色扮演和集体游戏
I10	我守秩序、会等待、接受轮候
I11	我喜欢与他人交往，有很多朋友，在社交聚会中显现领导才能
I12	我具有团队精神，既尽职又努力奉献
I13	我容易结交新朋友
I14	我是消息灵通人士
I15	我了解别人的喜怒，会根据别人的脸色及当时的情形，知道别人的心情，并正确、迅速地应对

人际智能指的是对他人的表情、说话、手势动作的敏感程度以及对此作用有效反应的能力，表现为个人觉察、体验他人的情绪、情感并做出适当的反应。对于教师、临床医生、推销员或政治家来说，这种智力尤为重要。

（七）内省智能（Intrapersonal Intelligence）

项　目	
J01	我能恰当地表达自己的感受和想法
J02	我能客观评价自己，知道自己的优缺点
J03	我诚实、坦白、勤于反省、勇于认错
J04	我是活泼开朗的
J05	我明事理、拥有自尊、懂得自律
J06	我能集中注意力，按时完成工作
J07	我喜欢独立工作、游戏和学习
J08	我善于计划和分配日常生活时间
J09	我能控制自己的情绪，不随意发脾气
J10	我能够面对挫折
J11	我经常思考自己的重要人生目标
J12	我会检讨自己做事成功或失败的经验，使下次做事更为顺利
J13	我认为自己意志坚强或性格独立

	项　目
J14	我喜欢记录个人生活事件
J15	我有自知之明及据此做出适当行为的能力

内省智能指的是个体认识、洞察和反省自身的能力，表现为个人能较好地意识和评价自己的动机、情绪、个性等，并且有意识地运用这些信息去调适自己生活的能力。这种智能在哲学家、小说家、律师等人身上有比较突出的表现。

（八）自然观察者智能（Naturalist Intelligence）

	项　目
N01	我对植物、动物、自然生态环境有好奇心、保护意识和关怀之情
N02	我对自然界事物具有敏锐的感觉（例如，声音、色彩、气味、香味等）
N03	我很快熟悉生物和自然景物的名称、特征、分类方法和与其有关的资料
N04	我会留意自然环境和生活环境的变化，特别是突变的和不寻常现象
N05	我喜爱收集标本、饲养动物、种植花草树木，参加园艺或野外活动
N06	我喜爱以自然景象和动植物为主题的节目、图书和展示。
N07	我喜欢使用仪器来探究自然世界（例如，使用望远镜、放大镜、显微镜等）
N08	我能够系统地记录所收集的标本，将发现分门别类
N09	我善待自然界（例如，垂钓、烹饪），乐于分享自己探索自然万物的经验
N10	我喜欢看云，并能看出不同的形状、高度、明暗度等
N11	我喜欢到公园、植物园、水族馆参观考察
N12	我对自然景物有很大兴趣
N13	我会蹲在地上看蚂蚁，一看就会花上半个小时，目的是观察蚂蚁的生活动态而不想踩死它
N14	春天来临时，我是朋友中第一个注意到花苞或嫩芽的人
N15	在往返学校的路上，我喜欢观察周围的景物，并且注意到它们不同的变化

自然观察者智能指的是人们辨别生物（植物和动物）以及对自然世界（云朵、石头等形状）的其他特征敏感的能力。这种智能在人类进化过程中显然是很有价值的，如狩猎、采集和种植等。同时，这种智能在植物学家和厨师的身上有重要的体现。

评分标准：

每个题目均设四个选项：

不同意（A）	少许同意（B）	颇为同意（C）	同意（D）
0 分	2 分	4 分	6 分

等级标准：

水平 4：69 ～ 90 分。

水平 3：46 ～ 68 分。

水平 2：23 ～ 45 分。

水平 1：0 ～ 22 分。

语言智能

水平 4：能运用所学的字、词和句式写作；认为语文、历史比数学、科学更容易学习；比较容易明白别人的指示、谈话内容及言外之意；与人交流时，较为细心聆听，善用言语；较为善记人名、地点、日期或琐事细节。

水平 3：比较容易明白别人的指示、谈话内容及言外之意；较能用说话表达想法、情绪和需求；与人交流时，较为细心聆听，善用言语；而且较为善记人名、地点、日期或琐事细节；略会看图说故事，偶尔用丰富词汇编写故事。

水平 2：略会看图说故事，偶尔用丰富词汇编写故事，有时会朗读课文和听故事；稍为会用说话表达想法、情绪和需求；在谈话中有时会引用看来的或听来的资讯；偶尔会善记人名、地点、日期或琐事细节；略为喜爱讨论、辩论等应用语言文字的活动。

水平 1：不喜爱讨论、辩论等应用语言文字的活动；不喜欢文字游戏，如填字游戏、猜谜语、快速拼字等；少许或不喜欢用“绕口令”“栋笃笑”娱乐自己及别人；很少会朗读课文和听故事；不善于讲故事和笑话或编写难以置信的故事；不善记人名、地点、日期或琐事细节。

逻辑数学智能

水平 4：很相信事物都有合理的解释；喜欢有计划地做事；较为喜欢提问，探究事情发生的原因；较为喜欢提出假设性的问题，或思索如何进行某项试验；喜欢数学课，参与数学和科学活动；喜欢寻找事物的规律、形式和逻辑顺序；较懂得估算或进行快速心算。

水平 3：较为喜欢提问，探究事情发生的原因；喜欢把事物进行分配、分类、分等；相信事物都会有合理的解释；比较容易相信经过科学研究或有数据的事情；略为懂得估算或进行快速心算；较为喜欢有计划地做事。

水平 2：略为喜欢寻找事物的规律、形式及逻辑顺序；稍为喜欢把事物进行分配、分类、分等；稍为喜欢有计划地做事；略为喜欢侦探推理，数学家和科学家的发明故事；少许喜欢利用计算机解题和参加计算游戏；看或听故事时，有时会按故事的情节猜想结局，偶尔猜中。

水平 1：不喜爱棋类或其他运用数学策略的游戏；不懂得估算或进行快速心算；稍为相信事物都有合理的解释；少许或不喜欢把事物进行分配、分类、分等，及寻找事物的规律、形式及逻辑顺序。

空间智能

水平 4：喜欢手工、美术、劳作、视觉艺术课、看电影和其他视觉艺术表演；喜欢玩拼图、走迷宫、堆积木或砌模型等想象游戏；较喜欢用比喻来解说事情；对色彩很敏感；较会选择材料、用具，按自己意念进行设计创作。

水平 3：喜欢手工、美术、劳作、视觉艺术课、看电影和其他视觉艺术表演；能轻松地想象一个事物的景象；会选择材料、用具，按自己意念进行设计创作；较喜欢用比喻解说事情。

水平 2：对色彩有少许敏感；偶尔能很轻松地想象一个事物的景象；稍会选择材料、用具，按自己意念进行设计创作；少许喜欢用比喻解说事情；少许或不喜欢随手涂画、阅读地图、观看设计图及含图像作品；较喜欢看电影和其他视觉艺术表演。

水平 1：认为自己画图画得不好，不喜欢随手涂画，不喜欢阅读地图、观看设计图及含图像作品；不会选择材料、用具，按自己意念进行设计创作；不感到阅读地图、图表比文字容易。

身体动觉智能

水平 4：喜爱惊险的娱乐活动和体育活动，或身体刺激动作游戏；喜爱动手完成细致的手工艺作品；善于协调各部位身体动作及较难长时间坐着不动，并擅长一种或多种体育活动。

水平 3：喜爱惊险的娱乐活动和体育活动，或身体刺激动作游戏；在玩运用身体动作猜电影名称或歌曲名称的游戏时，稍微容易将这些名称用动作表现出来；较为善于协调各部分身体动作；稍微善于模仿他人的动作、言谈举止。

水平 2：在玩运用身体动作猜电影名称或歌曲名称的游戏时，少许容易将这些名称用动作表达出来；少许或不喜爱通过身体感觉（例如，用手触摸）进行学习；少许或不善于模仿他人的动作、言谈举止；偶尔会亲自练习一项新的技能，而不只是看说明或描述的录像带；稍为喜爱拆解和组装物件。

水平 1：不喜欢摔跤、拍打朋友、跑进教室、翻跳椅子的动作；也不喜爱体育运动活动和身体动作游戏；不善于模仿他人的动作、言谈举止；与他人谈话时，偶尔用手势或其他形式的身体语言；少许或不喜爱拆解和组装物件；稍为善于协调各部分身体动作。

音乐智能

水平 4：喜爱听音乐，有音乐陪伴时做事心情愉快，会更专注、更快地完成；会倾听乐曲的内涵，领受音乐的意境；发现有时在走路时，脑海里会出现某个电视节目的音乐或其他旋律；喜爱吹口哨、唱歌活动，并且知道很多歌曲和乐曲的旋律。

水平 3：喜爱听音乐，有音乐陪伴时做事心情愉快，较为专注、较快完成；如果一首曲子听过一遍到两遍，有时能很准确地把它唱出来；较喜爱吹口哨、唱歌活动；有时能辨别唱歌走调；偶尔能随音乐的节奏，用动作来表达。

水平 2：喜爱听音乐，有音乐陪伴时做事心情愉快，较为专注、较快地完成；不会弹奏任何乐器；讲话时偶尔有节奏感；偶尔能随音乐的节奏，用动作来表达；少许或不能辨别唱歌走调；如果一首曲子听过一遍到两遍，少许或不能准确地把它唱出来；少许或不感到自己有好听的歌喉。

水平 1：不觉得自己有好听的歌喉；不会弹奏任何乐器；讲话时不是很有节奏感；没有参加乐队、合唱团；不喜爱吹口哨、唱歌活动；不会自己作词、谱曲以抒发情感。

人际智能

水平 4：至少有三个亲密朋友，并容易结交新朋友；在人群中感到很舒服，而不愿意个人独处；遇到问题时，愿意找别人帮助，并乐意接纳别人的意见；了解别人的喜怒，会依据别人的脸色及当时的情形，知道别人的心情，并正确、迅速地应对。

水平 3：遇到问题时，较愿意找别人帮助，较乐意接纳别人的意见；较会倾听别人的说话，懂得互助，沟通良好，较懂得关心、体谅和帮助别人；较具有团队精神，能尽职及努力奉献，并且较容易结交新朋友。

水平 2：较乐意接纳别人的意见及倾听别人的说话，略懂得互助、关心、体谅和帮助别人，沟通良好，稍为容易结交新朋友；偶尔是消息灵通人士；少许或不喜欢教一个人或一群人如何做某件事。

水平 1：略懂得关心、体谅和帮助别人；稍会倾听别人的说话，略懂得互助，偶尔沟通良好；少许能够了解别人的喜怒，偶尔会依据别人的脸色及当时的情形，知道别人的心情，并正确、迅速地应对；少许或不喜欢教一个人或一群人如何做某件事；少许或不喜爱角色扮演、集体游戏及与人分工合作。

内省智能

水平 4：活泼开朗；经常思考自己重要的人生目标，并会检讨自己做事成功或失败的经验，使下次做事更为顺利；有时善于计划和分配日常生活时间；认为自己意志较为坚强或性格独立；认为自己诚实、坦白、勤于反省、勇于认错及能够面对挫折。

水平 3：认为自己较为诚实、坦白、勤于反省、勇于认错、明事理、拥有自尊、懂得自律；认为自己一直较为坚强或性格独立；会检讨自己做事成功或失败的经验，使下次做事更为顺利；有自知之明及据此做出适当行为的能力；偶尔善于计划和分配日常生活时间。

水平 2：能恰当表达自己的感受和想法；偶尔善于计划和分配日常生活时间；有时能集中注意力，按时完成工作；认为自己稍为明事理、拥有自尊、懂得自律、意志坚强或性格独立。

水平 1：少许或不喜欢记录个人生活事件；少许或不善于计划和分配日常生活时间；略为能够面对挫折；认为自己稍为诚实、坦白、勤于反省、勇于认错；有时思考自己重要的人生目标；偶尔会检讨自己做事成功或失败的经验，使下次做事更为顺利；少许或不能集中注意力、按时完成工作。

自然观察者智能

水平 4：对自然景物有很大兴趣；喜爱收集标本、饲养动物、种植花草树木，参加园艺或野外活动；喜欢到公园、植物园、水族馆参观考察；善待自然世界（例如，垂钓、烹饪），乐于分享自己探索自然万物的经验；对自然事物具有敏锐的感觉；在往返学校的路上，喜欢观察周围的景物，并且注意到它们不同的变化。

水平 3：较为喜欢看云，并有时能看出不同形状、高度、明暗度等；对自然景物较有兴趣；对自然界事物有较敏锐的感觉；对植物、动物、自然生态环境较有好奇心、保护意识和关怀之情；较喜欢使用仪器来探究自然世界；也较善待自然世界（例如，垂钓、烹饪），较乐于分享自己探索自然万物的经验。

水平 2：对自然景物稍有兴趣；略为喜爱以自然景象和动植物为主题的节目、图书和展示；稍为喜欢到公园、植物园、水族馆参观考察；偶尔会很快熟悉生物和自然景物的名称、特征、分类方法和与其有关的资料；少许或不喜欢收集标本、饲养动物、种植花草树木，参加园艺或野外活动；少许或不能够系统地记录所收藏的标本，以及将新发现分门别类。

水平 1：春天来临时，不是朋友中第一个注意到花苞或嫩芽的人；不喜爱收集标本、饲养动物、种植花草树木、参加园艺或野外活动；不能够系统地记录所收藏的标本，以及将新发现分门别类；不喜欢以自然景象和动植物为主题的节目、图书和展示；不会为观察蚂蚁的生活动态，而花半个小时蹲在地上看蚂蚁。

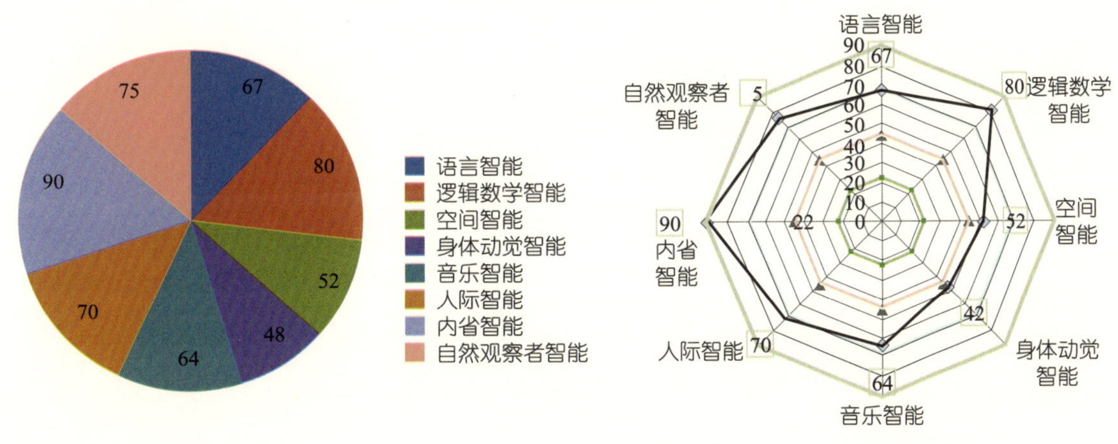

图 1　八项智能测评结果饼形图

图 2　八项智能测评结果八角图

测一测

根据多元智能量表测试结果，绘制你的八项智能测评结果饼形图和八角图。

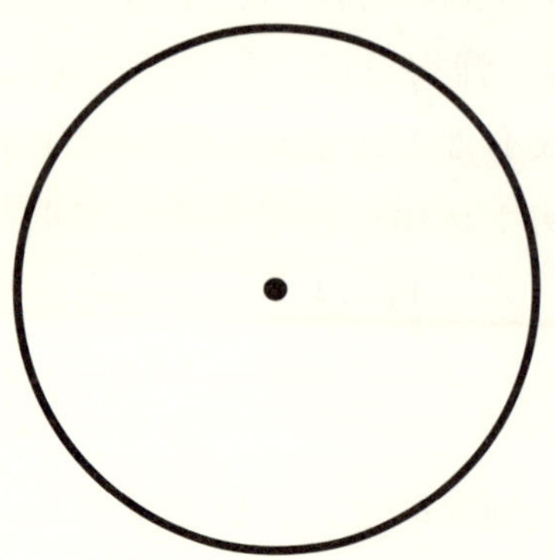

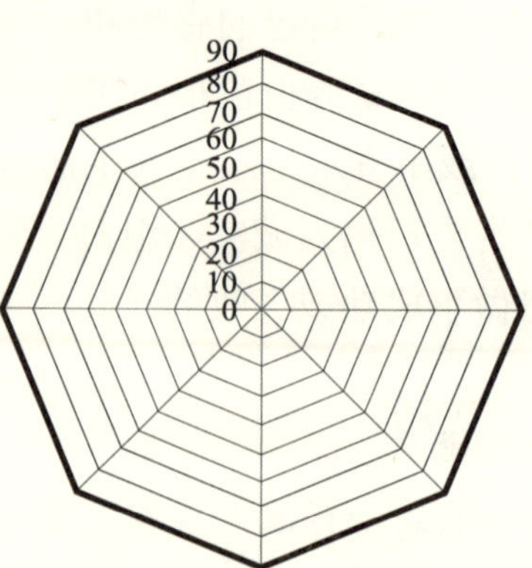

第七章

高中生生涯规划实践操作

- 第一节　学会时间管理
- 第二节　生涯规划体验
- 第三节　高考之后的 N 种选择

01 第一节

学会时间管理

·小故事大道理· 农夫的一天

早上起来，农夫对妻子说他要去耕地了。当他走到要耕的那片地时，发现耕地的机器（耕耘机）需要加油了，农夫就准备去加油。可是想到机器要加油，就想起家里的四五头猪早上还没喂呢。这机器没油就不能工作，猪没“加油”，也就是没吃饱，可能要饿瘦了，农夫决定回家先喂猪。经过仓库的时候，农夫看到几只土豆，一下子想到自家的土豆地可能要发芽了，应该去看看。农夫就朝土豆地走去。半路经过了木柴堆，想起来妻子提醒了几次，家里的木柴要用完了，需要抱一些木柴回去。当刚走近木柴堆时，发现有只鸡躺在地下，他认出来这是自己家的鸡，原来是脚受伤了……就这样，农夫一大早就出门了，直到太阳落山才回家。忙了一天，晕头转向，结果呢？猪没喂，油没加，最重要的是：地也没耕。

做一做

● 农夫的故事给你什么启示？

____

____

____

____

____

一、时间管理

关于时间，你有没有过这样的困惑：

时间太多，每天有大把的时间不知道干什么。

忙了一天，什么事都没干（学）好。

时间太少，一大堆事干不完。

忙忙碌碌，不知道自己忙什么了。

…………

（一）什么是时间管理

时间管理是指利用系列技能或方法来完成明确的计划和任务，达到一定的目标。时间管理的内容主要包括制订计划、设定目标、对你花费的时间进行分析、记录时间的分配情况、确定事情完成的优先次序等。

（二）时间管理四象限法则

四象限法则，是著名管理学家史蒂芬 • 科维（Stephen R. Covey）提出的一个时间管理理论。把要做的事（如工作中的事）按照重要和紧急两个方面的不同程度进行划分，可以分为四个象限：重要而且紧急、重要但不紧急、不重要但紧急、不重要而且不紧急。日常工作中往往有机会去很好地计划和完成一件事，但常常没有及时地去做，随着时间的推移就会造成工作质量的下降。时间管理理论的一个重要观念是把主要的精力和时间集中地放在处理重要但不紧急的工作上，这样可以做到未雨绸缪，防患于未然。要把精力主要放在重要但不紧急的事务处理上，需要很好地安排时间，一个好的方法是建立预约。建立了预约，自己的时间才不会被别人所占据，从而有效地开展工作。四象限法则改变了传统时间管理法以“急”为重要的方式，高效时间管理的核心是“先轻重，后缓急”。

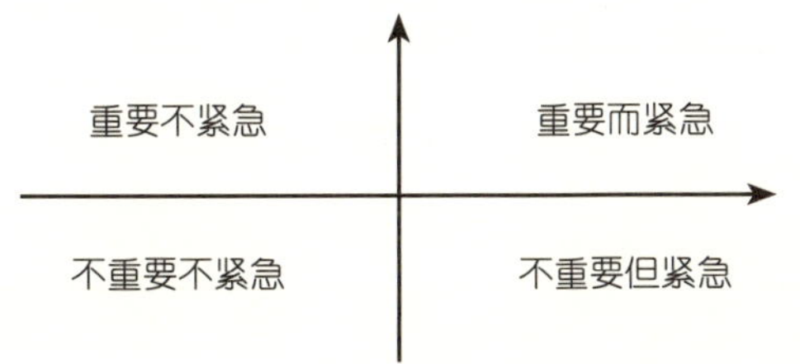

对于高中生来说，最大的困扰就是学习任务繁重，常常是顾此失彼。总是感到自己每天疲于奔命，而且说不准哪些事应该优先，就只好先干其中最紧迫的事情。结果就是觉得被动和烦躁，时常紧张和焦虑。

其实，每件事情的重要程度不一样，要求完成的紧急程度也不一样。根据事情的轻重缓急，可以把事件分为四类：①重要且紧急的事；②重要但不紧急的事；③不重要但紧急的事；④不重要且不紧急的事。

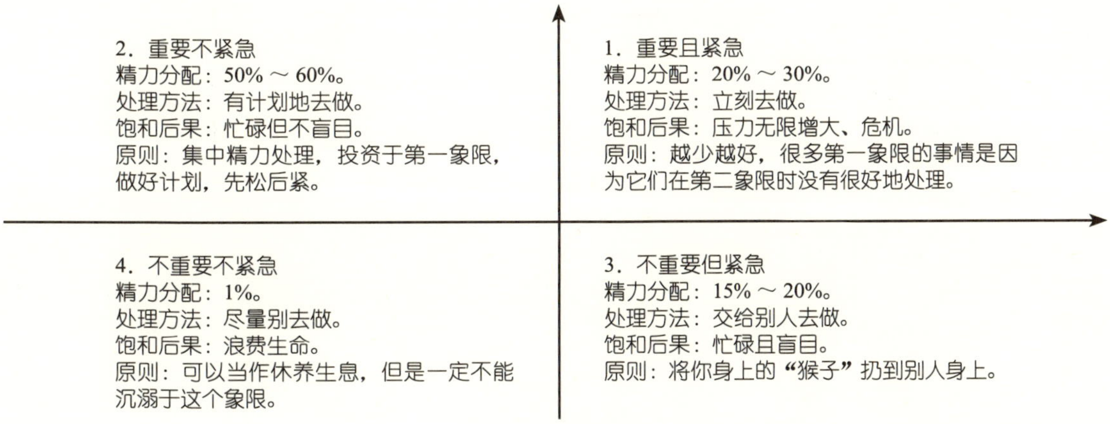

2．重要不紧急
精力分配：50% ～ 60%。
处理方法：有计划地去做。
饱和后果：忙碌但不盲目。
原则：集中精力处理，投资于第一象限，做好计划，先松后紧。

1．重要且紧急
精力分配：20% ～ 30%。
处理方法：立刻去做。
饱和后果：压力无限增大、危机。
原则：越少越好，很多第一象限的事情是因为它们在第二象限时没有很好地处理。

4．不重要不紧急
精力分配：1%。
处理方法：尽量别去做。
饱和后果：浪费生命。
原则：可以当作休养生息，但是一定不能沉溺于这个象限。

3．不重要但紧急
精力分配：15% ～ 20%。
处理方法：交给别人去做。
饱和后果：忙碌且盲目。
原则：将你身上的“猴子”扔到别人身上。

时间管理四象限图

做一做

● **下列这些活动，你会怎样按时间管理四象限法则进行安排？**

1. 完成当天的作业
2. 预习明天的学习内容
3. 复习
4. 参加课外活动小组，培养自己的特长与爱好
5. 打打球，做做运动
6. 同学约我陪他去购物、唱 K
7. 吃饭、睡觉
8. 看 NBA 或其他喜欢的比赛直播
9. 听歌、玩游戏
10. 用手机上网，看看网络小说
11. 与同学吃夜宵、聊聊天，看看今天有什么有趣的事情发生
12. 老师布置的期末征文比赛

重要而紧急的：________________

重要不紧急的：________________

不重要但紧急的：________________

不重要不紧急的：________________

● **请用时间管理四象限法则，安排你一天的活动。**

我的一天活动列表：

1. ________________
2. ________________
3. ________________
4. ________________
5. ________________
6. ________________
7. ________________
8. ________________
9. ________________
10. ________________

…………

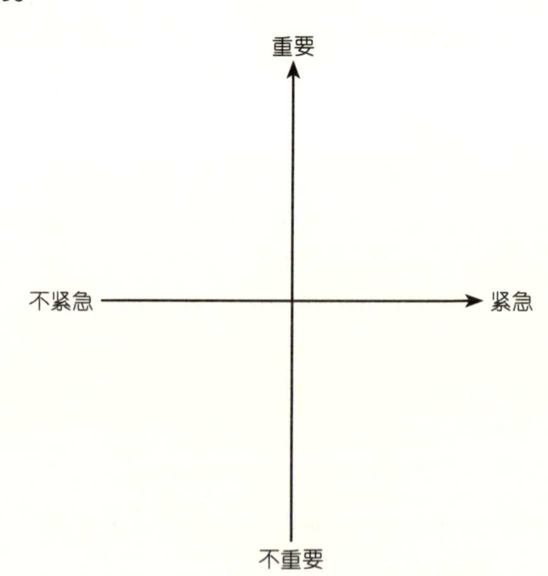

二、高中生要学会时间管理

·小故事大道理· **鹅卵石、沙子和水**

教授在桌子上放了一个装水的罐子，然后从桌子下面拿出一些正好可以从罐口放进罐子里的鹅卵石。教授把石块放完后问他的学生："你们说，这个罐子是不是满的？"

"是！"所有的学生异口同声地回答。

"真的吗？"教授笑着问。然后再从桌下拿出一袋碎石子，把碎石子从罐口倒下去，摇一摇，再加一些，再问学生："你们说，这个罐子现在是不是满的？"

这回，他的学生不敢回答得太快："也许没满。"

"很好！"教授说完后，又从桌下拿出一袋沙子，慢慢地倒进罐子里。倒完后，他再问学生："现在你们告诉我，这个罐子是满的吗？"

"没有满。"全班学生学乖了，大家很有信心地回答说。

"好极了！"教授又从桌下拿出一大瓶水，把水倒进看起来已经被鹅卵石、小碎石、沙子填满了的罐子。

这些事都做完之后，教授正色地问他班上的学生："你们从这件事情中学到了什么重要的道理？"

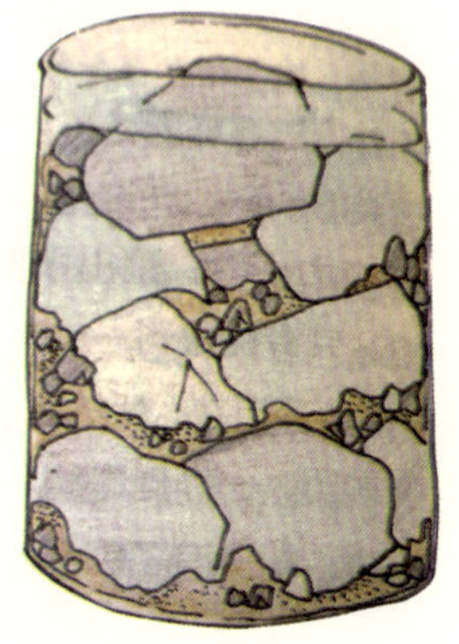

一个学生回答说："无论我们的工作多忙，行程排得多满，如果要逼一下的话，还是可以多做些事的，这门课讲的是时间管理。"

教授听到这样的回答，点了点头，微笑着说道："答案不错，但并不是我要告诉你们的重要信息。"

说到这里，这位教授故意停顿了一下，用眼睛向全班同学扫了一遍说："我想告诉各位最重要的信息是，如果你不先将大的鹅卵石放进罐子里，以后你也许永远没机会把它们放进去了。"

做一做

每一天我们都在忙，每一天我们所做的事情好像都很重要，每一天我们都不断地往罐子里放小碎石或沙子。你有没有想过，什么是自己生命中的"鹅卵石"？你从这个小故事中得到什么启示？

____

____

____

____

____

（一）制订科学有效的时间计划表

时间表具体可以分为学期时间表、每周时间表、每日时间表，三者相辅相成。

1．学期时间表。

一般一学期有四次统一考试。高中生可以参考学校的学期计划来制订自己的学习计划，内容包括：这一学期规定的全部教学活动，如上课、考试，非限定性课程、社团活动等；一个人生活不可少的睡眠、饮食时间安排。填好这些内容之后，余下的时间则可以结合自己的课程表，用于安排每周、每天的主要学习生活内容。学期时间表一学期编制一次即可。

2．每周时间表。

可以根据当周的学习任务、学校活动和自身情况，对每周时间表进行充实。列出这一周要完成的几大块任务，例如，准备物理小测验、英语听写等，再具体到每天。

3．每日时间表。

编制每日时间表，可按重要程度依次排列，告诉自己首先要完成什么，其次要完成什么。另外，也可以利用“时间流程法”，按一天的时间发展，把每一时间段内要完成的事情写好。例如，早上 7 ：10 ～ 7 ：20 背语文英语课文，18 ：40 ～ 19 ：00 写第二天要交的作业，19 ：30 ～ 23 ：10 上晚自习。当然，每个同学可以根据自己的实际情况，采用适合自己的时间管理办法。总之，要“今日事今日毕”，避免拖延。

4．双休日、节假日时间安排。

高中生比较注意安排平时的课余时间，而双休日、节假日有更多的时间属于自己，如何过得更有意义，高中生要给自己定位好。

大多数同学都有制订时间表的意识，最难的问题是如何将计划进行到底。

（二）执行学习计划的原则性和灵活性

事实上，在执行学习计划的过程中，既要有原则，又要灵活，请注意技巧。

1．保持弹性和可变性。

我们在实施计划时，可能会遇到各种变化需要做出适当的调整。例如，对新学知识的难度估计不足，某一阶段集体活动太多等。因而，在制订时间计划表时，不能把时间绝对固定化，要有一定的弹性，这样在遇到意外情况时才不至于手足无措。

2．要注意结合自己的实际。

如果你的兴奋点在白天的话，就可以多安排一些时间来学习，晚上多安排一点儿时间来休息；如果是“夜猫子”，就可以晚上多安排一些学习时间，并把难度较大的任务安排在这一时间，中午安排一些时间休息。

3．及时检查并修改计划

生活和学习应该形成规律，但不可能像机械运动那样，周而复始，一成不变。当时间计划执行到一个阶段以后，就应该检查一下学习的效果，并对原计划中不适宜的地方进行调整。一个新的更适合自己的时间计划，将会使你今后的学习更加有效。检查内容有以下几项：是不是基本按计划去做？计划任务是否完成？学习效果如何？没完成计划的原因是什么？什么地方安排太紧？哪些环节安排轻松？等等。检查后再修订计划，改变不科学、不合理的地方。

4．巧用符号，帮助自己执行计划书。

把计划书放在显眼处，如贴在课桌上，严格执行。并且，每天完成后可以标示自己喜欢的图案以增加成就感。例如，可以把完成的任务用红笔删掉，用星号标示，或完成后打钩。一天的计划表删完的时候，任务就完成了，会觉得分外轻松，非常有成就感。

5．建立奖惩制度，请老师、同学和家长监督

若时间把握得好，可以奖励自己，给自己买一直想看的漫画书或喜欢的零食，强化这种有效

的行为，让自己体会完成任务的愉悦感，反之惩罚，并且树立自信，相信自己一定能坚持。有目标，就有动力，树立内心最渴望的目标。

养成一个良好的管理时间的习惯是一个长期的过程，在这一过程中最重要的就是坚持，只要大家提高时间管理意识，采用合理的方法，在有限的时间内提高学习效率，每个人都可以超越过去的自己，做最好的自己。

（三）战胜拖延

据统计，20% 的普通人每天都存在拖延行为。引起拖延的原因是什么呢？网络与懒惰是罪魁祸首。

其中，学生与职场人的拖延行为最为严重。据调查，这其中 35% 的人只在日常琐事上拖延；24% 的人会在一般性事务上拖延；54% 的人不管大事小事都有可能拖延；更伤不起的是 10% 的人会在大事如毕业论文、产品设计等方面拖延。

拖延症的危害：

1．耽误时间，进而影响学业。

2．因事情未做而焦虑，影响情绪，造成更大的心理压力。

3．给人留下不良印象，影响人际关系。

克服拖延的方法：

1．坚持“两分钟原则”，避免拖延。

两分钟原则是如果在两分钟内能完成的事，立即着手去做，例如，收作业、向老师问题目、擦黑板、背单词、记忆公式、完成一道数学题等。

2．消除干扰。

有同学说，如果将手机放在身边就无法集中精力写作业。因为一会儿 QQ 响一下，一会儿微信来一条，所以总是会隔两分钟就去看一下手机。因此，关掉 QQ，关掉微信，关掉电视，将手机置于一边，将一切影响学习效率的东西关掉，全心全力地去完成作业。

3．设定更具体的目标。

如果你的计划是“提高数学成绩”，那么，这个计划很可能流产。但如果你的计划是“我每天多做 3 道数学题，希望下次的数学测验能达到 80 分”，那么，这个计划很可能会坚持下来。所以，你不妨把任务划分成一个个可以检测的小目标。

02 第二节

生涯规划体验

做一做

● **生涯幻游**

首先，请调整你的姿势，以你觉得最舒服的姿势坐着，闭上你的双眼，放松，深呼吸，放松，我们一起坐在时光隧道机里，来到十年后的世界。算一算，这时你是几岁？容貌有变化吗？请你尽量想象十年后的情形，越仔细越好。

好，现在你正躺在家里卧室的床上。这时候是清晨，和往常一样，你从睡梦中醒来，慢慢地睁开眼睛，首先看到的是卧室的天花板。看到了吗？它是什么颜色？

接着，你准备下床。尝试去感觉脚指头接触地面那一刹那的温度。是凉凉的，还是暖暖的？经过一番梳洗之后，你来到衣柜前面，准备换衣服上班。今天你要穿什么样的衣服上班？穿好衣服，你看一看镜子。然后你来到了饭厅，早餐吃的是什么？一起用餐的有谁？你跟他们说了什么话？

接下来，你关上家里的大门，准备前往工作的地点。你回头看一下你家，它是一栋什么样的房子？然后，你将搭乘什么样的交通工具上班？

你快到达工作的地方。首先注意一下，这个地方看起来如何？好，你进入工作的地方，你和同事打了招呼，他们怎么称呼你？你还注意到哪些人出现在这里？他们正在做什么？

你在你的办公桌前坐下，安排一下今天的行程，然后开始上午的工作。早上的工作内容是什么？跟哪些人一起工作？工作时用到哪些东西？

很快地，上午的工作结束了。中餐如何解决？吃的是什么？跟谁一起吃？中餐还愉快吗？

接下来是下午的工作。跟上午的工作内容有什么不同吗？你在忙些什么？

快到下班的时间了。或者你没有固定的下班时间，但你即将结束一天的工作。下班后你直接回家吗？是要先办点儿什么样的事？还是要做一些什么其他的活动？

到家了。家里有哪些人呢？回家后你都做些什么事？晚餐的时间到了，你会在哪里用餐？跟谁一起用餐？吃的是什么？晚餐后，你做了些什么？跟谁在一起？

就寝前，你正在计划明天参加一个典礼。那是一个颁奖典礼，你将接受一项颁奖。想想：那会是一个怎么样的奖项？颁奖给你的是谁？如果你将发表获奖感言，你打算讲什么话？

该是上床的时候了。你躺在早上起来的那张床上。你回忆一下今天的工作与生活，今天过得愉快吗？是不是要许个愿？许什么样的愿望？

渐渐地，你很满足地进入梦乡。睡吧！一分钟后，我会叫醒你……

（一分钟后）我们渐渐地回到了这里，还记得吗？你现在的位置不是在床上，而是在这里。

然后，现在我从10开始倒数，当我数到0的时候你就可以睁开眼睛了。好，10—9—8—7—6—5—4—3—2—1—0。睁开眼睛，你慢慢地醒过来，静静地坐着。

你十年后从事的工作的描述：

1. 工作是________________________。
2. 工作的内容是________________________。
3. 工作的场所在________________________。
4. 工作的场所周围的环境________________________。
5. 工作的场所周边的人群______________________。

你十年后的生活形态的描述：

1. 婚姻状况 □已婚 □未婚 □其他。
2. 家中成员有子女________人。
3. 父母同居 □是 □否 □其他。
4. 居住的场所在_________________。
5. 居住的场所周围的环境________________。
6. 居住的场所周围的人群________________。

请说明下列问题：

1. 你在进行幻游时，印象最深刻的画面是_______________。
2. 你在进行幻游后，对比与现在环境最大的不同点是__________。
3. 你在进行幻游后，最深的感受是__________________。
4. 你在进行幻游后，你觉得未来的生涯发展会是怎样的？
   我认为我未来会从事___________职业。
5. 你认为我的未来会与幻游过程相关吗？□是 □不是 □其他。

一、职业生涯目标设计

职业生涯目标包括长期目标、中期目标、短期目标。

（一）长期目标

代表你的人生的重大目标，可能需要你用五到二十年的时间来完成这些目标。有时，甚至会用一生的时间来实现，包括教育、职业、人际关系、旅行和财产安全等方面。在制订长期目标的时候，思考：你希望自己这一生取得怎样的成就？有没有一句话能够概括你的人生追求？如果有，是什么？

（二）中期目标

指在一年到五年的时间里实现的目标，例如，完成一门课程的学习，达到某个具体的名次或者职位等。中期目标是长期目标的支撑。

（三）短期目标

短期目标是指能在一年以内实现的目标，是非常具体的，而且是可以达到的，例如，参加一次演讲比赛，完成一次旅行或是某个节日与家人聚会，经济上可能是希望账户里能有一个具体数额的存款等。

二、自我评估与 SWOT 分析

（一）自我评估

根据第一章至第六章的内容，结合各个测评结果，寻找你的职业生涯方向。

测评要素	测评结果与职业选择	综合结论（职业目标）
职业兴趣		
职业能力		
职业价值观		
气质		
性格		
多元智能		
我的人生梦想		

（二）SWOT 分析

职业生涯规划首选必须建立在正确的自我评估的基础上，但还得结合自身的实际。因此，要充分分析自己的目前情况，例如，自己有哪些优势和不足，如何发挥优势，克服不足；自己的各科潜能如何，是否已经充分发挥了；自己各科成绩如何，偏科情况如何，如何补救；自己的学习毅力和勤奋程度如何；自己的学习方法和学习效率怎样，需要做出哪些改进；等等。

SWOT 分析法（也称 TOWS 分析法、道斯矩阵）即态势分析法。20 世纪 80 年代初由美国旧金山大学的管理学教授韦里克提出。经常被用于企业战略制订、竞争对手分析等。

在职业生涯规划中，SWOT 分析法是一种能够较客观准确地分析和研究个人现实情况的方法。利用这种方法可以找出对自己有利的、值得发扬的因素，以及对自己不利的、应该避免的东西，发现存在的问题，找出解决办法，进而得出最后的发展方向。

SWOT 四个英文字母代表 Strength、Weakness、Opportunity、Threat，意思为：S，强势、优势；W，弱势、劣势；O，机会、机遇；T，威胁、对手。从整体上看，SWOT 可以分为两大部分：第一部分为 SW，主要用来分析内部条件；第二部分为 OT，主要用来分析外部条件。另外，每一个单项，如 S 又可以分为外部因素和内部因素，这样就可以对情况有一个较完整的概念了。

SWOT 分析表

内部环境因素	优势因素（S）	弱势因素（W）
外部环境因素	机会因素（O）	威胁因素（T）

做一做

● **练习一**

请列出自己在学习上的优势、劣势，以及可能遇到的机会和威胁。

优势：________________________________

劣势：________________________________

机会：________________________________

威胁：________________________________

● **练习二**

请列出自己在职业目标定位上的优势、劣势，以及可能遇到的机会和威胁。

优势：____

劣势：____

机会：____

威胁：____

三、高三梦想规划表

<table>
<tr><td>姓名</td><td></td><td>班级</td><td></td><td>年龄</td><td></td></tr>
<tr><td rowspan="3">自我描述</td><td>我的性格</td><td colspan="4"></td></tr>
<tr><td>我的兴趣</td><td colspan="4"></td></tr>
<tr><td>我的特长</td><td colspan="4"></td></tr>
<tr><td>测评结果</td><td>测评结果与
匹配的职业</td><td>职业 1</td><td>职业 2</td><td>职业 3</td><td>职业 4</td></tr>
<tr><td rowspan="2">家庭因素</td><td>家庭条件</td><td colspan="4"></td></tr>
<tr><td>父母期望</td><td colspan="4"></td></tr>
<tr><td rowspan="2">个人理想</td><td>理想的职业</td><td colspan="4"></td></tr>
<tr><td>理想的大学</td><td colspan="4"></td></tr>
<tr><td colspan="2">我目前的状况（SWOT 分析）</td><td colspan="4"></td></tr>
<tr><td colspan="6">为实现理想，我需要做好如下准备：</td></tr>
<tr><td colspan="6">1.</td></tr>
<tr><td colspan="6">2.</td></tr>
<tr><td colspan="6">3.</td></tr>
<tr><td colspan="6">4.</td></tr>
<tr><td colspan="6">5.</td></tr>
<tr><td colspan="6">我的分步计划：</td></tr>
<tr><td>步骤</td><td colspan="5">具体内容</td></tr>
<tr><td>一</td><td colspan="5"></td></tr>
<tr><td>二</td><td colspan="5"></td></tr>
<tr><td>三</td><td colspan="5"></td></tr>
<tr><td colspan="6">目前我急需解决的问题是：</td></tr>
<tr><td colspan="6"></td></tr>
<tr><td colspan="6">对于上述规划：我很满意（　　）　我较满意（　　）　我不清楚（　　）　我不满意（　　）</td></tr>
</table>

四、生涯人物采访

在职业探索体验活动中，通过“生涯人物采访”的方法可以帮助学生多方面、多角度地了解和分析职业的多种特点。

做一做

● **生涯人物采访**

根据如下采访提纲，采访一位与你职业目标相同或相近的成功人士，并形成一篇完整的采访报告。

生涯人物采访提纲

1. 采访人的基本信息:

姓名: __________ 性别: __________ 年龄: __________

2. 与被采访人的关系:
3. 被采访人的职业:
4. 被采访人所学专业:
5. 被采访人当初选择该专业的想法:
6. 被采访人工作的具体内容和特点:
7. 被采访人认为从事这个职业所应具备的能力:
8. 被采访人一天的工作情况:
9. 被采访人对自己目前职业的看法:
10. 本次采访带给采访人的启示和感悟:

五、职业生涯发展蓝图

设计一份引领自我职业生涯发展的蓝图，并将此作为自我学习的航标。

<table>
<tr><td colspan="8">标题（自定）</td></tr>
<tr><td>姓名</td><td></td><td>性别</td><td></td><td>年龄</td><td></td><td>班级</td><td></td></tr>
<tr><td colspan="2">我的职业生涯发展方向</td><td colspan="6"></td></tr>
<tr><td rowspan="6">我的目标</td><td>我的职业生涯发展终极目标</td><td colspan="6"></td></tr>
<tr><td>我工作五年后的目标</td><td colspan="6"></td></tr>
<tr><td>我的大学目标</td><td colspan="6"></td></tr>
<tr><td>我的高三目标</td><td colspan="6"></td></tr>
<tr><td>我的高二目标</td><td colspan="6"></td></tr>
<tr><td>我的高一目标</td><td colspan="6"></td></tr>
<tr><td colspan="2">我现在与毕业时的目标的差距</td><td colspan="6"></td></tr>
<tr><td colspan="8">对于上述规划: 我很满意（ ） 我较满意（ ） 我不清楚（ ） 我不满意（ ）</td></tr>
</table>

03 第三节

高考之后的N种选择

·小故事大道理· **著名导演李安的故事**

生长在书香之家，可是，台南一中校长李升的长子却不是优秀学生。父亲希望他读博士做学者，请台南的名师帮他补习功课，但他的成绩仍不见起色。两次考大学，他都名落孙山。他把桌上的台灯、书本一把扫到地上，然后跑出家门透气。后来他考上艺专影剧科，感到“灵魂第一次获得解放”。那时他才发现，“原来人生可以不是千篇一律的读书与升学”。他在舞台上找到了真正的自己。学芭蕾、写小说、练声乐、画素描，才华在艺术世界里渐放光芒。他就是后来执导电影《卧虎藏龙》，获得奥斯卡奖的著名导演李安。

做一做

● 看完著名导演李安的故事，你有什么感想？

____

____

____

____

____

高考失败有哪些出路？专科落榜怎么办？我知道，落榜后你一定很失落，很遗憾，很伤心，很焦急，也对这一场煎熬深深地胆怯着，不敢回头。但是，希望你一定不要就此放弃自己的人生理想。如果那样，你的后半生一定会沉浸在悔恨中。

读书、升学、成才，几乎是每一位家长都难以回避的话题，几乎是每一位家长为孩子规划的人生主线。人生本来应当是多姿多彩的，渴望呼吸自由的空气，期盼在快乐的天空下成长。家庭、学校、社会，如果无视孩子们的天性，只关注读书、大学这一件事，不能不说是教育的失误、人生的遗憾。“条条大路通罗马”，即使高考落榜，我们也还有许多选择，还有许多精彩可以去实现。

一、高考失败出路：复读

特点：有一定风险。

一年一度的高考刚结束，每年总会有一部分幸运儿考上自己心仪的学校，但也有部分考生落榜或是没能考上理想的大学。于是，有不少人选择了复读。

如今，上“高复”已不再是“没面子”的事情，而是一种不屈不挠、勇于追求自己理想的表现。而且复读生的心态更沉稳，在大学里更容易被推选为学生干部，从而有利于学生的快速成长。很多名人拥有复读经历。著名科学家爱因斯坦复读 1 次，政治家丘吉尔复读 4 次，新东方总裁俞敏洪复读 2 次，阿里巴巴董事局主席复读 3 次。

适宜人群：你适不适合复读？

1. 在高考期间由于健康、心态或状态等原因，导致发挥失常，高考成绩低于平时模拟成绩很多的学生。

2. 填报志愿失误，导致落榜的考生。

3. 距理想的名牌大学 35 分以内的学生。

4. 不懂高三复习方法，学习无策略、无计划、无体系，没有充分利用好高三这一年的考生。

5. 有强烈的学习愿望，有理想，有恒心，心理承受力较强，能够克服艰苦复读的考生。

6. 自身学习态度端正、刻苦用功，但由于原学校高三师资力量薄弱，导致学习方法不科学、备考方向错误、高考成绩不佳的学生。

7. 只能读民办本三的学生。基础可以，复读很容易考上二本或一本。每年都有很多学生从本三退学复读。

8. 无奈考入不理想的大学或极不喜欢的专业，进大学后长时间难以适应大学生活的学生。大学里很多学生就是因此而消沉、堕落，而很多毅然退学复读的学生，却实现了理想。

四类考生不宜选择复读：第一，心理素质不佳的考生。由于经历了一次重大失败，这类考生一般容易悲观，因而对考试更加容易产生紧张和焦虑的情绪。第二，考试分数过低或过高的考生不宜选择复读。因为在一年时间内分数的提高空间一般不会太大，复读反而耽误时间。第三，发挥不稳定的考生。第四，学生自身不乐意，是被家长硬逼着去复读。这类考生在学习过程中不会有太多动力，即便复读也很难取得理想的成绩。

二、高考失败出路：民校

民办高等学校系指企事业组织、社会团体及其他社会组织和公民个人利用非国家财政性教育经费，依照国家和本市教育行政部门制定的高等学校的设置标准，面向社会举办的实施高等学历教育的学校或实施高等非学历教育的教育机构。

特点：宽进严出，机制灵活，开设专业以应用型、职业型为主，学生适应性强。

适宜人群：高考分数不太低，家庭条件较好，在某些方面有特长和志趣的考生。

提醒：各校的风格、特点、强项各不相同，关键不是哪个最好，而是看哪个最适合你。

三、高考失败出路：自考

自学考试考生不受性别、年龄、民族、种族和已受教育程度的限制，不用经过入学考试，即可根据自己的情况选择相关的专业，参加该专业课程的学习。经过国家组织的统一考试，取得合格成绩。在通过教学计划规定的全部理论和实践课程的考试后，即可取得大学专科或本科的毕业证书。本科毕业生还可以申请学士学位。自学考试的学历受到国家的承认，自学考试毕业生享有与普通高校同类毕业生相同的待遇。

特点：自考文凭国际上普遍认可。自考是一场持续战，需要考生有毅力、有很强的自觉性。

适宜人群：未考进重点大学，希望拿到盖有重点大学印章毕业证书的考生。

四、高考失败出路：成人高考

特点：严进宽出，基本上能考上所报学校的，只要认真学习就都能顺利毕业。

适宜人群：学习潜力较大，家庭经济并不宽裕的考生。

优势：①入学相对容易；②学习形式多样化；③学历正规国家承认；④专业设置新颖。

成人高考是成人高等学历教育入学考试的简称，它和高考一样是国家级大考。设立之初，是为解决在岗人员的学历教育和继续教育问题，参加者也多为成年人。今天，成人高考学生年龄普遍降低，许多成教毕业生已经成为所在行业的骨干，一些人走上了领导岗位，为国家经济和文化建设做出了贡献。与普通高考一样，考生需要参加全国成人高校统一招生考试，考试一年一次。

五、高考失败出路：出国留学

特点：能让落榜生有正式的大学可读，而且可以选择喜欢的专业。

适宜人群：家庭经济条件殷实、生活自理能力较强的考生。

留学 VS 复读：高考落榜生更适合走哪条路？选择留学还是复读应综合考虑家庭经济情况和学生自身特点，切忌盲目行事。

选择出国留学的情况：第一，是考上了国内的重点大学，但没能读上理想专业的考生。此类成绩优异的学生可选择入读一些在世界范围内认可度高的大学；第二，是高考成绩在本科线以上但未达到重点线的考生，他们可以尽量争取进入美国排名前 200 位，英国、澳大利亚、加拿大等国家排名前 50 位的院校就读；第三，是只达到专科分数线的考生，此类考生可以选择入读亚洲国家的院校。因为留学需要较大的投入，而亚洲院校更适宜经济实力不是很强的家庭。

六、高考失败出路：网络大学

特点：费用较低，学习方式灵活。依托于名校，采用现代远程教育模式；开设的专业多是以计算机技术应用、管理等应用学科专业为主。

适宜人群：有良好的自学能力和自制力，适应远程教学，有上网条件的考生。

提醒：全国共有六七十家试点网络教育学院，大多为重点高校，采用远程教学方式。学员可自主安排学习时间、选择学习内容。专业设置分两类：一类是该高校招牌专业；还有一类是就业前景良好的热门专业，特点是注重实用性，很受用人单位欢迎。

七、高考失败出路：职业培训

特点：为进入就业市场提前做好充分的准备，是就业创业的“通行证”。

适宜人群：考生应从兴趣和特长出发，审视发展的可能方向，进而选择相应的资格证培训。

提醒：大多数职业培训属于非学历教育，学员只能获得职业技能，却没有学历证书，以后报考本科、硕士、公务员等有障碍。各种职业培训资质不等，建议学生选择国家批准开办的口碑好的培训机构，并考察办学条件、师资、就业渠道等因素。

八、高考失败出路：就业

适宜人群：如果暂时还不想继续升学，又遇到了比较好的工作机会，那么，考生可以考虑先就业，或者短期内集中学习一项专业技能，并凭借自己的专业技术寻找工作岗位。

如果你对以上选择都不感兴趣，那么，走向社会这个大课堂同样能学到很多东西。例如，给别人打工或者自己做生意。先从最低层做起，等到有了资本和经验再做老板。但这需要勇气和魄力。

如果你有本钱，如果你有能力，还可以自谋生路，自己给自己当老板。

提醒：目前，高校毕业生就业形势越来越严峻，因此高中毕业生欲寻找到一份理想的工作更是难上加难。尤其是，刚刚高中毕业的学生年龄比较小、社会阅历还不太丰富，加之没有一技之长，要想在社会立足是非常不容易的。因此，高中毕业找工作一定要多方面考虑。而且，学生最好同家长共同分析、商量，找到适合自己发展的定位。如果已经下定决心要先工作，最好多方面了解社会上不同就业岗位的需求，有针对性地集中学习一些相关的职业技能，为就业做好准备。

（本节内容来自网络，文 / 叶丹）

第八章

全面认识我国的高校

01 第一节

我国高校的分类

一、我国高校分类标准

1952 年，我国按照苏联模式对全国高校进行院系调整后，建立了以专门学院为主体的高等教育体制。在这个体制下，全国的大学实行按学科分类。除少数大学保留若干个学科外，大部分大学都只有一个学科，全国的大学分为文理（也称综合）、工科、农科、林科、医药、师范、语言、财经、政法、艺术、体育、民族 12 种类型。同时，在国家创新体制方面，实行教学科研分离。高等学校只从事教学；中国科学院、中国社会科学院等科研院所专事科学研究。以当今的眼光看待当时的院系调整和教学科研分离，显然有不合理的因素。因此，1978 年改革开放后，大学逐渐向科学研究、综合性方向发展。今天，许多大学已经成为教学、科研两个中心的综合型、多科型大学。

二、目前中国高等学校的分类方法

目前，中国大陆还没有一个权威的分类方法。现将大家基本认同或使用的一些分类方法进行归纳，大致有以下几种：

（一）按学科设置特点进行分类

按学科设置特点进行分类，又有两种分法。一种按学科设置数量的多少进行分类，分为综合性、多科性（如 ×× 科技大学）、单科性（如 ×× 音乐学院、×× 体育学院）；另一种按学科设置的类别进行分类，分为综合类、理工类、文科类、医药类、农林类、师范类，再加上高职高专类。我国按学科设置特点进行分类的方法起源于 20 世纪 50 年代，至今教育主管部门所设置的行政业务管理机构或学术指导机构的划分仍主要依据此分类方法。

（二）按科研的规模和研究生的比例进行分类

按科研的规模和研究生的比例进行分类，分为研究型、研究教学型、教学研究型、教学型、专业型。广东管理科学研究院研制公布的“中国大学评价”中，确定研究型大学的标准是：将全国所有大学的科研得分，按学校得分降序排列，并从大到小依次相加，至得分累积超过全国大学科研总得分的 61.8%（优选法的 0.618）为止，各个被加到的大学是研究型大学。除去已被确定为研究型的大学，对其余院校再次使用以上方法，确定研究教学型大学，并以此类推确定教学研究型和教学型大学。

（三）按隶属关系或投资渠道进行分类

按隶属关系进行分类，可分为部委属、省（直辖市）属，现在又增加了地区级的院校。由于部委院校的调整，除教育部所属的 35 所院校外，其余的下放到地方管理，产生了市管（省级）院校的类别名称。按主要投资渠道进行分类，可分为公立、私立、民办。现阶段高等教育的大众化需要多元化的投资机制，《中华人民共和国民办教育促进法》的颁布，教育部《普通高等学校按新机制新模式举办独立二级学院管理办法》的出台，使我国产生了一种新型投资的大学模式，即股份制的大学。在这类大学中，既有国家投资，又有企业投资、私人投资。各方均有股份，与以前投资赞助只留名义的机制不再相同。

（四）按发展目标和水平进行分类

按发展目标和水平进行分类，有“世界一流”“国内一流”“985 工程”“211 工程”、重点、一般等大学的分类方法。实际上国外并不存在被普遍公认的“世界一流”大学的严格定义和衡量标准，而较具科学性的观点是：“世界一流”大学就是对人类社会做出重大贡献，并得到国际社会公认的高水平大学。以此类推，“国内一流”大学的概念应该是：对中国社会经济的发展做出重大贡献，并得到全国普遍公认的高水平大学。

（五）按建校的时间进行分类

按建校的时间进行分类，有“老校”“新建院校”的提法，“新建院校”是“文革”后建立的院校，这些提法已成为约定俗成，在报纸文章上都可以见到。

（六）按颁发文凭的系列进行分类

按颁发文凭的系列进行分类，分为普通高等院校或成人教育院校。可以颁发普通高等教育文凭的称为普通高等院校，只能颁发成人教育文凭的称为成人教育院校。

上述分类方法不是孤立的，往往是相互联系使用的。例如，“985 工程”的大学就是有可能争“世界一流”的大学，都是研究型大学；“新建本科院校”基本上是教学型和教学研究型大学。与此同时，各种分类方法往往不是被单一采用的，而经常是被联合使用的，例如，“部委属重点大学”“新建地方本科院校”等。广东管理科学研究院研制“中国大学评价”时，综合采用了第一种和第二种分类方法，提出高等院校类型的划分应由“类”和“型”两个部分组成，先按“类”后按“型”对大学进行划分。“类”反映大学的学科特点，分为综合类、理工类、文科类、医药类、农林类、师范类等；“型”反映大学的科研规模和研究生的比例，分为研究型、研究教学型、教学研究型、教学型和专业型等。

02 第二节

“985 工程”高校

1998 年 5 月 4 日，时任总书记的江泽民在北京大学建校 100 周年庆祝大会上指出：“为了实现现代化，我国要有若干所具有世界先进水平的一流大学。”他说：“这样的大学，应该是增强和造就高素质的创造性人才的摇篮，应该是认识未知世界、探求客观真理、为人类解决面临的重大课题提供科学依据的前沿，应该是知识创新、推动科学技术成果向现实生产力转化的重要力量，应该是民族优秀文化与世界先进文明成果交流借鉴的桥梁。”1998 年 12 月 24 日，教育部制定了《面向 21 世纪教育振兴行动计划》，明确提出要“创建若干所具有世界先进水平的一流大学和一批一流学科”，简称“985 工程”。

“985 工程”建设的总体思路是：以建设若干所世界一流大学和一批国际知名的高水平研究型大学为目标，建立高等学校新的管理体制和运行机制，牢牢抓住 21 世纪头 20 年的重要战略机遇期，集中资源，突出重点，体现特色，发挥优势，坚持跨越式发展，走有中国特色的建设世界一流大学之路。

全国共有 39 所 985 大学参与了排名。主要依据上海软科高考生源质量得分排名，其中排名第一的是清华大学，排名第二的是北京大学，排名第三的是中国科学技术大学。以下是全国“985 工程”大学排名的具体榜单，供大家参考。

2018 年全国“985 工程”大学排名一览表（39 所完整版）

排名	名　称	所在地	生源质量分
1	清华大学	北京	100
2	北京大学	北京	96.4
3	中国科学技术大学	安徽	92.1
4	复旦大学	上海	91.5
5	中国人民大学	北京	90.8
6	上海交通大学	上海	90.5
7	南京大学	江苏	88.4
8	同济大学	上海	87
9	浙江大学	浙江	86.3
10	南开大学	天津	85.9
11	北京航空航天大学	北京	85.4

续 表

排名	名　称	所在地	生源质量分
12	北京师范大学	北京	85.1
13	武汉大学	湖北	84.4
14	西安交通大学	陕西	83.6
15	天津大学	天津	82.5
16	华中科技大学	湖北	82.4
17	北京理工大学	北京	82.1
18	东南大学	江苏	81.8
19	中山大学	广东	81.1
20	华东师范大学	上海	79.4
21	哈尔滨工业大学	黑龙江	78.2
22	厦门大学	福建	77.9
23	西北工业大学	陕西	77.1
24	中南大学	湖南	76
25	大连理工大学	辽宁	75.8
26	四川大学	四川	75.7
27	电子科技大学	四川	75.4
28	华南理工大学	广东	74.8
29	吉林大学	吉林	74.4
30	湖南大学	湖南	74.2
31	重庆大学	重庆	73.8
32	山东大学	山东	73.4
33	中国农业大学	北京	71
34	中国海洋大学	山东	70
35	中央民族大学	北京	69.8
36	东北大学	辽宁	69
37	兰州大学	甘肃	68.7
38	西北农林科技大学	陕西	62.1
	国防科技大学	湖南	暂无

03 第三节

“211 工程”高校

“211 工程”是国务院有关综合部门联合提出的，并经党中央、国务院同意的高等教育重点建设工程。“211 工程”的含义是面向 21 世纪、重点建设 100 所左右的高等学校和一批重点学科的建设工程。是新中国成立以来由国家立项在高等教育领域进行的规模最大、层次最高的重点建设工作，是中国政府实施“科教兴国”战略的重大举措。

“211 工程”建设的目标：经过十年或者更长一点的时间，力争到 21 世纪初，有若干所高校和部分重点学科，在教育质量、科学研究和管理等方面接近或达到世界先进水平，能与国际上著名大学和较先进水平的实验室相比拟； 有一批高等学校和重点学科点的教学科研水平及条件，在原有基础上有较大的提高，在国内达到先进水平，在某些方面有一定的国际影响；根据合理布局和行业、地区发展的需要，选择一部分高等学校进行重点建设，使其教学、科研能力显著增强，达到本行业、地区的先进水平。

“211 工程”主要内容：

1．100 所左右的高等学校。选择少数水平高、各个行业和领域的带头学校，作为重点建设子项目，使之成为解决本行业、本领域、本地区重大科学技术问题和培养所需高层次专门人才的基地。

2．一批重点学科点。在已经评定的 416 个重点学科点、国家级重点实验室和工程研究中心的基础上，形成一批具有优势的学科群体。

3．高等教育公共服务体系。主要包括各个学科的文献资源合理布局和科技情报保障体系；高层次教育管理信息和咨询服务系统；大型、精密仪器设备的合理配置和设备共用、资源共享的实验体系；与国际有关系统、网络接轨等。

全国共有 116 所“211 大学”参与了排名，其中排名第一的是清华大学，排名第二的是北京大学，排名第三的是中国科学技术大学；排名前 10 的有复旦大学、中国人民大学、上海交通大学、南京大学、同济大学、浙江大学、上海财经大学。以下是“211 大学”排名的具体榜单：

排名	名　称	所在地	生源质量分
1	清华大学	北京	100
2	北京大学	北京	96.4
3	中国科学技术大学	安徽	92.1
4	复旦大学	上海	91.5
5	中国人民大学	北京	90.8
6	上海交通大学	上海	90.5
7	南京大学	江苏	88.4

续 表

排名	名　称	所在地	生源质量分
8	同济大学	上海	87
9	浙江大学	浙江	86.3
10	上海财经大学	上海	86.2
11	南开大学	天津	85.9
12	北京航空航天大学	北京	85.4
13	中央财经大学	北京	85.2
14	北京师范大学	北京	85.1
15	武汉大学	湖北	84.4
16	对外经济贸易大学	北京	84.2
17	西安交通大学	陕西	83.6
18	天津大学	天津	82.5
19	华中科技大学	湖北	82.4
20	北京理工大学	北京	82.1
21	东南大学	江苏	81.8
22	北京外国语大学	北京	81.8
23	中山大学	广东	81.1
24	中国政法大学	北京	80.8
25	华东师范大学	上海	79.4
26	哈尔滨工业大学	黑龙江	78.2
27	北京邮电大学	北京	78.2
28	厦门大学	福建	77.9
29	上海外国语大学	上海	77.5
30	西北工业大学	陕西	77.1
31	西南财经大学	四川	76.6
32	中南大学	湖南	76
33	大连理工大学	辽宁	75.8
34	中国传媒大学	北京	75.8
35	四川大学	四川	75.7
36	电子科技大学	四川	75.4
37	中南财经政法大学	湖北	75.1
38	华南理工大学	广东	74.8
39	吉林大学	吉林	74.4
40	南京航空航天大学	江苏	74.4
41	湖南大学	湖南	74.2
42	重庆大学	重庆	73.8
43	北京科技大学	北京	73.8
44	北京交通大学	北京	73.5

续 表

排名	名　　称	所在地	生源质量分
45	山东大学	山东	73.4
46	华东理工大学	上海	72.9
47	西安电子科技大学	陕西	72.2
48	天津医科大学	天津	72.1
49	南京理工大学	江苏	71.8
50	中国农业大学	北京	71
51	华中师范大学	湖北	70.2
52	中国海洋大学	山东	70
53	哈尔滨工程大学	黑龙江	69.8
54	中央民族大学	北京	69.8
55	华北电力大学	北京	69.7
56	北京中医药大学	北京	69.7
57	暨南大学	广东	69.6
58	苏州大学	江苏	69.5
59	武汉理工大学	湖北	69.4
60	东北大学	辽宁	69
61	兰州大学	甘肃	68.7
62	中国药科大学	江苏	68.4
63	东华大学	上海	68.2
64	河海大学	江苏	68.1
65	北京林业大学	北京	68
66	河北工业大学	河北	67.9
67	北京工业大学	北京	67.3
68	江南大学	江苏	67.2
69	北京化工大学	北京	67.1
70	西南交通大学	四川	66.8
71	上海大学	上海	66.7
72	南京师范大学	江苏	66.4
73	中国地质大学（武汉）	湖北	65.3
74	中国地质大学（北京）	北京	65.1
75	西北大学	陕西	64.6
76	东北师范大学	吉林	64.5
77	长安大学	陕西	64.4
78	中国矿业大学（北京）	北京	64
79	华中农业大学	湖北	63.7
80	合肥工业大学	安徽	63.7
81	广西大学	广西	63.5

续 表

排名	名　　称	所在地	生源质量分
82	中国石油大学（华东）	山东	63.3
83	陕西师范大学	陕西	63.3
84	南京农业大学	江苏	63
85	湖南师范大学	湖南	62.8
86	福州大学	福建	62.6
87	大连海事大学	辽宁	62.3
88	西北农林科技大学	陕西	62.1
89	西南大学	重庆	61.1
90	中国矿业大学	江苏	61
91	云南大学	云南	60.3
92	太原理工大学	山西	60.3
93	华南师范大学	广东	60
94	北京体育大学	北京	60
95	中国石油大学（北京）	北京	59.5
96	安徽大学	安徽	59.2
97	东北林业大学	黑龙江	58.2
98	东北农业大学	黑龙江	58
99	辽宁大学	辽宁	57.9
100	南昌大学	江西	52.4
101	延边大学	吉林	51.7
102	内蒙古大学	内蒙古	50.9
103	四川农业大学	四川	50.7
104	海南大学	海南	49.9
105	贵州大学	贵州	47.4
106	郑州大学	河南	46.6
107	新疆大学	新疆	44.2
108	宁夏大学	宁夏	42.7
109	石河子大学	新疆	40.6
110	青海大学	青海	36.9
暂无	国防科技大学	湖南	
暂无	中央音乐学院	北京	
暂无	第二军医大学	上海	
暂无	第四军医大学	陕西	
暂无	华北电力大学（保定）	河北	
暂无	西藏大学	西藏	

04 第四节

“双一流”高校

世界一流大学和一流学科建设，简称“双一流”。建设世界一流大学和一流学科，是中国共产党中央委员会、中华人民共和国国务院做出的重大战略决策，亦是中国高等教育领域继“211工程”“985工程”之后的又一国家战略。有利于提升中国高等教育综合实力和国际竞争力，为实现“两个一百年”奋斗目标和中华民族伟大复兴的中国梦提供有力支撑。

2015年8月18日，中央全面深化改革领导小组会议审议通过《统筹推进世界一流大学和一流学科建设总体方案》，对新时期高等教育重点建设做出新部署，将“211工程”“985工程”及“优势学科创新平台”等重点建设项目，统一纳入世界一流大学和一流学科建设，并于同年11月由国务院印发，决定统筹推进建设世界一流大学和一流学科；2017年1月，经国务院同意，教育部、财政部、国家发展和改革委员会印发《统筹推进世界一流大学和一流学科建设实施办法（暂行）》。

2017年9月21日，教育部、财政部、国家发展改革委联合发布《关于公布世界一流大学和一流学科建设高校及建设学科名单的通知》，正式确认公布世界一流大学和一流学科建设高校及建设学科名单。首批双一流建设高校共计137所，其中世界一流大学建设高校42所（A类36所，B类6所），世界一流学科建设高校95所；双一流建设学科共计465个（其中自定学科44个）（详见“附录二”）。

2017年10月18日，习近平在党的十九大报告中指出，要加快一流大学和一流学科建设。

“双一流”大学的指导思想是：高举中国特色社会主义伟大旗帜，以邓小平理论、“三个代表”重要思想、科学发展观为指导，认真落实党的十八大和十八届二中、三中、四中全会精神，深入贯彻习近平总书记系列重要讲话精神，按照“四个全面”战略布局和党中央、国务院决策部署，坚持以中国特色、世界一流为核心，以立德树人为根本，以支撑创新驱动发展战略、服务经济社会发展为导向，加快建成一批世界一流大学和一流学科，提升我国高等教育综合实力和国际竞争力，为实现“两个一百年”奋斗目标和中华民族伟大复兴的中国梦提供有力支撑。

坚持中国特色、世界一流，就是要全面贯彻党的教育方针，坚持社会主义办学方向，加强党对高校的领导，扎根中国大地，遵循教育规律，创造性地传承中华民族优秀传统文化，积极探索中国特色的世界一流大学和一流学科建设之路，努力成为世界高等教育改革发展的参与者和推动者，培养中国特色社会主义事业建设者和接班人，更好地为社会主义现代化建设服务、为人民服务。

“双一流”大学总体目标是：推动一批高水平大学和学科进入世界一流行列或前列，加快高等教育治理体系和治理能力现代化，提高高等学校人才培养、科学研究、社会服务和文化传承创新水平，使之成为知识发现和科技创新的重要力量、先进思想和优秀文化的重要源泉、培养各类高素质优秀人才的重要基地，在支撑国家创新驱动发展战略、服务经济社会发展、弘扬中华优秀传统文化、培育和践行社会主义核心价值观、促进高等教育内涵发展等方面发挥重大作用。

到 2020 年，若干所大学和一批学科进入世界一流行列，若干学科进入世界一流学科前列。

到 2030 年，更多的大学和学科进入世界一流行列，若干所大学进入世界一流大学前列，一批学科进入世界一流学科前列，高等教育整体实力显著提升。

到 21 世纪中叶，一流大学和一流学科的数量和实力进入世界前列，基本建成高等教育强国。

05 第五节

中央部属高校

国务院部门（单位）直属高等学校，简称“中央部属高校”。是指国务院组成部门及其直属机构在全国范围内直属管理一批高等院校。目的是在探索改革上先走一步，在提高教学、科研和服务社会方面发挥示范作用。我国高校分为中央部属高校和地方省属高校。经过全国高校管理体制的调整，将实力较强、学科特色鲜明的高校划归教育部直属管理。

“全国重点大学”的由来要追溯到20世纪50～60年代。1959年，当时国家下发的有关文件中将北京大学、清华大学、中国科技大学、中国人民大学等20所高校确定为全国重点大学。1960年，又增加了44所大学为全国重点大学。1978年，国务院确定北京大学、清华大学等88所大学为全国重点大学。20世纪末，经过高校管理体制的调整，我国高校形成了中央和省级政府两级管理，以省级政府统筹管理为主的新体制。少数关系国家发展全局的高校以及行业特殊性强的高校继续由国务院委托教育部、工信部和其他少数部门管理，多数高校由地方管理或以地方管理为主。重点大学的提法目前不再使用全国名单。中央部属高校名单如下表：

中国科学院直属高等学校（2所）	
北京市（1所）	中国科学院大学（国科大）
安徽省（1所）	中国科学技术大学
教育部直属高等学校（75所）	
北京市（24所）	北京大学
	中国人民大学
	清华大学
	中央音乐学院
	中央戏剧学院
	中央美术学院
	北京林业大学
	北京交通大学
	北京外国语大学
	中国政法大学
	中国传媒大学
	北京中医药大学
	北京语言大学
	北京师范大学
	对外经济贸易大学
	北京化工大学

	北京邮电大学
	中国地质大学（北京）
	华北电力大学
	中央财经大学
	中国矿业大学（北京）
	中国农业大学
	北京科技大学
	中国石油大学（北京）
天津市（2 所）	南开大学
	天津大学
上海市（8 所）	复旦大学
	上海交通大学
	同济大学
	上海财经大学
	华东理工大学
	东华大学
	上海外国语大学
	华东师范大学
江苏省（7 所）	南京农业大学
	中国矿业大学
	东南大学
	河海大学
	中国药科大学
	江南大学
	南京大学
湖北省（7 所）	武汉大学
	华中师范大学
	华中农业大学
	中南财经政法大学
	武汉理工大学
	华中科技大学
	中国地质大学（武汉）
陕西省（5 所）	长安大学
	西安交通大学
	西北农林科技大学
	陕西师范大学
	西安电子科技大学
四川省（4 所）	四川大学
	西南交通大学
	电子科技大学
	西南财经大学

续 表

山东省（3所）	山东大学
	中国海洋大学
	中国石油大学（华东）
吉林省（2所）	吉林大学
	东北师范大学
广东省（2所）	中山大学
	华南理工大学
辽宁省（2所）	东北大学
	大连理工大学
湖南省（2所）	中南大学
	湖南大学
重庆市（2所）	重庆大学
	西南大学
黑龙江（1所）	东北林业大学
安徽省（1所）	合肥工业大学
浙江省（1所）	浙江大学
甘肃省（1所）	兰州大学
福建省（1所）	厦门大学
国务院侨务办公室直属高等学校（2所）	
福建省（1所）	华侨大学
广东省（1所）	暨南大学
工业和信息化部直属高等学校（7所）	
北京市（2所）	北京理工大学
	北京航空航天大学
江苏省（2所）	南京理工大学
	南京航空航天大学
黑龙江（2所）	哈尔滨工业大学
	哈尔滨工程大学
陕西省（1所）	西北工业大学
中央军事委员会直属高等学校（2所）	
北京市（1所）	国防大学
长沙市（1所）	国防科学技术大学
国家民族事务委员会直属高等学校（6所）	
北京市（1所）	中央民族大学
湖北省（1所）	中南民族大学
四川省（1所）	西南民族大学
甘肃省（1所）	西北民族大学
宁夏区（1所）	北方民族大学
辽宁省（1所）	大连民族学院
公安部直属高等学校（5所）	
北京市（1所）	中国人民公安大学
辽宁省（1所）	中国刑事警察学院
河北省（1所）	中国人民武装警察部队学院（现役）

河南省（1所）	铁道警察学院
浙江省（1所）	公安海警学院（现役）
交通运输部直属高等学校（1所）	
辽宁省（1所）	大连海事大学
共青团中央委员会直属高等学校（1所）	
北京市（1所）	中国青年政治学院
外交部直属高等学校（1所）	
北京市（1所）	外交学院
司法部直属高等学校（1所）	
河北省（1所）	中央司法警官学院
国家卫生健康委员会直属高等学校（1所）	
北京市（1所）	北京协和医学院
国家体育总局直属高等学校（1所）	
北京市（1所）	北京体育大学
中共中央办公厅直属高等学校（1所）	
北京市（1所）	北京电子科技学院
中华全国总工会直属高等学校（1所）	
北京市（1所）	中国劳动关系学院
中华妇女联合会直属高等学校（1所）	
北京市（1所）	中华女子学院
中国民用航空总局直属高等学校（3所）	
天津市（1所）	中国民航大学
四川省（1所）	中国民用航空飞行学院
广东省（1所）	广州民航职业技术学院
国家煤矿安全监察局直属高等学校（1所）	
河北省（1所）	华北科技学院
中国地震局直属高等学校（1所）	
河北省（1所）	防灾科技学院
中国海关总署直属高等学校（1所）	
上海市（1所）	上海海关学院
国家林业局直属高等学校（1所）	
江苏省（1所）	南京森林警察学院

06 第六节

行业高认可度的高校

一、石油行业	中国石油大学（北京）、中国石油大学（华东）、西南石油大学（四川成都）、西安石油大学、北京石油化工学院、大庆石油学院、辽宁石油化工大学（原抚顺石油学院）、武汉工程大学（原武汉石油化工学院）、长江大学（原江汉石油学院）、江苏石油化工学院、兰州理工大学（兰州石油化工学院）、承德石油高等专科学校、辽河石油职业技术学院等
二、冶金钢铁行业	北京科技大学（原北京钢铁学院）、辽宁科技大学（鞍山钢铁学院）、中南大学、内蒙古科技大学（包头钢铁学院）、武汉科技大学（武汉钢铁学院）、安徽工业大学（马鞍山钢铁学院）、东北大学、西安建筑科技大学（原西安冶金建筑学院）、上海大学、昆明理工大学、江西理工大学（原南方冶金学院）、桂林理工大学（桂林冶金地质学院）等
三、机械制造行业	清华大学、大连理工大学、哈尔滨工业大学、上海交通大学、华中科技大学、西安交通大学、北京理工大学、浙江大学、上海大学、国防科技大学、北京科技大学、东北大学、燕山大学（秦皇岛）、中南大学（长沙）、重庆大学、吉林大学、西南交通大学、南京工程学院、广西工学院、西安理工大学、太原科技大学、兰州理工大学、重庆理工大学、武汉理工大学、湖北理工大学、四川工程职业技术学院等
四、铁道运输行业	北京交通大学（原北方交通大学）、西南交通大学、大连交通大学（原大连铁道学院）、兰州交通大学（兰州铁道学院）、石家庄铁道学院、中南大学（含原长沙铁道学院）、同济大学、华东交通大学（原上海铁道学院，现在江西南昌）、郑州铁路职业技术学院、湖南铁道职业技术学院（湖南株洲）、苏州科技学院（含原苏州铁道师范学院）、南京铁道职业技术学院等
五、公路汽车运输行业	长安大学（含原西安公路学院）、重庆交通大学、山东交通大学、长沙理工大学（原长沙交通学院）、武汉理工大学（含原武汉汽车工业大学）、湖北理工大学（含原湖北汽车工业学院，在湖北十堰）黑龙江工程学院（交通、测绘、地质等高专合并）
六、船舶工程行业	大连理工大学、哈尔滨工程大学（哈尔滨船舶工程大学）、上海交通大学、武汉理工大学、大连海事大学、西北工业大学、江苏科技大学（原华东船舶工业学院现在江苏镇江）
七、航空航天行业	北京航空航天大学、南京航空航天大学、哈尔滨工业大学、西北工业大学、清华大学、厦门大学、中国民航大学、广汉民航飞行学院、郑州航空工业管理学院、成都航空职业技术学院、长沙航空职业技术学院、张家界航空职业技术学院、广州民航职业技术学院、华北航天工业学院、重庆航天职业技术学院、四川航天职业技术学院、贵州航天职业技术学院、桂林航天高等专科学校等

续 表

八、电力行业	华北电力大学、东北电力大学、上海电力学院、长沙理工大学（含原长沙电力学院）、重庆电力高专、郑州电力高专、太原电力高专、西安电力高专、山东电力高专、沈阳工程学院（沈阳电力高专、辽宁商务职业高专合并）、北京电力高专、长沙电力职业技术学院、南京工程学院（含原南京电力高专）、江西电力职业技术学院、四川电力职业技术学院、广西电力职业技术学院、福建电力职业技术学院等
九、水利水电行业	清华大学、武汉大学（含原武汉水电学院）、河海大学、四川大学、黄河水利职业技术学院、华北水利水电学院、合肥工业大学、南昌工程学院（含南昌水电高专）、浙江水利水电高专、广东水利电力职业技术学院、广西水利电力职业技术学院、福建水利电力职业技术学院、长春工程学院（土木、测量、水利电力高专合并）等
十、工程师范类	天津工程师院学院、吉林工程技术师范学院、河北科技师范学院、江西科技师范学院、广东科技师范学院、江苏技术师范学院、安徽科技学院（原安徽农业技术师范学院）
十一、地矿行业	中国地质大学（武汉、北京）、中国矿业大学（北京、徐州）、成都理工大学（原成都地质学院）、石家庄经济学院（原河北地质学院）、西安科技大学（原西安矿业学院）、东华理工大学（华东地质学院）、吉林大学（含原长春地质学院）、长安大学（含原西安地质学院）、合肥工业大学（合肥矿业学院）等
十二、建筑行业	清华大学、同济大学、天津大学、东南大学、华南理工大学、重庆大学、哈尔滨工业大学、西安建筑科技大学、沈阳建筑大学、深圳大学、浙江大学、湖南大学、大连理工大学、南京大学、华中科技大学、上海交通大学
十三、外语类	北京外国语大学、上海外国语大学、北京语言大学、西安外语学院、四川外语学院、北京第二外国语大学、天津外国语大学、大连外国语大学、广东外语外贸大学、吉林华侨外语学院、黑龙江大学、大连民族大学、延边大学、广西民族大学（东盟小语种）、云南民族大学（东盟小语种）等
十四、财经金融类	上海财经大学、中央财经大学、西南财经大学、中南财经政法大学、东北财经大学、北京工商大学、南京财经大学、天津财经大学、天津商业大学、上海金融学院、上海商学院、浙江工商大学（杭州商学院）、广东财经大学、广东金融学院、山西财经大学、吉林财经大学（长春税务学院）、山东财经大学、山东工商学院、江西财经大学、安徽财经大学、湖南商学院、重庆工商大学（重庆商学院）、兰州商学院、云南财经大学、贵州财经大学、河南财经学院等
十五、体育类	北京体育大学、上海体育学院、天津体育学院、广州体育学院、武汉体育学院、成都体育学院、西安体育学院

07 第七节

国家示范性高职院校

国家示范性高等职业院校建设计划是为了提升高等职业院校的办学水平。中华人民共和国教育部启动了被称为“高职211”的“百所示范性高等职业院校建设工程”。

国家在“十一五”期间安排了20亿元重点支持100所高水平示范院校建设。被列为“国家示范性高等职业院校建设计划”的院校，除了领导能力领先、综合水平领先、教育教学改革领先、专业建设领先、社会服务领先，具有良好的建设环境外，还要求在人才培养模式、实验实训基地建设、师资队伍建设、课程体系与教学内容改革等方面取得实质性突破，做发展的模范，改革的模范、管理的模范、带动全国高等职业院校深化改革，提升中国高等职业教育的整体水平，引领国家健康持续发展。国家示范性高等职业院校名单（100所）如下表：

北京（4所）	北京工业职业技术学院
	北京电子科技职业学院
	北京农业职业学院
	北京财贸职业学院
上海（4所）	上海医药高等专科学校
	上海公安高等专科学校
	上海工艺美术职业学院
	上海旅游高等专科学校
天津（4所）	天津职业大学
	天津中德职业技术学院
	天津医学高等专科学校
	天津电子信息职业技术学院
重庆（3所）	重庆工业职业技术学院
	重庆工程职业技术学院
	重庆电子工程职业学院
河北（4所）	邢台职业技术学院
	承德石油高等专科学校
	石家庄铁路职业技术学院
	河北工业职业技术学院
山西（2所）	山西省财政税务专科学校
	山西工程职业技术学院
内蒙古（2所）	内蒙古建筑职业技术学院
	包头职业技术学院

辽宁（4所）	辽宁省交通高等专科学校
	沈阳职业技术学院
	大连职业技术学院
	辽宁农业职业技术学院
吉林（3所）	长春汽车工业高等专科学校
	长春职业技术学院
	吉林工业职业技术学院
黑龙江（5所）	黑龙江职业学院
	黑龙江农业工程职业学院
	黑龙江农业经济职业学院
	大庆职业学院
	黑龙江建筑职业技术学院
江苏（7所）	南京工业职业技术学院
	无锡职业技术学院
	江苏农林职业技术学院
	常州信息职业技术学院
	苏州工业园区职业技术学院
	南通纺织职业技术学院
	徐州建筑职业技术学院
浙江（6所）	宁波职业技术学院
	浙江金融职业学院
	浙江机电职业技术学院
	温州职业技术学院
	金华职业技术学院
	浙江警官职业学院
安徽（4所）	芜湖职业技术学院
	安徽水利水电职业技术学院
	安徽职业技术学院
	安徽机电职业技术学院
福建（2所）	福建船政交通职业学院
	漳州职业技术学院
江西（1所）	九江职业技术学院
山东（6所）	青岛职业技术学院
	威海职业学院
	山东商业职业技术学院
	淄博职业学院
	日照职业技术学院
	山东科技职业学院
河南（4所）	黄河水利职业技术学院
	平顶山工业职业技术学院
	商丘职业技术学院
	河南职业技术学院

续 表

湖北（4所）	武汉职业技术学院
	武汉船舶职业技术学院
	湖北职业技术学院
	武汉铁路职业技术学院
湖南（5所）	长沙民政职业技术学院
	湖南铁道职业技术学院
	永州职业技术学院
	湖南交通职业技术学院
	湖南工业职业技术学院
广东（5所）	广州番禺职业技术学院
	深圳职业技术学院
	广州民航职业技术学院
	广东轻工职业技术学院
	广东科学技术职业学院
广西（2所）	南宁职业技术学院
	柳州职业技术学院
四川（6所）	成都航空职业技术学院
	四川工程职业技术学院
	四川交通职业技术学院
	四川建筑职业技术学院
	绵阳职业技术学院
	四川电力职业技术学院
云南（2所）	云南交通职业技术学院
	昆明冶金高等专科学校
贵州（1所）	贵州交通职业技术学院
陕西（3所）	杨凌职业技术学院
	西安航空职业技术学院
	陕西工业职业技术学院
甘肃（3所）	兰州石化职业技术学院
	甘肃林业职业技术学院
	武威职业学院
新疆（3所）	新疆农业职业技术学院
	克拉玛依职业技术学院
	新疆石河子职业技术学院
海南（1所）	海南职业技术学院
宁夏（2所）	宁夏职业技术学院
	宁夏财经职业技术学院
青海（1所）	青海畜牧兽医职业技术学院
西藏（1所）	西藏职业技术学院

08 第八节

公办、民办及独立院校

公办大学，指以国家政府或地方政府资助创立维持的大学。

民办大学，由企业事业组织、社会团体及其他组织和公民个人利用非国家财政性教育经费，面向社会举办的高等学校。

独立学院，是实施本科以上学历教育的普通高等学校与国家机构以外的社会组织或者个人合伙，利用非国家财政性经费举办的实施本科学历教育的高等学校，属于民办性质。

这三者最直接、最显而易见的区别，就是学费的区别。这是因为三者办学资金来源不同。

翻开招生计划本，一般情况下（特殊院校、专业除外）公办本科学费在 4 000 ～ 8 000 元 / 年，民办大学学费在 16 000 ～ 25 000 元 / 年，独立学院学费在 16 000 ～ 25 000 元 / 年。

一、办学主体

独立学院的举办方是普通高校与社会合作办学，因此独立学院一般是设在某个大学的名下。例如，厦门大学嘉庚学院、福建农林大学金山学院等。这些学院，可能和挂名的大学同在一个校园，也可能有师资等方面的共享和交流。

不过独立学院依然实施相对独立的教学组织和管理，独立进行招生，独立颁发学历证书，独立进行财务核算，具有独立法人资格，能够独立承担民事责任。

需要注意的是，有一些独立学院和母体没有多大联系，大家需要多方考察。

民办大学则有自己的校名，自己组织机构，自己的师资，自己的校园，自己独立颁发毕业证书。

二、办学层次

独立学院是实施本科以上学历教育的普通高等学校与国家机构以外的社会组织或者个人合伙创立的。因此独立学院一定是本科，而民办高校中专、本科都有。

三、学历证书

独立学院和民办院校的毕业生都可以获得国家承认的学历证书，毕业证书可以在中国高等教育学生信息网上查询。

独立学院毕业证书上加盖的是某某大学某某学院印章，而学校本部学生的毕业证书只盖有学校校名印章。例如，厦门大学嘉庚学院的毕业证书加印的是“厦门大学嘉庚学院”的印章，区别于本部的“厦门大学”的印章。

民办大学的毕业证加盖的就是学校校名的印章。

四、民办高校与独立学院的误区

误区 1：民办高校、独立学院教学实力一定不如公办高校。

现在已经有部分实力较强的民办高校取得了硕士研究生招生资格，例如，北京城市学院、西京学院、吉林华桥外国语学院、河北传媒学院、黑龙江东方学院等民办高校通过教育部审批，正式获得研究生招生资格。

还有一些独立学院的录取分数超过了公办院校，例如，燕山大学里仁学院、厦门大学嘉庚学院、集美大学诚毅学院等。

误区 2：独立学院比民办的高校好。

很多考生、家长认为独立学院最起码有公办学校的背景，师资、管理要比纯民办的高校好。以前可以这么认为，但是现在真的不行了，很多独立学院只是有一个公办院校的牌子，师资可能是自己招聘的。

误区 3：民办院校比公办院校好录取。

很多民办院校的录取分数并不比公办院校的低，甚至还要高。很多公办的老二本学校，因为地理位置不够好，或者开设的专业不够热门，在合并本二、本三录取批次后，分数线已经有所下降。

不管是报考独立学院还是民办大学都需要进行严格的考察。需要在学校办学设施和教学环境、是否获得教育部办学批准、学校特色专业及往年就业率、学费是否在承受范围内等方面做深入调查。

做一做

你心仪的第一所大学：________________________________

喜欢她的理由：________________________________

____

你心仪的第二所大学：________________________________

喜欢她的理由：________________________________

____

你心仪的第三所大学：________________________________

喜欢她的理由：________________________________

____

第九章
深入了解大学专业

- 第一节　大学专业分类与专业介绍
- 第二节　名牌大学的名牌专业
- 第三节　各地区高校的优势专业
- 第四节　拥有“独一无二”特色专业的 9 所高校
- 第五节　最容易混淆的 18 种专业
- 第六节　容易望文生义的专业

什么是专业？科学地讲，专业是指根据学科和社会需要分门别类地进行高深的专门知识教与学活动的基本单位。按专业设置组织教学、进行专业训练、培养专门人才是现代高等教育的重要特点之一。高等教育是专业性教育，是按照不同的学科门类设置不同的专业。大学中“专业”的界定，通常指高校根据社会分工需要所分成的学科门类，它们编有独立的教学计划，体现本专业的培养目标和规划。

上大学是高中生最关心、最重要的一个目标。而上大学就不可避免地要面临选择专业的问题。专业的选择关乎学生在进入大学后是否学到喜欢的专业，能否顺利圆满地达到学业要求，进而影响学生在毕业后的职业发展。因而，我们必须在进入大学之前，先对大学的专业设置有一定程度的了解。这样才能选择最适合自己的专业，才能为自己的职业发展和人生发展奠定良好的基础。

01 第一节

大学专业分类与专业介绍

中国大学共有 13 个学科，92 个大学专业类，506 个大学专业。13 个学科分别是：哲学、经济学、法学、教育学、文学、历史学、理学、工学、农学、医学、军事学、管理学、艺术学。哲学门类下设专业类 1 个，4 种专业；经济学门类下设专业类 4 个，17 种专业；法学门类下设专业类 6 个，32 种专业；教育学门类下设专业类 2 个，16 种专业；文学门类下设专业类 3 个，76 种专业；历史学门类下设专业类 1 个，6 种专业；理学门类下设专业类 12 个，36 种专业；工学门类下设专业类 31 个，169 种专业；农学门类下设专业类 7 个，27 种专业；医学门类下设专业类 11 个，44 种专业；管理学门类下设专业类 9 个，46 种专业；艺术学门类下设专业类 5 个，33 种专业。

大学专业的具体内容，包括专业的培养目标、培养要求、课程设置、修业年限、证书授予、就业方向等。这是认识大学专业最重要的方面。

部分本科专业介绍举例：

一、国际经济与贸易

培养目标：本专业培养的学生应较系统地掌握马克思主义经济学基本原理和国际经济、国际贸易的基本理论，掌握国际贸易的基本知识与基本技能，了解当代国际经济贸易的发展现状，熟悉通行的国际贸易规则和惯例，以及中国对外贸易的政策法规，了解主要国家与地区的社会经济情况，能在涉外经济贸易部门、外资企业及政府机构从事实际业务、管理、调研和宣传策划工作的高级专门人才。

培养要求：本专业学生主要学习马克思主义经济学和国际经济、国际贸易的基本理论基础知识，受到经济学、管理学的基本训练，具有理论分析和实务操作的基本能力。

毕业生应获得以下方面的知识和能力：

1．掌握马克思主义经济学基本理论和方法。

2．掌握西方经济学、国际经济学的理论和方法。

3．能运用计量、统计、会计方法进行分析和研究。

4．了解主要国家和地区的经济发展状况及其贸易政策。

5．了解国际经济学、国际贸易理论发展的动态。

6．能够熟练地掌握一门外语，具有听、说、读、写、译的基本能力，能利用计算机从事涉外经济工作。

主干学科：经济学、统计学。

主要课程：政治经济学、西方经济学、国际经济学、计量经济学、世界经济概论、国际贸易理论与实务、国际金融、国际结算、货币银行学、财政学、会计学、统计学。

主要实践性教学环节：包括社会调查和专业实习等，一般安排6周。

修业年限：四年。

授予学位：经济学学士。

二、工业设计

培养目标：本专业培养具备工业设计的基础理论、知识与应用能力，能在企事业单位、专业设计部门、科研单位从事工业产品造型设计、视觉传达设计、环境设计和教学、科研工作的应用型高级专门人才。

培养要求：本专业学生主要学习工业设计的基础理论与知识，具有应用造型设计原理和法则处理各种产品的造型与色彩、形式与外观、结构与功能、结构与材料、外形与工艺、产品与人、产品与环境、市场的关系，并将这些关系统一表现在产品的造型设计的基本能力。

毕业生应获得以下方面的知识和能力：

1．具有较扎实的自然科学基础，较好的人文、艺术和社会科学基础及正确运用本国语言、文字的表达能力。

2．较系统地掌握本专业领域宽广的技术理论基础知识，主要包括工业设计工程基础、设计表现基础、设计基础、设计理论、人机工程、设计材料及加工、计算机辅助设计、市场经济及企业管理等基础知识。

3．具有新产品的研究与开发的初步能力，有较强的实验技能、动手能力，美的鉴赏与创造能力，以及较强的计算机和外语应用能力。

4．具有较强的自学能力和较高的综合素质。

主干学科：机械工程、艺术学。

主要课程：力学、电工学、机械设计基础、工业美术、造型设计基础、工程材料、人机工程学、心理学、计算机辅助设计、视觉传达设计、环境设计。

主要实践性教学环节：包括军训，金工、电工、电子实习，认识实习，生产实习，社会实践，课程设计，毕业设计（论文）等，一般应安排40周以上。

修业年限：四年。

授予学位：工学或文学学士。

三、信息与计算科学

培养目标：本专业培养具有良好的数学知识，掌握信息科学和计算科学的基本理论和方法，受到科学研究的初步训练，能运用所学知识和熟练的计算机技能解决实际问题，能在科技、教育和经济部门从事研究、教学和应用开发和管理工作的高级专门人才。

培养要求：本专业学生主要学习信息科学和计算科学的基本理论、基本知识和基本方法，打好数学基础，受到较扎实的计算机训练，初步具备在信息科学与计算科学领域从事科学研究、解决实际问题及设计开发有关软件的能力。

毕业生应获得以下方面的知识和能力：

1．具有扎实的数学基础，掌握信息科学和计算科学的基本理论和基本知识。

2．能熟练使用计算机（包括常用语言、工具及一些专用软件），具有基本的算法分析、设计能力和较强的编程能力。

3．了解某个应用领域，能运用所学的理论、方法和技能解决某些科研或生产中的实际课题。

4．对信息科学与计算科学理论、技术及应用的新发展有所了解。

5．掌握文献检索、资料查询的基本方法，具有一定的科学研究和软件开发能力。

主干学科：数学、计算机科学与技术。

主要课程：数学基础课（分析、代数、几何）、概率统计、数学模型、物理学、计算机基础（计算概论、算法与数据结构、软件系统基础）、信息科学基础、理论计算机科学基础、数值计算方法、计算机图形学、运筹与优化等。

主要实践性教学环节：包括生产实习，科研训练，毕业论文（毕业设计）等，一般安排10～20周。

修业年限：四年。

授予学位：理学学士。

四、应用化学

培养目标：本专业培养具备化学的基本理论、基本知识相较强的实验技能，能在科研机构、高等学校及企事业单位等从事科学研究、教学工作及管理工作的高级专门人才。

培养要求：本专业学生主要学习化学方面的基础知识、基本理论、基本技能以及相关的工程技术知识，受到基础研究和应用基础研究方面的科学思维和科学实验训练，具有较好的科学素养，具备运用所学知识和实验技能进行应用研究、技术开发和科技管理的基本技能。

毕业生应获得以下方面的知识和能力：

1．掌握数学、物理等方面的基本理论和基本知识。

2．掌握无机化学、分析化学（含仪器分析）、有机化学、物理化学（含结构化学）、化学工程及化工制图的基础知识、基本原理和基本实验技能。

3．了解相近专业的一般原理和知识。

4．了解国家关于科学技术、化学相关产品、知识产权等方面的政策、法规。

5．了解化学的理论前沿、应用前景、最新发展动态，以及化学相关产业发展状况。

6．掌握中外文资料查询、文献检索及运用现代信息技术获取相关信息的基本方法；具有一定的实验设计，创造实验条件，归纳、整理、分析实验结果，撰写论文，参与学术交流的能力。

主干学科：化学。

主要课程：无机化学、分析化学（含仪器分析）、有机化学、物理化学（含结构化学）、化学工程基础及化工制图。

主要实践性教学环节：包括生产实习、毕业论文等，一般安排10～20周。

修业年限：四年。

授予学位：理学或工学学士。

五、电子信息工程

培养目标：本专业培养具备电子技术和信息系统的基础知识，能从事各类电子设备和信息系统的研究、设计、制造、应用和开发的高等工程技术人才。

培养要求：本专业是一个电子和信息工程方面的较宽口径专业。本专业学生主要学习信号的获取与处理、电厂设备信息系统等方面的专业知识，受到电子与信息工程实践的基本训练，具备设计、开发、应用和集成电子设备和信息系统的基本能力。

毕业生应获得以下方面的知识和能力：

1．较系统地掌握本专业领域宽广的技术基础理论知识，适应电子和信息工程方面广泛的工作范围。

2．掌握电子电路的基本理论和实验技术，具备分析和设计电子设备的基本能力。

3．掌握信息获取、处理的基本理论和应用的一般方法，具有设计、集成、应用及计算机模拟信息系统的基本能力。

4．了解信息产业的基本方针、政策和法规，了解企业管理的基本知识。

5．了解电子设备和信息系统的理论前沿，具有研究、开发新系统和新技术的初步能力。

6．掌握文献检索、资料查询的基本方法，具有一定的科学研究和实际工作能力。

主干学科：电子科学与技术、信息与通信工程、计算机科学与技术。

主要课程：电路理论系列课程、计算机技术系列课程、信息理论与编码、信号与系统、数字信号处理、电磁场理论、自动控制原理、感测技术等。

主要实践性教学环节：包括课程实验、计算机上机训练、课程设计、生产实习、毕业设计等，一般要求实践教学环节不少于30周。

修业年限：四年。

授予学位：工学学士。

六、机械设计制造及其自动化

培养目标：本专业培养具备机械设计制造基础知识与应用能力，能在工业生产第一线从事机械制造领域内的设计制造、科技开发、应用研究、运行管理和经营销售等方面工作的高级工程技术人才。

培养要求：本专业学生主要学习机械设计与制造的基础理论，学习微电子技术、计算机技术和信息处理技术的基本知识，受到现代机械工程师的基本训练，具有进行机械产品设计、制造及设备控制、生产组织管理的基本能力。

毕业生应获得以下方面的知识和能力：

1．具有较扎实的自然科学基础、较好的人文、艺术和社会科学基础及正确运用本国语言、文字的表达能力。

2．较系统地掌握本专业领域宽广的技术理论基础知识，主要包括力学、机械学、电工与电子技术、机械工程材料、机械设计工程学、机械制造基础、自动化基础、市场经济及企业管理等基础知识。

3．具有本专业必需的制图、计算、实验、测试、文献检索和基本工艺操作等基本技能。

4．具有本专业领域内某个专业方向所必要的专业知识，了解其科学前沿及发展趋势。

5．具有初步的科学研究、科技开发及组织管理能力。

6．具有较强的自学能力和创新意识。

主干学科：力学、机械工程。

主要课程：工程力学、机械设计基础、电工与电子技术、微型计算机原理及应用、机械工程材料、制造技术基础。

主要实践性教学环节：包括军训，金工、电工、电子实习，认识实习，生产实习，社会实践，课程设计，毕业设计（论文）等，一般应安排40周以上。

修业年限：四年。

授予学位：工学学士。

七、电子信息科学与技术

培养目标：本专业培养具备电子信息科学与技术的基本理论和基本知识，受到严格的科学实验训练和科学研究初步训练，能在电子信息科学与技术、计算机科学与技术及相关领域和行政部门从事科学研究、教学、科技开发、产品设计、生产技术或管理工作的电子信息科学与技术高级专门人才。

培养要求：本专业学生主要学习电子信息科学与技术的基本理论和技术，受到科学实验与科学思维的训练，具有本学科及跨学科的应用研究与技术开发的基本能力。

毕业生应获得以下方面的知识和能力：

1．掌握数学、物理等方面的基本理论和基本知识。

2．掌握电子信息科学与技术、计算机科学与技术等方面的基本理论、基本知识和基本技能与方法。

3．了解相近专业的一般原理和知识。

4．熟悉国家电子信息产业政策及国内外有关知识产权的法律法规。

5．了解电子信息科学与技术的理论前沿、应用前景和最新发展动态，以及电子信息产业发展状况。

6．掌握资料查询、文献检索及运用现代信息技术获取相关信息的基本方法；具有一定的技术设计，归纳、整理、分析实验结果，撰写论文，参与学术交流的能力。

主干学科：电子科学与技术、计算机科学与技术。

主要课程：电路分析原理、电子线路、数字电路、算法与数据结构、计算机基础等。

主要实践性教学环节：包括生产实习、毕业论文等，一般安排10～20周。

修业年限：四年。

授予学位：理学或工学学。

做一做

● **请在网上搜索三个你最喜欢的专业，并写出专业介绍。**

专业一：______________________________

专业二：______________________________

专业三：______________________________

02 第二节

名牌大学的名牌专业

每个名牌大学，都有她的名牌（或优势）专业。下面列举了我国50所名牌大学的名牌专业，供高考志愿填报参考。

清华大学	建筑、土木工程、经济管理、机械、力学、计算机、电子信息、核能、协和医科
北京大学	哲学、经济管理、数学、物理
北京科技大学	材料、冶金
中国人民大学	国际关系、公共管理、法学
北京交通大学	铁道运输管理、铁路信号
北京师范大学	教育、心理、历史、环境科学
北京外国语大学	外语
北京航空航天大学	航空、复合材料、空气动力学、计算机
北京理工大学	机械、车辆、爆炸
中国农业大学	农业、生物、食品
中国石油大学	石油天然气、化学化工
复旦大学	国际金融政治、经济管理、新闻、数学 、生物 、微电子
华东师范大学	教育、公共管理 、心理、地理
上海交通大学	船舶海洋、核科学、电气、经济管理
同济大学	建筑、土木、桥梁隧道、汽车、德语
华东理工大学	石油、精细化工
南开大学	文、史、数学、有机化学
天津大学	化工、制药 、精密仪器、建筑
重庆大学	机械设计、电机
大连理工大学	水工结构、船舶海洋近海工程、化工、物理
东北大学	自动化 软件、材料、矿山冶金
吉林大学	化学、法学、汽车工程、畜牧、地质
哈尔滨工业大学	航天、机电、材料、环境、计算机
哈尔滨工程大学	船舶海洋、核科学、水下技术

续 表

南京大学	天文、物理、化学、地学、大气科学
东南大学	建筑、土木、道路工程、电子通信
南京航空航天大学	航空
河海大学	水利、水电
南京理工大学	弹药、车辆
浙江大学	化工、控制、流体传动、计算机、工业心理学、茶学、特种动物
中国科技大学	数学、物理、化学
合肥工业大学	汽车、机械
厦门大学	金融、历史、会计、化学、近海环境
山东大学	文、史、微生物、哲学、材料
中国海洋大学	物理海洋、海洋生物、药物食品、卫星遥感
武汉大学	测绘、病毒科学、计算机软件工程、水电
华中科技大学	同济医学、光电、电机、模具、新闻
中国地质大学	地质、矿产、岩土
湖南大学	汽车、机电、工业设计、土木
国防科技大学	计算机、航天、自动控制、通信指挥
中南大学	材料、冶金、医学遗传学、桥梁隧道
中山大学	经济管理、光电、生物病害、基因工程、哲学
华南理工大学	建筑学、材料科学与工程、自动化、轻化工程、计算机科学与技术
四川大学	华西医科、生物医学、材料、皮革
电子科技大学	电子、信息
西南交通大学	电力系统、车辆工程、轨道交通
西安交通大学	电气、机械、电子、材料、法医
西北工业大学	空气动力、制导、热工程、航空
兰州大学	核物理、磁性材料、草地农业

03 第三节

各地区高校的优势专业

全国有 2 000 多所高校，各地区高校各有各的优势专业，如下表：

东北三省	
学 校	优势专业
哈尔滨工业大学	主打工科，王牌专业：航天、焊接、飞行器设计和制造、机械电子工程、计算机科学与技术、土木工程
哈尔滨工程大学	“国防七子”之一，船舶与海洋工程这类专业不错，水声工程、自动化、核工程与和技术、动力与能源工程也很牛
吉林大学	车辆工程、法学、化学、数学等，这些是全国顶尖的
大连理工大学	国内四大工学院之一，专业包装很好，机械类、土木类、船舶、水利等当然是首选，还有各种外语强化班，听起来是很诱人的
东北大学	自动化、矿冶、材料、计算机是国内顶尖
哈尔滨商业大学	产业经济学、食品科学、中药学、企业管理、会计学
沈阳药科大学	药剂学、药学、中药学
东北财经大学	产业经济学、会计学、财政学
辽宁师范大学	汉语言文学、计算机科学与技术、地理科学、法学
大连海事大学	交通信息工程及控制、轮机工程交通运输规划与管理学科
北 京	
学 校	优势专业
清华大学	工学老大，实力超群，名副其实的大学巨无霸
北京大学	综合类大学老大，文科、理科、医学都是顶呱呱
中国人民大学	文科强悍，新闻传播学、经济学、法学、哲学是国内顶尖的水平
北京航空航天大学	“国防七子”之一，行业类的顶尖
北京师范大学	文理实力很强大，数学、中文、历史、心理学都是国内顶尖的水平
北京理工大学	“国防七子”之一，最好的学科是兵器，通信工程也很具优势
北京邮电大学	“两电一邮”的“邮”，电子和通信专业为优势
中国政法大学	法学
中央财经大学	理论经济学、应用经济学两个一级学科都是国家级重点学科

对外经济贸易大学	国际经济与贸易是全国第一，经济类和外语类也不错
北京外国语大学	国内外语最高学府
首都师范大学	基础数学、植物学、中国古代文学、世界史
首都经贸大学	应用经济学、统计学、企业管理、会计学
中国传媒大学	新闻传播学、艺术学、信息与通信工程
北京工业大学	材料学、光学工程、结构工程
北京交通大学	系统科学、交通运输工程、信息与通信工程
北京林业大学	林学、生物学、林业工程
中国农业大学	农学、生命科学、农业工程和食品科学
北京语言大学	英语语言文学、日语语言文学、汉语言文字学、比较文学与世界文学、中国语言文学
天　津	
学　校	**优势专业**
天津大学	工科实力强大，化工、仪器、建筑、船舶、水利、电气、能动是王牌
南开大学	专业精度高，数学、化学、经济学、历史学都是全国最顶尖
天津师范大学	思想政治教育、新闻学、应用心理学、教育学
天津财经大学	会计学、统计学、金融学、国际贸易学、企业管理
天津医科大学	中西医结合临床、肿瘤学、泌尿外科学、神经外科学、内分泌与代谢内科
陕西、甘肃	
学　校	**优势专业**
西北工业大学	国防七子，特色很鲜明，“航空、航海、航天、核工业”三航一核。此外，材料类也是国内顶尖
西安电子科技大学	“两电一邮”的“电”，通信工程、电子学和计算机国内顶尖
长安大学	交通运输工程、道路与铁道工程、载运工具运用工程、交通运输规划与管理
西北农林科技大学	葡萄酒、工程学、农业科学、植物学与动物学
西北大学	地质学、政治经济学、专门史、植物学、矿产普查与勘探
西安理工大学	水利水电工程、能源与动力工程、自动化、机械设计制造及其自动化
西安科技大学	安全科学与工程、安全科学与工程、矿业工程、地质资源与地质工程
西安建筑科技大学	建筑学、城市规划、土木工程、环境工程
兰州大学	理学的专业都不错
西北师范大学	课程与教学论、中国古代文学
河北、山西、内蒙古	
学　校	**优势专业**
河北大学	新闻学、汉语言文学、光信息科学与技术、哲学
山西大学	物理学、生物科学、计算机科学与技术、历史学
太原理工大学	化学工程与技术、矿业工程、冶金工程

续 表

内蒙古大学	蒙古学、中国少数民族语言文学、动物学
上 海	
学 校	优势专业
复旦大学	偶像级的学校，不用管什么专业，在上海和全国，名气都很大。哲学、理论经济学、中国语言文学、新闻传播学、数学、物理学、化学、生物学、电子科学与技术、基础医学、中西医结合都是一流
上海交通大学	机械、船舶、信息安全，外加经管，都超具诱惑力，潜力巨大
同济大学	建筑、土木、城规、汽车，四大王牌
上海财经大学	国内财经第一校
上海外国语大学	仅次于北外，国内外语第二校
华东师范大学	对外汉语和教育学相关的都不错
华东理工大学	化工、化学类专业的精英
上海师范大学	哲学、教育学、中国语言文学、世界史
华东地区	
学 校	优势专业
中国科学技术大学	全国最顶尖的大学之一，中科大这个名就够了，超级高精尖
东南大学	学科实力很均匀，物理学，天文学，大气科学为第一名
南京航空航天大学	“国防七子”之一，工科不错
河海大学	水利工程全国第一
南京师范大学	马克思主义基本原理、教育学原理、学前教育学、中国现当代文学
南京农业大学	蔬菜学、农业经济管理、土地资源管理
南京艺术学院	动画专业、艺术设计专业、绘画专业
浙江大学	什么都强，什么都拿得出手，专业各种包装实验班，很诱人
浙江工商大学	统计学、工商管理、应用经济学、理论经济学、法学
宁波大学	信息与通信工程、应用海洋生物技术、材料物理与化学、理论物理
福州大学	基础数学、植物学、国古代文学、世界史
厦门大学	应用经济学、统计学、企业管理会计学
苏州大学	纺织工程、内科学（血液病）、放射医学、外科学（骨外）
江南大学	食品科学与工程、发酵工程，省重点学科，纺织科学与工程
南昌大学	材料成型及控制工程，通信工程，医学影像学，汉语言文学
江西财经大学	产业经济学、金融学、市场营销、会计学
西南地区	
学 校	优势专业
四川大学	华西医科最拿手，尤其是口腔，所谓的亚洲第一
电子科技大学	“两电一邮”的“电”，电子和通信类专业不错。985 院校

续 表

西南财经大学	金融学等经济类学科很强势，分数也很高
重庆大学	建筑、电气、仪器不错
四川农业大学	动物科学、农学、园林（可以看大熊猫）
西南政法大学	法学专业、侦查学专业、行政管理专业、新闻学专业
四川外国语大学	英语、西班牙语、法语、翻译
贵州大学	采矿工程、植物保护、林学、农林经济管理、材料科学与工程
云南大学	新闻学、网络工程、旅游管理、环境科学、化学
昆明理工大学	冶金工程、建筑学、机械工程及自动化、矿物加工工程
华中地区	
学　校	**优势专业**
武汉大学	文理工科都有优势，最强势的应该是数理金融实验班了，学科方面，测绘、图书档案、法学等都是全国最好的
华中科技大学	优势专业是工科和医科，机械工程、电气工程、光学工程、电子通信、计算机自动化都可以
中南财经政法大学	财经，政法很有优势，会计学值得一读
武汉理工大学	材料学、材料加工工程、材料物理与化学、船舶与海洋结构物设计制造
华中农业大学	园艺学、兽医学、畜牧学、作物学
中南大学	矿冶、材料、交通运输、医学都是顶尖
湖南大学	强推车辆工程、土木工程、建筑学
湖南师范大学	哲学、文学、师范类专业
湘潭大学	中国革命史与中国共产党党史、法学、信息与计算科学
郑州大学	凝聚态物理、材料加工工程、中国古代史
河南大学	生物工程、化学工程与工艺、土木工程、通信工程
华南地区	
学　校	**优势专业**
中山大学	大部分学科都是前 10 名，岭南学院、管理学院、中山医等院系十分突出
华南理工大学	985 名牌大学，四大工学院和建筑老八校，最大优势就是：它是工科名校，它是珠三角唯一的工科名校，所以性价比十分高。轻工食品什么的就不说了，建筑学是第一王牌
暨南大学	会计学、金融学、新闻传播学三个王牌
广东外语外贸大学	商务英语高级翻译以及小语种十分有名，就业超级好。建筑学、电子信息工程、工商管理、计算机科学与技术、金融学
海南大学	法学、旅游管理、广告学、制药

04 第四节

拥有“独一无二”特色专业的9所高校

我国的行业类大学非常多，可以说是占据了全国高校的半壁江山。例如，医科大学、财经大学、理工大学、工业大学、农业大学、师范大学、科技大学、航空大学、海洋大学、外国语大学、建筑大学、电力大学、石油大学等，门类齐全，几乎包罗万象。

在我国众多行业类大学里，有9所独一无二的高校，这9所院校独就独在全国唯一，特就特在专业“人无我有，人有我强”，二本院校录取分数却远远高于一本分数线。

一、中国计量大学

中国计量大学始建于1978年，是中国质量技术监督行业唯一的本科院校，省部共建，以浙江省管理为主，专业设置以工科为主，具有硕士授予权。录取分数超过一本线。

特色专业：计量、标准化质量检测、质量管理等为国家特色专业。

二、上海海关学院

上海海关学院始建于1903年，具有百年历史，是世界上最早的税务学校。1953年、1980年、1996年、2007年历经四次发展变革，升格为本科院校，隶属国家海关总署。录取分数超过一本线。

特色专业：海关管理为国家唯一特设专业；海关管理与法学（海关法）、税务学皆为国家特色专业。

三、南京审计大学

南京审计大学始建于1983年，是教育部、财政部、审计署与江苏省人民政府共建。录取分数超过一本线。

特色专业：设计学、金融学、财政学是国家特色专业；除了这三个专业外，还有工商管理、应用经济学、理论经济学等专业具有硕士授予权。

四、北京物资学院

北京物资学院始建于1980年，原隶属于国家物资部、国内贸易部，1998年划归北京市政府管理。

特色专业：采购管理、物流管理、物流工程、法学（流通法）为特色专业；另外，应用经济学、管理科学与工程、工商管理等为一级学科并具有硕士授予权。

五、北京印刷学院

北京印刷学院始建于 1958 年，现为国家新闻出版广播电视电影总局与北京市政府共建，以北京市政府管理为主，具有工科、文科结合的鲜明特色专业群。

特色专业：印刷工程为国家特色专业；传播学、包装工程、材料与工程等为北京市特色专业。

六、北京服装学院

北京服装学院始建于 1959 年，原为北京纺织工学院，1987 年改名为北京服装学院，是全国唯一以服装命名的高等院校，由原纺织工业部划归北京市政府管理。

特色专业：设计学是最具特色的专业，享有博士学位授予权。民族学、美术学、工商管理、纺织科学与工程、材料科学与工程、机械工程等专业为一级学科。

七、景德镇陶瓷大学

景德镇陶瓷大学是中国唯一以陶瓷为特色的多科性本科高等学校，是 29 所独立设置的本科艺术院校之一。国家日用及建筑陶瓷工程技术研究中心、中国陶瓷协会信息中心和人才培养中心、中国工艺美术学会陶瓷艺术专业委员会等依托该校人才、技术及装备、信息等优势，纷纷挂靠于该校。无机非金属材料工程、机械设计制造及其自动化、艺术设计等为国家特色专业。

八、防灾科技学院

防灾科技学院隶属于中国地震局，被国务院学位委员会列为“服务国家特殊需要人才培养项目”试点工作单位，是我国仅有的以防灾减灾高等教育为主、学科门类齐全的综合性全日制普通高等本科院校。学院始建于 1975 年，前身是国家地震局天水地震学校，1985 年升格更名为“地震技术专科学校”，1992 年更名为“防灾技术高等专科学校”，2006 年 2 月升格更名为“防灾科技学院”。地球物理学、勘查技术与工程等为国家特色专业。

九、外交学院

外交学院是以服务中国外交事业为宗旨，培养一流外交外事人才的小规模、高层次、特色鲜明的外交部直属重点大学，被誉为“中国外交家的摇篮”。外交学院是全国首选设立外交学本科专业的高校，也是国家首批国际关系学和外交学专业硕士和博士授予单位。现拥有国际关系、外交学两个国家级重点学科，外交学、英语等为国家特色专业。

05 第五节

最容易混淆的18种专业

在每年自主招生报名和高考志愿填报时，面对众多专业类别，广大家长和考生总是感觉力不从心。尤其是众多名称相似的专业，更是让大家难以区分。例如，通信工程、信息工程、电子信息工程，金融学与金融工程等。

本节总结了多年来家长和考生在填报志愿时容易混淆概念的地方，归纳了名称相似，其实是不同的专业，供大家参考。

一、会计学，财务管理，财政学

会计学：财务会计知识更精深些，培养目标是高级财会人才；录取分数比财务管理专业要高。

财务管理：属于管理类专业，所学管理知识要深广些，培养目标是高级财会管理人才。

财政学：是一门研究以国家为主体的财政分配关系的形成和发展规律的学科。它主要研究国家如何从社会生产中分得一定份额，并用以实现国家职能的需要。内容包括财政资金的取得、使用、管理及由此反映的经济关系。

二、金融学，金融工程

金融学：更注重宏观管理，更偏向于对政策和理论的研究。

金融工程：属于交叉学科，要求学生能综合运用数学、统计学、运筹学和计算机知识分析和解决实际金融问题。

三、汉语言文学，汉语国际教育，对外汉语

汉语言文学：所学文学知识比汉语国际教育更深更广些。培养的目标是行政机关、企事业单位从事宣传、文字工作以及文学创作的高级人才。

汉语国际教育：更加侧重于外语水平，一般需要学习两门以上的外语，培养目标是从事教授外国人学习汉语以及资料、书籍编审、翻译等工作的高级人才。

对外汉语：培养具有较扎实的汉语基础和较高外语水平，对中国文学、中国文化以及中外交往有较全面了解的高层次对外汉语专门人才。培养目标是在国内外相关部门、各类院校、新闻出版、文化管理和企事业单位从事对外汉语教学、涉外文秘、中外文化交流、大众传媒等工作。

四、行政管理，公共事业管理，政治学与行政学

行政管理：培养具备行政学、管理学、政治学、法学等方面知识，能在党政机关、企事业单

位、社会团体从事行政管理工作，以及科研工作的专门人才。主干学科是政治学、管理学、法学。

公共事业管理：（例如，卫生事业管理方向）要求学生有一定的医学基础知识，侧重培养适合在教育、科技、体育、环保、社会保险尤其是医疗卫生领域等公共事业单位行政管理部门从事管理工作的应用性人才。主干学科是公共管理。

政治学与行政学：主要培养具有一定的马克思主义理论素养和政治学、行政学方面的基本理论与专门知识，能在党政机关、新闻出版机构、企事业和社会团体等单位从事教学科研、行政管理等方面的专门人才，并且培养适合在党政机关、人大、政协等单位从事党政管理实际工作的应用性人才。

五、海洋技术，航海技术

海洋技术：研究方向为海洋探测和海洋环境监测，包括深海挖掘、海水淡化以及对海洋中的生物资源、矿物资源、化学资源、动力资源的开发和利用；以海洋科学为研究领域，侧重自然部分，属理学范畴。

航海技术：研究船舶如何在一条理想的航线上，从某一地点安全而经济地航行到另一地点的理论、方法和艺术，包括船舶航行与导航定位、船舶操纵与避让、船舶种类与性能结构、船舶设备与属具、助航仪器及设施、海洋水文地理与气象、港口与航道工程等。以海上交通为研究对象，侧重工程部分，属工学范畴。

六、信息与计算科学，计算机科学与技术，电子科学与技术

信息与计算科学：注重数学基础，需要有良好的数学素养、掌握信息科学和计算机科学的基本理论和方法，主要学习数学分析、代数与几何、离散数学、数学模型与数学软件、数值分析、数据库系统等课程。

计算机科学与技术：属于电气信息类，培养掌握计算机科学与技术包括计算机硬件、软件和应用系统的研究、设计、开发应用与教学工作的高级专门人才。课程主要包括高级程序设计、计算机组成原理、编译原理、操作系统、数据库系统原理、软件工程、计算机网络等。

电子科学与技术：培养学生在该领域内从事各种电子材料、元器件、集成电路乃至集成电子系统和光电子系统的设计、制造和相应的新产品、新技术、新工艺的研究、开发等方面工作的高级工程技术人才。

七、通信工程，信息工程，电子信息工程，电子信息科学与技术，光信息科学与技术

通信工程：偏向通信领域。通信工程专业主要学习通信领域中通信原理、交换、传输、网络、信号处理、计算机通信等基本理论和技术。

信息工程：偏向信息处理。信息工程学习信息感知、信息处理、信息传输、信息表现和信息应用等方面的基本理论和专业技术。侧重多媒体信息的应用及系统建设，针对目前互联网时代以及云技术、大数据处理从软件方面来架构实现这些系统。

电子信息工程：偏向利用现有的电子元器件制造电子系统，同时在电子系统的制作、软件编程、可靠性方面有所侧重。侧重的是系统的架构和集成。

电子信息科学与技术：在电子信息系统制造的微型化、信息处理技术及微系统中有所侧重，是目前社会微型化智能化网络化发展的重要专业。

光信息科学与技术：培养的学生一般具有扎实的数理基础和一定的科学研究及创新能力，掌握光信息科学与技术领域基础理论和实践技术，具备较强的计算机应用和开发能力。

八、软件工程，网络工程

软件工程和网络工程是计算机学科中的孪生专业。

软件工程：主要培养具有扎实的计算机软件基础、较强的软件开发和专业综合实践能力，并具备软件工程管理等方面的人才。本专业重点培养学生系统设计、分析、开发以及软件项目工程管理等方面的能力，强调软件工程、项目管理、软件开发与测试等方面的教学与实践内容。培养的学生能在科研和教育部门、企事业单位、技术和行政管理部门中从事软件研发、管理和服务等工作。

网络工程：主要培养复合型网络工程技术人才。本专业学生接受从事计算机和网络系统相关的工程与应用的专业训练，具有研究、开发、应用和集成计算机网络工程应用系统的基本能力。它是偏向计算机信息理论与应用的工科专业，该专业的学生毕业后可在科研机构、高等学校、企事业单位及行政部门从事网络相关领域的教学、科研、技术开发和管理等工作。

九、园林，风景园林，园艺

园林：跟植物打交道较多，毕业颁发农学学位。园林偏重小尺度的园林绿化设计、园林施工管理、园林植物应用，侧重较小规模绿地的规划设计和施工管理。培养目标是从事生态规划和施工管理。

风景园林：注重规划设计，毕业颁发工科学位。风景园林侧重大尺度的景观规划、旅游规划设计、景观历史与文化管理、城市公共空间设计和景观规划、景观决策、管理与咨询，总的来说偏向规划与设计。培养目标是去规划设计院、工程公司工作。

园艺：要求学生掌握生物科学的基本理论和基本知识，掌握植物生长发育理论、遗传育种理论，园艺作物栽培技术，园艺作物及良种技术，作物病虫害防治技术及农业经营管理的理论和技能，培养目标是在农业及其他相关部门或单位从事与农学有关的技术与设计、推广与开发，经营与管理、教学与科研等工作。

十、自动化，电气工程及其自动化

自动化：主要培养掌握各种现代化生产的监测、控制、管理技术和各种现代化信息采集、处理与应用技术，从事工业过程控制、运动控制、检测与自动化仪表、制造业自动化等领域的系统分析、设计、研究、开发、集成和运行的创新应用型高级专门人才。

电气工程及其自动化：主要是以电气领域为背景的电气、控制、电子相结合的交叉学科，培养具有电能的生产、传输、分配和使用等方面的基础知识，具备系统运行、自动控制、电力电子技术、信息处理、试验分析、研制开发，以及电子与计算机技术应用等领域工作的宽口径“复合型”高级工程技术人才。

十一、临床医学，中西医临床医学，基础医学

差别就在“中西医”这三个字。临床医学专业与中西医临床医学专业名称相近，但是专业性质、学习内容和毕业后工作去向却不尽相同。

临床医学：主要学习课程模块包括基础医学和临床医学知识与技能等，毕业后经过规培合格，并通过临床执业医师资格考试，主要就业去向是综合性医院。

中西医临床医学：培养的是中西医结合医生，该专业的学生将同时学习掌握中医、西医两套“本领”，主要学习课程模块包括中医基础、中医临床、基础医学与临床医学的知识与技能等，主要就业去向是综合性医院的中西医结合科或中西医结合医院。

基础医学：学制短，侧重医学的基础理论、基本技能，主要研究的是病理即疾病的根源、发生发展机制以及如何预防与治疗，它以实验为主，学科内容与生物学、医学、药学多学科交叉。毕业主要在科研院所、医院从事研究、教学、实验工作。

十二、临床医学五年制，临床医学七年制，临床医学八年制

临床医学五年制：可获得医学学士学位，培养具备基础医学、临床医学的基本理论和医疗预防的基本技能，能在医疗卫生单位、医学科研等部门从事医疗及预防、医学科研等方面工作的通用型医学人才。

临床医学七年制：本硕连读，毕业可获得医学硕士学位。

临床医学八年制：本硕博连读，毕业可获得医学博士学位。

十三、生物制药，药物制剂

生物制药：多研究生物，主要研究现代生物工程技术原理和生物技术制药的基本专业技能。

药物制剂：研究药物剂型，主要是把药物原材料制作成不同的剂型，例如，片剂、胶囊、粉剂。

十四、生物技术，生物科学，生物医学工程

生物技术：属于理科类。培养能够应用自然科学及工程学原理，对微生物、动物、植物体进行加工以提供产品来为社会服务的高级专门人才，偏重培养应用性研发人才，设有实验室实训和企业实习等环节。培养目标是在医药、食品、农、林、牧、渔、环保、园林等行业的企业、事业和行政管理部门从事与生物技术有关的应用研究、技术开发、生产管理和行政管理等工作。

生物科学：属于理科类。是研究自然界所有生命现象及其生命活动规律的一门科学， 偏重培养基础扎实、宽厚的理论研究型人才，设有野外实习。培养目标是在海洋生化、医药卫生、环境保护、分析检验、食品营养、酿造和发酵等部门从事生物化学和微生物学方面的研究、教学、科技开发及经营管理等工作。

生物医学工程：不是“生物”与“医学”的简单相加，属于工科专业，而非医学专业。主要研究利用电子信息技术结合医学临床对人体信息进行无损或微损的提取和处理，在各层次上研究人体系统的状态变化，并运用工程技术手段去控制这类变化。培养目标是在现代医疗仪器、电子技术、计算机及信息技术等，高新技术产业从事研究、设计、制造与应用工作，或在各类医院从事临床工程技术服务方面的 工作，或从事通用医疗器械设备的操作使用、维护维修和采购管理等工作，也可以在计算机、通信、自动控制等相关领域从事科研、教学工作。

十五、化学，应用化学，材料化学

化学：主要培养具备化学的基础知识、基本理论和基本技能，能在化学及与化学相关的科学技术和其他领域从事科研、教学、技术及相关管理工作的高级专门人才。

应用化学：在培养化学专业的基本素质的同时，突出培养学生运用所学知识和实验技能进行应用开发研究和工程技术研究的意识和能力。

材料化学：属于材料科学类。主要研究新材料的制备、加工、结构、性能、应用以及相互间的关系。培养学生具备应用化学和材料化学的基础理论、基本知识和实验技能进行材料研究和技术开发的基本能力，能在材料科学与工程及与其相关的领域从事研究、教学、科技开发及相关管理工作。

十六、环境科学，环境工程

环境科学：培养方向是环境规划与管理及生态工程等。培养目标是从事环境科学领域的教学、科研、规划设计、监测与评价、生态环境保护与恢复、重建等管理与技术工作。

环境工程：培养掌握环境科学与工程基本知识、具备清洁生产、安全工程、污染物监测和分析、污染控制工程设计和技术开发等方面能力的人才。培养目标是从事环境保护及相关领域的教学、科研、工程设计、施工和环境管理等工作。

十七、水务工程，水利水电工程

水务工程：偏向规划和管理，属于水文水资源学院，侧重规划管理，还有水环境保护、水务管理。

水利水电工程：偏向工程项目建设，属于水利水电学院，偏向水利枢纽及河道治理的勘测规划，工程设计和施工建设。

二者培养目标都是行政部门里的水利厅水利局、勘测设计院所，还有施工企业。

十八、航空，航天

依据飞行环境和工作方式的不同，把飞行器分为航空器、航天器两大类。

在大气层内飞行的飞行器称为航空器，航空器靠空气的静浮力或靠与空气相对运动产生的空气动力升空飞行，人们乘坐的飞机、庆典用的热气球等都是航空器。

在大气层外空间飞行的飞行器称为航天器，航天器在运载火箭的推动下获得必要的速度进入大气层外空间，然后在引力作用下完成类似天体的轨道运动，卫星、人造飞船以及火箭、导弹等都属于航天器。

06 第六节

容易望文生义的专业

在众多专业中，不仅有很多易混淆的专业，还有众多让人容易望文生义的专业，考生在志愿填报时不能仅凭借专业名称来定义其学习范围及职责范围。

➢ 生物医学工程不是医学类专业

实际上，生物医学工程不归医学类专业管辖，而是不折不扣的工科专业。毕业生既可以在现代医疗仪器、电子技术、计算机及信息技术等高新技术产业从事研究、设计、制造与应用工作，也可以在各类医院从事临床工程技术服务方面的工作，或从事通用医疗器械设备的操作使用、维护维修和采购管理等工作。

➢ 精算数学不属于数学类

事实上，精算数学是金融保险学科旗下的专业。精算师的前程无可限量，可以在商业银行、金融中介、投资、社会福利、政府咨询和监管等机构，从事评估承保风险、厘定保险费率、安排分保额、进行偿付测试等工作。

➢ 数学与应用数学不仅仅是算数

数学与应用数学专业是联系数学与自然科学、工程技术及信息、管理、经济、金融、社会和人文科学的一个重要桥梁。所以从这个专业毕业后，可以胜任科研机构、政府机关、企业的相关技术工作和管理工作，或者在生产、经营及管理部门从事实际应用、开发研究工作。还有很多毕业生在大型软件公司从事编程工作，不止“数学老师”一条路可走。

➢ 信息资源管理与图书馆有关

信息资源管理绝不是计算机类专业，而是一个正宗的管理学类专业。由于信息资源管理学是与社会需求较为接近的新兴学科，因此，毕业生适应性较强，就业前景看好，大多在高校、企事业单位、信息服务机构等从事知识管理、信息分析、信息利用和知识服务等工作。

➢ 信息与计算科学离计算机很远

信息与计算科学专业实际上属于数学学科，离计算机学科差着十万八千里。信息与计算科学是以信息领域为背景，将数学与信息、管理相结合的交叉学科。着眼于培养不仅数学功底扎实，而且掌握信息科学和计算科学的理论与方法的数学人才。

➢ 考古学不仅仅是找古迹

其实，考古学专业的毕业生可以到高等院校、博物馆及文物保护等单位从事考古发掘与研究、文物鉴定保护及历史类教学等工作。所以这么说来，“挖地”的苦力活可不是考古学专业毕业生的唯一出路。

➢ 哲学不仅仅是“老学究”

认为哲学专业是找不到工作的专业，那可就错了。哲学号称是一门“可以让人变得聪明的学问”，毕业生不仅可以去研究所或国家机关从事研究工作或考取公务员，学校、研究机构和宣传、出版、新闻、文化部门等有关单位也是不错的选择。现在，很多国家机关和国家职能部门也“看”上了哲学专业毕业生缜密的逻辑思维能力，这在工作中非常重要。可以说，哲学专业的就业口径非常宽。

➢ 地质学不仅仅是挖矿

如今地质学在解决能源、资源、生态环境、防止自然灾害和开发新型材料的工作中都起到重要作用，而不仅仅是挖地找矿了。地质学专业的学生毕业后可以在能源、交通、矿业、冶金、建材等企事业单位寻找到合适的就业机会。

➢ 地理信息系统不仅是地理学科

地理信息系统可不是地理类的基础学科，它是一门“地理”加“计算机技术”的交叉学科。毕业后，可在国土管理、城市管理、规划管理、交通、农业、电力、电信、环保、国防、军事、公安等部门及有关科研单位从事信息系统的设计、开发建立、维护管理和信息处理分析工作。

➢ 环境科学≠治理污水

环境科学专业，要学习的可不止打扫卫生和净化污水那么简单，它调节的是整个人类生存环境的平衡，做的是大事业！毕业后，可从事环境科学研究及环境监测、评价、管理和规划等工作；从事环保产品的开发，从事环境工程和给水排水工程的规划、设计和管理；或者担任大中专院校相应课程的教师。

➢ 财政学≠财务工作者

财政学本身是一个宏观含义很浓重的专业，大学本科阶段学的是宏观财政学，所以早期的财政学专业毕业生大部分进了国家税务机关。

其实，该专业毕业生就业真正方向应该是税收，例如，从事税收规划、资产管理、审计等工作，就业前景还是相当不错的。

➢ 园林≠园丁

这个专业可不光是种植物，还要在城市建设、森林公园经营、房地产建设中进行风景园林规划与设计。毕业生可到城市规划、城市建设、园林、风景名胜区、旅游、林业、环境保护等部门以及厂矿企业、花木企业从事风景与园林的应用研究、科技开发、生产技术及管理工作。最近的人才市场上，园林设计类人才可是“抢手货”。

➢ 心理学≠心理医生

没错，心理学是培养心理医生的摇篮，但实际上，心理学专业涉及的方面还多着呢，科研部门、高等和中等学校、企事业单位，还有公安局、劳教所、监狱、边检站等都是可能的去处。

➢ 护理学≠当护士

除了当护士外，该专业毕业生还可以从事临床各科专业护理师、社区健康教育者、保健产品经理或顾问，甚至是教师或健康报刊记者。

第十章

志愿填报的策略与技巧

◆ 第一节　志愿填报准备
◆ 第二节　志愿填报的基本原则
◆ 第三节　志愿填报的策略与技巧
◆ 第四节　志愿填报常见的问题
◆ 第五节　志愿填报的十大误区
◆ 第六节　志愿填报的九大禁忌
◆ 第七节　警惕“野鸡大学”

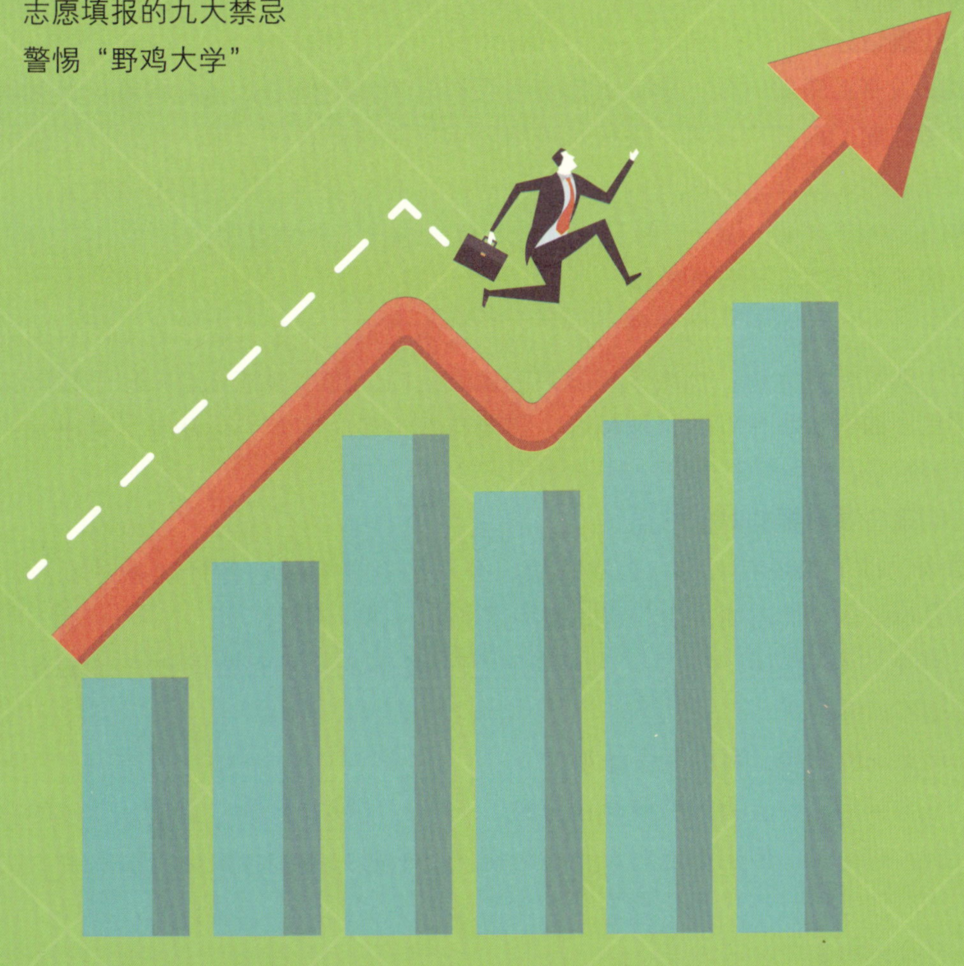

01 第一节

志愿填报准备

高考志愿填报是一场没有硝烟的战争。在正式填报志愿之前，考生及家长一定明确相关问题并做好准备工作，才能让自己在这场几百万人的博弈中取得胜利。

一、准备工作

（一）正确估分

当考试还没有结束的时候，建议大家不要去核对答案。但是，当所有科目考试结束后，大家可以去看参考答案，而且应该看。去核对成绩的勇气应该要有。这样，你可以在最短的时间内预估自己的成绩。尽管你看到的答案因为版本不同，可能有差异，但差异不会太大，几乎可以预算出自己的成绩。这个时候，做一定预估，你就大概知道自己的情况了。

（二）提前参考往年录取分数线

预估分数后，接下来要做的事情就是大面积搜索数据。不要只看最近一两年的数据，你可以参考最近五年的数据做分析，预测今年分数的大致走向。这个事情说起来似乎很轻松，但是如果你想要了解更多的学校和专业的录取情况，需要花费很多时间。当你从考场走出来的时候，这个工作就应该开始了。

（三）明确各项重要的时间节点

考试结束，接下来还有阅卷、公布成绩、公布控制分数线、各批次志愿填报，以及录取结果、征集志愿等很多事情需要关注，这些都关系考生的切身利益。

家长和考生均不能掉以轻心，一定要明确各重要事项的时间节点和查询渠道，做到心中有数，关键时刻不掉链子。

（四）有意向的学校，可以先去参观

参考一些数据后，你会有几所意向的学校，但唯一能够查到的信息就是学校的官网简介。可以说，能看到一些信息，但也不能看出什么。确定几所感兴趣学校，但无法取舍，实在不知道该报哪一所，这时你可以选择先去学校参观。尤其是大学都还没有放暑假呢，你可以提前去感受一下，是不是符合你的心理预期。

高考填报志愿这件事，是对成绩的最后一次峰回路转。你周围可能有很多学姐学长，他们经历过志愿填报，但是每个人告诉你的都是不一样的。尤其是不同的学科，你获得的反馈不同。为此，我们可以听学姐学长的建议，更多地还应该是理性分析，用数据来支持你的分析和判断。当然，在分析的时候，也应该考虑自己的兴趣、家人的想法等。

（五）找对工具用对方法

志愿填报正确的志愿选择，需要综合考生分数、兴趣以及全国各高校实力、专业信息及历年的招生录取情况等各项因素，而信息的严重缺乏是广大考生和家长填报志愿时最大的痛点。

志愿填报本身是一项系统性的大工程。信息量大而复杂，准备时间短，更加需要考生和家长用对方法、找对工具，解决志愿填报过程中信息不对称的问题，做出准确的志愿选择。

一是收集目标院校资料，了解招生政策，熟悉有关规定，熟读目标院校招生章程。招生章程是高等学校向社会公布有关信息的主要载体，是其开展招生工作、录取新生的重要依据。需要重点了解其办学性质（公办还是民办）、办学地点、录取模式（专业级差、分数清、专业清）、身体限制等内容。

二是查询目标有关院校、专业近几年在各批录取分数和录取考生的位次情况。院校历年录取分数（或线上分数差）一定程度上代表了院校录取的难易程度，提前了解目标院校历年录取情况对考生填报志愿有极大的指导作用。考生可以通过查询院校官网、当年《高考志愿填报指南》查询了解相关信息。

（六）熟悉文件了解专业

本省招生规定、院校情况及录取规则等，是考生填报志愿的主要参考依据。因此，作为考生，熟悉了解这些规定以及省高招办组织编发的一些相关资料，是高考生在填报志愿前的必备准备工作。

熟悉完规定后，就要对自己所倾向选择的专业、院校，做出详细的了解。

一是，了解院校各学科的具体情况，是否为本校重点学科，师资力量及未来发展前景如何。

二是，清楚去年在本省的招生院校各专业的计划数，近几年各专业在本省招生的最高分、最低分、平均分。

三是，了解目前各专业的就业情况，同时对未来各专业就业形势有所了解，并充分考虑个人特长、禀赋，例如，组织管理能力、研究能力、艺术修养、口头与书面表达能力等。

四是，了解相关专业对身体健康状况的特殊要求，考生要合理规避限报专业，根据自己的身体状况选择适合自己的专业。

五是，明确自己的强项科目和稍弱的科目，考虑相关科目成绩。

六是，专业收费情况。

（七）综合考虑慎重填报

在做好上述准备后，就该填报志愿了。在填报过程中，要结合之前的准备工作综合考虑各方面因素。

首先，要选好第一志愿院校，不管哪个批次的第一志愿院校都是十分重要的。

其次，是注意其他志愿院校，在第一志愿院校没有录取时，其他志愿院校就非常重要了。

再次，是积极慎重填好服从调剂栏，增加被录取的机会。

最后，是根据自身实际情况出发，即家庭状况、自身情况、经济条件、不同地区院校录取分数的高低，对区域进行选择等。

二、重要概念解释

（一）录取批次

录取批次，由于在各省（区市）招生录取的高校较多，所有高校不可能同时录取，于是将不同层次的院校分批进行录取，由此形成录取批次。

录取批次大致分为：

提前批录取院校：含军队院校、武警院校、公安院校、教育部直属师范本科院校、空军招飞、民航招飞院校和有特殊要求的院校（专业）。

本科第一批：教育部直属高校、“211 工程”院校、部省共建的原部委重点高校、经批准参加本批录取的高校（专业）。

本科第二批：除本科第一批之外的普通高校。经教育部批准设立的独立学院、民办高校和普通高校的联办校。

专科第一批：普通本科院校举办的高职院校（专科）和独立设置的普通高等专科学校。

专科第二批：经教育部批准设立的独立学院、高职学院、民办高校、普通高校联办校、成人高校和电大的普通高职（专科）。

以上批次划分因省（区市）不同，也可能会有一些差别。

（二）最低录取控制分数线

最低录取控制分数线是指省级招生部门根据当地全体考生当年高考成绩水平和国家下达的招生生源计划，相应确定的一个录取新生的最低成绩（总分）标准。只有高考总分（艺术、体育考生含专业成绩）达到或超过这一分数线的考生（通常称“上线考生”）档案，才有资格被招生高校调阅并选择录取。

最低录取控制分数线一般是分专业类、分批次确定的。专业类一般分为文史、理工，以及音乐（文、理）、美术（文、理）、体育（文、理）等，每一专业类又各分为本科提前批、本科一批、本科二批等。

文史、理工各批次的最低录取控制分数线只对文化总分做出规定，音乐、美术、体育专业的最低录取控制分数线则同时针对文化与专业两个方面的总分做出规定。

最低录取控制分数线一般按略多于计划数划定，多数是计划数的 1.1 ～ 1.2 倍，全省考生按考分的高低排下来，排到该人数时的分数，就是当年该省的最低控制分数线，只有达到该分数的考生才有资格被录取。

例如，某省 2018 年理科计划招生人数为 34 780 人，根据全省考生的高考成绩排队，按 1 ∶ 1 比例划定的话，则从高分到低分排到第 38 258 名，最后一位的高考分数为 359 分，则 359 分就是该省理科最低分数线，也就是我们常见的录取最低控制分数线。

（三）提档分数线与调档分数线

在同批录取的院校中，由于第一志愿报考人数不均衡，按照各院校招生计划、调档比例和考生成绩，各校的最低提档分数并不一样，这就自然地形成了院校的提档分数线。他们的共同特点一般是在同批录取控制分数线以上，而不同特点是部分院校由于生源充足，其提档分数线高于同批控制分数线，有的院校由于生源不足，提档分数线就只好定到同批录取控制分数线，还有部分院校（专业）提档分数线低于同批录取控制分数线。

因此，有的考生高考成绩虽然上了同批录取控制分数线，但由于未达到所报院校的提档分数线，电子档案不能投放，因而参加不了该校的录取，但也有部分学校由于生源不足，而低于某批控制分数线却被录取，就是降分的缘故。

投档线只是高校将你的档案提走的最低分数线。一般按 120% 提档，是为了避免因各种情况录不满留出选择的余地。而录取分数线是正式被该校录取的最后一名的分数，所以过提档线并不一定被录取，只是很有可能而已。

一般录取分数线会高于投档线，如果你的高考分数正好和某校的投档线一样，这并不意味着你一定能被该校录取。二者没有必然的联系，但是高多少分的话还是要看学校的录取人数和分数来定的，这个是没什么规律的。

院校调档线是各高校录取考生时对某地报考该校的考生在文化成绩方面的最低要求。院校调档线是在该批院校最低录取控制分数线的基础上，根据当年考生报考本校志愿情况、分数情况和本校在该地招生计划数确定的，每年都会不同。

（四）平行志愿

所谓平行志愿，就是在每个录取批次的学校中，考生可填报若干个平行的学校，然后按“分数优先、遵循志愿”的原则进行投档录取，改变过去志愿优先的录取原则。具体地说，按照平行志愿录取方式，录取时，将考生按成绩从高分到低分顺序排队，依次检索考生填报的 A、B、C、D 等几个平行志愿，如果符合 A 志愿，则被录取，如果分数不够，则继续检索 B 志愿，依次类推，直到被符合条件的学校录取。

平行志愿的优点：

1. 降低填报志愿的风险。

以前的填报志愿，考生只能选择一所高校作为第一志愿，选报志愿的难度和风险较大。实行平行志愿填报，考生可以同时填报多所高校，志愿选择的空间增大、风险降低。

2. 减少高分落榜的现象。

传统的志愿填报方式，如果第一志愿填报不当，即使分数再高，一志愿也可能落空，并且如果一志愿落空，后面的志愿要么会落空，要么就是高分低就。 实行平行志愿是根据分数对考生进行排序，分数高的考生排名靠前，每个志愿都有多个高校，选择余地增大，这样就大大提高了高分考生被录取的可能性。

3. 减少高校断档，避免“大小年”现象。

从平行志愿投档情况看，绝大多数高校在第一次投档时，就能完成招生计划，出现空档或断档的现象大为减少，有效避免了高校招生过程中的“大小年”现象。同时有利于高校选拔人才，平行志愿投档前要将模拟投档情况告知高校，高校可根据生源情况适当调增计划录取优秀生源。

（五）顺序志愿

顺序志愿是指在同一个录取批次设置的多个院校志愿有先后顺序。其表述方式为：第一志愿、第二志愿……例如，一个第一志愿院校，一个第二志愿院校，计算机投档时将相同院校志愿的考生分别排队，然后根据分数从高到低向对应的院校投档。

这种投档办法的第一步是对所有批次分数线上的考生按其第一志愿投档，投档后所有考生的第一志愿学校都必须返回确切的投档结果（包括被学校录取、退档、分数未达学校提档线没能投出）后，第二步再将所有未录考生重新汇总，然后再同时分别投向他们所报的第二志愿学校，也就是在第一志愿学校录取完成后再进行第二志愿的投档，同时同步按志愿顺序投档录取，依次直至本批次 3 ～ 4 个志愿录取结束。

（六）征集志愿

征集志愿是指对于第一批至第四批第一志愿录不满额的院校，在每批次第一志愿录取完成后，由省教育考试院向社会公布院校招生缺额的计划。考生可根据缺额计划在当地招生办填报“征集志愿”，这样使得第一志愿录取时落选的考生有第二次重新填报志愿的机会。

在实行平行志愿的省份，征集志愿相当于第二志愿，即当所有上线考生的平行志愿录完后，还有一部分学校有志愿缺额，或部分学校向考生所在省份投放机动计划，则这些计划实行网上征集志愿。

如果考生未能被所报平行志愿录取，则可以申请进行征集志愿。征集志愿亦按分数由高到低进行录取。

（七）高考提前录取

高考提前录取即高考提前批次录取。根据国家教委的有关规定，将一部分招生类别、性质、专业基本相同或相近的学校和国家教委批准提前录取的一些学校集中起来，在大规模招生之前进行提前录取，这部分院校即提前录取院校。对提前录取的院校，按照不同层次和特点，分别确定每个学校的控制分数线，招生学校按有关规定确定调阅考生档案数，全面考核，择优录取。

“提前批次”录取的院校是要求严格体检的，而且大部分“提前批次”的院校对高考成绩的要求也较高。

考生填写了“提前批次”的院校，如果没被录取，不影响考生参加其他批次的录取。但是，如果考生已被“提前批次”的院校录取，就不能参加其他批次院校的录取。

提前录取批次院校，大致可以分为七类：

第一类：军事院校、军事院校无军籍学员计划、国防生计划（本科）。

第二类：公安、政法院校或专业（本、专科）。

第三类：航海院校或专业（本、专科）。

第四类：师范院校或专业（本科）。

第五类：其他院校（本、专科），包括国际关系学院（北京）、中国青年政治学院、北京电子科技学院、中国民用航空飞行学院、南京航空航天大学（飞行技术）、外交学院、香港中文大学、香港城市大学、上海海关学院等。

第六类：体育类提前录取公办本科院校、体育类提前录取民办及独立学院本科院校。

第七类：艺术类提前录取公办本科院校、艺术类提前录取民办及独立学院本科院校。

（八）自主招生与综合评价

自主招生又称自主选拔，是高校选拔录取工作改革的重要环节。即指高校不再单一参考高考成绩，而是通过自主测试（采用笔试、面试等方式），并结合考生高考成绩和平时表现，最终录取考生的一种招生方式，是对现行统一高考招生按分数录取的一种补充。

自招试点高校（2018 年全国共有 90 所），在高考后独立组织考试，给予在考试中表现优秀的学生降分录取等优惠。最多能降至一本线录取（即分数达到当地高考一本线即可进入该大学）。

自主招收的主要对象是具有学科特长和创新潜质的优秀学生。一般来说参加自主招生的考生可细划分为三类：

1．高中阶段学习成绩优秀、品学兼优、综合实力强或取得优秀荣誉称号的高三毕业生。

2．在一定领域具有学科特长，在各类比赛及竞赛中获得奖励的考生。

3．高中阶段在科技创新、发明方面有突出表现并获得奖励的考生。

综合评价录取是对“分类考试，综合评价，多元录取”考试招生模式的积极探索。综合考量考生高考成绩、高校考核结果、高中学业水平测试成绩、综合素质评价以及高校自身培养的特色要求等五个维度的内容，对高考成绩达到规定要求的入选考生，综合评价，择优录取。高校可以自主确定综合素质测试内容和实施办法，着重考查学生的综合素质，以及学科性向、专业潜质等，并且自主确定招生规模，体现了高校的招生自主权。

综合评价试点高校（分为全国招生和针对个别省份招生），在高考后独立组织考试，给予在考试中表现优秀的学生降分录取等优惠。按照一定比例折算成综合分，最后按照综合分择优录取。

（九）高考体检

高考体检项目主要包括眼科、内科、外科、耳鼻喉科、口腔科、放射科等。

其中，眼科包括视力、色觉检查；内科包括血压、发育情况、心脏及血管、呼吸、腹部脏器等检查；外科包括身高、体重、皮肤、面部、颈部、脊柱、四肢、关节等检查；耳鼻喉科包括听力、嗅觉、耳鼻咽喉等检查；口腔科包括唇腭、口吃、牙齿等检查；放射科主要做胸部透视；此外，还有肝功能检查。

高考体检结果包括三种：

1．适宜选报普通高等学校各专业。

这部分考生为身体条件完全合格，说明他们的身体状况适合高等院校各类专业的就读条件，可以选报高校的各类专业。（但军事院校、国防生和公安类院校等另有规定的除外）

2．不适宜选报第二部分中的某条相关专业。

这类考生是身体条件合格，但是患有某疾病或某种生理缺陷，身体条件符合《指导意见》第二部分中的某些条款，这些条款中所列的各专业不宜选报，主要是指身体条件不能按照专业培养方案完成学业，主要为视力不足、色觉异常等，考生报考志愿时应避开受限专业。高校在录取时可根据此条款退档。

3．不适宜选报普通高等学校各专业。

这类考生为身体不合格，为《指导意见》中第一部分所列条款，主要是因为患有比较严重的疾病，例如，传染病、精神病、心脏病、血液病等，暂不宜报考各类普通高等学校。这部分考生首先应治疗疾病，将来再报考高校。

02 第二节

志愿填报的基本原则

如果把高考比作一场没有硝烟的战争，那么，了解自己就显得尤为重要。孙子兵法有言："知己知彼，百战不殆！"

高考比的就是实力，谁的分数高谁就有优先选择权。谁对自己的实力定位得越准确，在志愿填报的时候目标性就越强，越不会出现偏差。所以，了解自己在填报志愿时起着至关重要的作用。

作为考生，只有充分了解自己，明确自己的优势和长处，方能在高考这场战役中绝尘而出。

"知己"是考生对自己的高考竞争实力和德、智、体综合状况的自我定位，那么，怎么才算"知己"呢？

一、分析自己可以上哪个批次

最低录取控制分数线（批次线），决定考生能够进入什么样的大学进行学习和深造。考生要根据自己的平时学习成绩结合高考考分情况分析，再对比往年公布的省控线，确定自己在哪个批次中，进而合理进行志愿填报的选择和取舍。

批次线是确定考生录取资格、执行招生政策的一个重要指标，除政策规定的特殊降分情况外，院校只能录取所在批次分数线上的考生，当考生的高考成绩达到或超过批次分数线（通常称"上线考生"），考生的档案才能被投档到所报考的高校，然后再由高校选择录取。

各省的分数线每年都不一样，它既受当年招生计划数与报考人数的制约，也受当年试题难度及全省考生考分情况的影响。一般来说，如果中学毕业生人数没有太大变化，而高等学校又扩招的话，本省升学率就会增加，各批分数线就相对下移；如果高考试题让多数考生都感觉偏难，总体得分减少时，分数线也会下移。

二、了解自己的兴趣特长和职业取向

选择适合自己的专业需要考虑哪些方面的因素呢？

第一，要了解自己的兴趣。

据专家研究表明，如果一个人对某种工作有兴趣，他能发挥全部才能的80%～90%，并且能长时间保持高效率而不知疲惫。相反，如果他对某种工作没有兴趣，则只能发挥全部才能的20%～30%，还容易精疲力竭。所以在进行专业选择时，对于自己兴趣的考查，主要看当前潜在的职业兴趣和对各门学科的学科兴趣。

第二，要认识自己的性格。

性格对专业选择的影响，相对来说不起主要作用，但是，在选择专业之前对自己的性格有所了解，对今后选择和专业有关的职业是很有必要的。一些心理学家建议：热情、善于言谈的学生，比较适合选择师范、法律、旅游等专业和职业；细心、同情心强的学生，适合选择医生专业；独立性、自制力、坚持性果断性强的学生，宜选择工科类的专业；组织协调能力俱佳的学生，宜选择财经、管理、数理等专业。

根据霍兰德教授六角型职业人格的划分，人的性格可分为研究型、工具型、艺术型、管理型、服务型和事务型。

研究型性格：乐于解决抽象问题，喜欢运用词、符号和观念来进行工作。好奇，宁愿思考问题而不愿意动手去处理问题。喜欢独立的和富有创造性的工作。不愿意受人督促，也不愿意督促别人。

工具型性格：愿意从事“看得见、摸得着”的工作。喜欢使用工具，特别喜欢操作大型机器。做起事来手脚灵活、动作协调，但不善言辞交际，在社交场合往往觉得很不自在，最不喜欢教育工作与接待他人的工作。

艺术型性格：喜欢能以写作、作曲、绘画、摄影、建筑等各种艺术形式表现自己的工作环境，乐于创造新颖的与众不同的东西。比较敏感，喜欢独立工作，而不过多关心社会纠纷。对单调的或经营性的工作不感兴趣。

管理型性格：喜欢竞争，敢冒风险，精力充沛，乐观自信，善于交际，能说会道，具有领导才能。喜爱权力、地位与物质财富。一般不擅长科学研究，对系统而复杂的思维工作很不耐烦。

服务型性格：喜欢从事为人服务和教育他人的工作，喜欢参与解决社会问题。善于交际，人际关系很融洽，渴望发挥自己的社会作用。一般缺乏技术特长，不喜欢从事需要运用劳动工具的工作。

事务型性格：喜欢按计划办事，乐于完成指令性任务。总希望知道别人期望他干什么，自己从不谋求领导职务。不喜欢冒险，对复杂的人际关系不感兴趣。

理科男生若是研究型性格，可选经济学、金融学等；工具型可选金融工程、侦查学等；艺术型可选农艺教育、印刷工艺教育等；管理型可选国际经济与贸易、贸易经济等；事务型可选保险、信用管理等；服务型可选保险、信用管理等。

文科男生若是研究型性格，可选哲学、经济学等；工具型可选医学校验技术、医学影像技术等；艺术型可选电脑艺术设计、影视编导等；管理型可选国际经济贸易、中文等；事务型可选文秘、会计等；服务型可选空中乘务、航空服务等。

理科女生若是研究型性格，可选经济学、金融学等；工具型可选文物保护技术、地理科学等；艺术型可选农艺教育、园艺教育等；管理型可选国际经济与贸易、贸易经济等；事务型可选保险、税务等；服务型可选社会工作、国际事务等。

文科女生若是研究型性格，可选经济学、教育学等；工具型可选口腔医学、医学校验技术等；艺术型可选中文、外语等；管理型可选中文、历史等；事务型可选商务英语、国际贸易等；服务型可选空中乘务、航空服务等。

三、澄清自己的职业价值观

职业价值观在选择专业时是个较为复杂的因素，它既受社会文化环境、性别和年龄等方面的影响，又受个人的性格、兴趣等内在的影响。一般说来，职业价值观与理想基本是一致的，但无论是以什么专业作为理想专业的人，职业价值体系中均应以充分体现自己的兴趣、发挥个人能力及个性为第一位。

然后，再考虑一些外在因素，例如，这个专业将来对应职业的工资、社会地位、稳定性等。在进行专业选择时，考生的家庭成员最好就这个方面的问题进行认真的讨论，澄清个人和家庭的核心职业价值观是什么，再做出专业和将来的职业选择。

四、看职业选专业，应侧重就业角度

近年来，各地人事部门都会公布当地紧缺人才目录。通过了解这些目录，可以了解各地对人才需求的大致走势，同时对考生填报高考志愿特别是选择专业有一定的参考价值。

每年，教育部都会公布高校新设置或调整的专业，尤其是新增专业备受大家关注。这里的新增专业包含两个意思：一个是针对全国而言新开设的专业，也就是首创；一个是针对某所高校而言新开设的专业。这些新增设的专业大部分与我国社会、经济发展中的支柱、新兴产业密切相关，大都属于目前或将来人才市场上的热销人才、紧缺人才培养领域。因而，新增专业透露的紧缺人才趋势图可成为考生和家长选择专业的参考依据。

这里所说的就业热点主要指人事部门、人才市场、招聘网等机构公布的有时效性的人才需求信息，尤其是一些大型人才市场和招聘网每月、每季度都会公布当期最多的工作岗位、最急需的专业人才等信息。

五、考生需要考虑自己的能力水平能否达到该专业的学习要求

考生对自己的能力要有一个充分的了解，知道自己能够在哪方面取得成就。能力可以分为一般能力和特殊能力。一般能力包括观察力、记忆力、注意力、思维力、想象力等，它是人们从事一切需要一定智力水平活动的必要条件。特殊能力是在特殊活动中发生作用的能力，如绘画、作曲等。可见，个人能力与专业的关系是相当密切的。

具体在选择专业填报志愿时，考生需要知道的是，有些专业是需要考生具备一些特殊能力才能报考和学习的，如美术、音乐、表演等。但是就其他大部分专业来说，对学生能力的要求是不超出一般范围的。

另外，在学生所处的年龄阶段，可以说，他们能力发展的空间是相当大的，尤其进入大学阶段后，随着眼界的扩大、知识的扩展、锻炼能力机会的增加，他们的能力会不断得到提高，所以，在专业选择时，虽然能力是一个需要考虑的因素，但是不宜作为一个绝对化的考虑因素。

从另一个角度来说，事实上，我国的高考制度经过近几年的改革，越来越表现为是对学生进行综合素质的考察，也可以说主要对学生进行的是基本学习能力的测试，只不过高考这种能力测试是隐含在各门学科的考试中的，例如，语文考试，主要测查的就是学生的语言表达能力、辩证思维能力等。而考生的高考成绩，既在一定程度上反映了学生当前各科知识积累和学习能力状况，同时在我国目前的招生政策下，也决定了考生能否顺利升入大学，学习自己感兴趣的专业，因此，在选择专业、填报志愿时，考虑能力的因素，主要的参照点还是学生的高考成绩。

总之，报志愿选专业千万不能跟着感觉走，盲目地选择，这样会容易出现极大的偏差。

· 延伸阅读 · 文理科不同层次考生志愿填报建议

（一）文科考生

一本文科考生：

文本一批的学生，属于文科学生中的成绩拔尖者，一般对未来都有着很高的期望。相当一部分人志存高远，大有李白当年“我辈岂是蓬蒿人”的气概。如果说，别人填志愿要看他人的选择，那么，他们则有相当的自由度，低分段的对手是他人，而他们的对手就是自己。因为有了选择的巨大自由，但会不会选择还是个问题。这里要战胜的首先是自己的传统观念，能否以全新的眼光对待志愿决策。

不能老觉得一定要报考北大、清华，要认真思考报考北大、清华是否有利于今后的个人发展？如果利大于弊，那么就可以报；否则，就不能报考。如果对升学决策没有一个理性的判断，只是沿袭老传统、旧观念，则很有可能在四年后掉入毕业就失业的发展陷阱。现实中这样的例子不胜枚举。

二本文科考生：

一般来讲，学生的高考成绩分布结构成正态分布，即中间大两头小。高、低分的学生都比较少，而中等成绩的学生最多。那么，本科第二批的学生就属于中等成绩，人数也属于最多之列。

从职业禀赋到职业兴趣，这部分学生表现得最为多样。如果用霍兰德的人格六角型理论来看，应该说每一种职业人格在这群学生中都有体现。他们中有未来的研究人员，也有表演艺术家，有工程师、会计师，也有教师、厨师、高级技师等。如此一来，对于此类学生来讲，认识自己的职业禀赋，确定职业目标、就业目标，就显得至关重要。

尤其要注意的是，在志愿决策时，不要好高骛远，也不宜使用一些志愿选择上的小技巧，一味地追求所谓的名校或重点大学。而要脚踏实地、实事求是地在认识自己潜力的基础上，确定职业（就业）目标，选择专业，然后再选择在所定专业上优势的、与自己高考成绩相匹配的高校。

因为最终决定自己能否顺利就业的，不是学校的名气和牌子，而是自己的专业素质和综合能力。那么，你只有将所学与所爱、所长统一起来，通过在学校的勤奋学习，才能可能将自己的专业素质、综合能力提升到最优，也才能为将来的顺利就业奠定基础。

（二）理科考生

一本理科考生：

理本一批的学生，在成绩上非常优秀，一般都可以通过努力考上重点大学或名牌大学。因此，这类学生及家长对大学及未来的期望也最高，他们都希望通过自己的奋斗实现美好的人生前程。但这些学生在经过大学四年后，其人生的变化也非常巨大。有的走上了成功之路，成为高层次的研究和管理型人才；有的因为自身的潜力、学业规划的不同而遇到重大的人生挫折。那么，作为这一层次的学生为了避免掉入人生发展的陷阱，现在就要认真筹划，对自己的高考志愿及未来的学业规划做出科学的安排。

一般来讲，学习成绩优秀的学生，尤其是理科学生，他们的抽象思维能力都锻炼得非常强，从事未来的理论和实际的研究工作很有潜力，适合于他们的职业方向一般有理论研究者、高级工程师等。但从个人兴趣和职业人格来看，并不是所有成绩优秀的学生都适合于从事研究工作。他们有的对管理感兴趣，有的则热心于社会工作等。

另外，从就业环境来讲，我国研究型人才相比于实用人才、艺术人才、管理人才等并不占有优势。对于立志从事学术理论研究的人，他们只有通过努力学习，在自己的专业上考研究生、博士生，以至到某个企事业做基础性的研究性工作。但从现实来看，这类职业的需求并不迫切和旺盛；再加上近年来的大学扩招，博士生、硕士生过度膨胀及质量下降，博士生、硕士生在人才市场上的声誉随之下降，就业前景并不乐观。

基于以上情况，我们认为，如果没有其他竞争资源的支撑和配合，仅凭个人的力量去开创自己未来的事业（职业），则这类理本一批的学生在选择专业时一定要考虑国家科技发展的需要，在国家或者垄断性企业投资的高科技研究领域选择专业，如航空、航天，石油、石化、核能、通信、军事技术等领域，具体还可参看国家的科技投入规划，看政府主要投资的领域。

而对于一般由民间或企业从事的研究领域则应当慎重填报。如计算机、生物工程、信息技术、食品技术、医药、化工等专业，就要慎重考虑。因为前面的专业领域有利于降低学生毕业后失业的风险，而后者即使一时炙手可热，但由于充分的市场竞争，状态不稳定，不利于降低未来的失业风险。

另外，在选择专业时，也应当考虑出国留学的可能。如果家庭经济条件许可，这也是一个比较好的选择，并且要立足于将来能在国外就业。这时就要注意各个国家对各专业基础研究的需求情况，然后再做决策。

以上只是基于人才市场形势的考虑。从求学者本人来讲，由于自身的兴趣、爱好及价值观的不同，也会对自己未来专业的选择有着重大影响。所谓“知己知彼，百战不殆”。

另外，选择专业也是一个权衡利弊的过程。并没有一个方案能完美无缺地满足自己的愿望。只能采取“两利相权取其重，两害相权取其轻”的策略。在选择了专业以后，我们就来选择在自定的专业上有优势的学校。这里就会有一批学校在这一专业上有优势，然后再用相对系数法根据自己的成绩和过去这些学校的最低录取线，最后确定自己的目标学校和专业。

二本理科考生：

该批次学生从人数上来看，数量巨大，竞争激烈。但如果我们调整观念，依然能各取所需地找到适合自己的专业和学校。为了说明方便，将本批次的学生从成绩上再进行分类。即理本二批中的上段分数学生、中段分数和下段分数。

理本二上段分数，即理本一线下至本一、本二线差的三分之一处。该段学生成绩比较优良，由于本一批次的挤出效应，他们还不能选择二本中最热门的专业与学校。但可以在二本里面选择理想的专业、录分线相当的学校。

理本二中段分数，即三段分数中的中间段，其人数更多，竞争更激烈，这时就需要学生充分考虑学校报考的冷热程度，从往年分数、所在地域、优势专业是否热门等方面分析。因为我们不能将就专业，所以在学校的选择上就要有退而求其次的思想。

理本二下段分数，即本二线上到本一、二批次线差的三分之一处，该段学生是高考学生中人数比较多的部分，竞争相当激烈。

这类学生中有的是因为自身潜力所限，成绩处于中游水平，还有一些是平时成绩很好，但高考发挥失常导致分数降至此处。所以，从职业潜力来讲，这部分学生在科学研究、工程技术、艺术设计、管理、服务、事务等方面都有涉及。

这就要求同学们在志愿决策时：

第一，要对自己的职业潜力、兴趣、个人志向有一个比较明确、科学的定位。

第二，认真分析未来几年的人才市场供求形势，确定自己大学毕业后的就业目标。

第三，就业目标比较明确后，据此来选择适合自身发展的专业。

第四，根据确定的专业选择学校，怎么选择呢？那就是选择在该专业上有优势，并且这个优势是被人才市场认可的学校。

第五，选择了一大堆学校后，我们再在其中选择与自己的高考成绩相匹配的学校，并将该学校、该专业作为自己的目标学校和目标专业。

这就是理本二批成绩较低学生志愿决策的大原则。对于一些本来成绩很好但发挥失常的学生来讲，如果通过职业倾向测试，发现自己的确适合从事科学研究类的工作，并且家庭经济情况也能保证自己持续求学，则建议在一些重点大学的独立学院里选择一些科研类的专业。只要自己喜欢并有潜力，则一定会在学校里学有所成，将来毕业后取得重点大学的学士学位（因为现在独立学院的学生考核合格取得学士学位时，由其原创办大学颁发学位证书），然后再继续攻读硕士、博士学位，以求得学术上的进步。当然，说到个人发展，如果国内环境不佳，则可以考虑出国留学。

如果学生的职业人格是研究型以外的其他类型，那么，在选择专业时就要考虑就业前景较好的工、农、医学类专业，例如，电气信息工程、核能、通信工程、石油工程、油气储运工程、车辆工程、汽车运用技术、模具设计、数控机床、园林技术、临床医学等。而对于管理型职业人格的学生来讲，在学习一门较有知识技术含量的理工类专业后，再可辅修一门市场营销或其他经济类的专业，这样大学毕业时就可以向销售工程师这一职位发展。当然这些专业在三本院校里面有的是刚开不久的，那么为了保证专业优势，我们建议学生应该有决心选择高职类学校，许多高职类学校在以上专业中都比较有优势，并且办学历史比较悠久。同学们可以放心选择。

03 第三节

志愿填报的策略与技巧

到底是先选专业还是先选学校，是让考生及家长一直拿不准、辨不清的问题。是优先考虑学校还是专业？上了好学校，专业不喜欢就业前景不理想，怎么办？为了学个好专业掌握热门技能，只能退而求其次选了二流大学，却发现名校文凭才是就业“敲门砖”。选院校和选专业，哪个优先的问题，主要看考生具备什么样的实力。

专家建议：如果你是高分考生，可以在院校和专业上都选，既选好院校又选认为好的专业；如果你成绩中等，建议还是以选院校为主。尽量进一个实力强的院校；对于分数稍微低一些的考生，就应该以选择专业为主。从就业角度去考虑，尤其是一些专科层面的。这个批次的考生，尽量考虑专业，学一个自己擅长的，或者适合自己的专业，将来的就业渠道或者就业压力就会小一些。

一、院校优先

原则能上985，不上211，以此类推。社会上用人单位对毕业学校的评价，实际只有几个硬标准，最高的是985，其次是211，再次是本科、专科等。在招聘时，经常会对毕业学校有一个要求，即便不公开说，也会悄悄地立下这个规矩。

随着大学招生越来越多，学生分层严重的同时，大学在出口把关不严，看出身只能越来越多，而不会减少。目前，全国招收700多万大学生，每年毕业700多万人，淘汰率很低，没有办法，只能看入口了，这是大家看出身的根本原因。大家不要拿20世纪80年代大学生层次区别不大说事，那时的人如果能上专科学校，放到现在至少都是985了。

其实看出身是世界通则。不止中国，比如哈佛的人，嘴上不说，暗地里也会在意这一点。哈佛本科的申请录取比只有5%左右，但到了硕士层面，平均下来就超过40%～50%了。

本科是你的第一出身，一辈子也无法改变，因此需要更加重视。

（一）好学校的好处

好处一，名校光环，让你赢得尊敬、自信、社会尊荣感，名校有很多光环。当你出去自报家门的时候，报出自己母校名字的时候，母校的名字首先就会给你界定一个身份。不管这身份最后是否值价。名校往往很容易得到别人的尊敬，否则多多少少会有点失落。家长对于孩子从小的教育就是考大学上名校，清华、北大应该说一直是所有家长最大的心愿。在同学之间也是一个可以炫耀的资本，认为好的学校肯定会有好的将来，能上名校将来的社会地位、人生轨迹也会变得精彩。

名校光环，可以获得比其他人略多些的机遇、信任和尊重。这种信任和尊重，会给人带来另一种正向的心理价值，那就是自信和责任感。自信是你在上学之初，被北大录取的时候就开始形成了，“我是在激烈竞争中被选择的”，这种被选择的自我认定，会使你更有自信心。

好处二，就业优势，更多成功机会。

有数据清晰地显示，虽然有些人看不惯名校生高傲自负的态度，但是我们不能否认名校生有更多的就业机会，更好的优先职业选择，很多好企业只在名校做招聘。

好处三，丰富的高校资源，助你增长见识。

毋庸置疑，名校的硬件设施、软件条件绝对是一流的。由于有国家重点支持，而且有慈善人士或校友捐赠，好学校硬件设施不成问题，图书馆图书藏量惊人，而且随时更新，专业学习的实验设备一应俱全。从教学楼到图书馆、科研室、研究所这些无疑是一些普通院校望尘莫及的。高额的科研项目基金、科研成果丰硕这些成就终究会带领老师和学生在名校的基础上、在前人的基础上登上更高的阶梯。学生在这里可以得到更全面的发展。

名校会带给你更宽广的见识。名校通常有悠久的历史、广泛的世界联系，世界上各种政商名流、文化巨匠，有很多机会会被邀请到名校参加活动、发表演讲。你可以亲眼看见名流风采，亲耳聆听名家演讲。在北大，你可以看到克林顿、普京、李嘉诚、比尔•盖茨、连战等诸多通常只能在电视、杂志和报纸上看到的人物，听到他们的演讲。这些现场演讲的文字你的确也可以在其他地方看见，但是现场的气氛、场景、质感，是文字报道所无法给予的。

好处四，深厚文化的熏陶，雄厚的人脉资源。

名校大多是历经岁月的洗礼、积淀文化的精髓发展起来的。良好的校园文化是无声的熏陶、潜移默化的点染，因为良好的文化氛围，能使人们在不知不觉中自觉自愿地接受教育，这便是“此时无声胜有声”的教育艺术力量。

名校生的社会影响半径更大，得到其他校友提拔与帮助的机会更多。因此名校往往有更强的社会圈子，可以借助于社会圈子得到更多的社会资源。人一生中，有不少机会，来自你的人脉资源。名校给你奠定的人脉资源一定会比普通学校强，这是不容置疑的。因为名校校友很大一部分会在官场、商场掌握核心资源。在美国，哈佛、耶鲁、普林斯顿这样的名校，所产生的总统、银行家、诺贝尔奖获得者要远远多于一般大学。虽然你不能直接因为这些得到好处，但是你在这个网络中，你的生活和事业就会有更多的可能性。

好处五，留学优先，争取深造机遇。

国内有数的名校生是国外著名高校留学的主力。他们更容易被接收，更容易得到奖学金，也更容易有选择不同的留学学校的机会。名校重视教师和学生的国际交流与合作，也强调与国内其他大学及科研机构的合作与交流，与国内外许多大学及研究机构建立了实质性、有成效的合作关系。合作的重点是具体科研课题及学生的共同培养等，这些得天独厚的国际资源是一些普通院校无法比拟的。

好处六，更好的奖学助学机会。

名校不乏成功校友，名校出身成功的机会更大。在名校有更多的个人设立的奖学金、助学机会、创业基金。当然不排除有成功人士要依靠名校的光环赢得更高的社会知名度，主动为名校提供奖学金以及就业实习的机会。另外，名校社团活动更容易得到赞助，很多商家主动要求冠名名校的某个活动，而普通院校的学生就要去跑外联自己搞定了。

（二）院校优先的弊端：专业可能不对口

如果一心想读重点大学，而自己的分数又不是很有竞争力，可能只能选读重点大学的冷门专业。如果这些冷门专业是自己兴趣所在，那还可以；如果这些冷门专业是自己不感兴趣的，考生可能要面临很多的压力和困难。

这里特别要提醒家长与考生的是，在录取时的一本、二本等的划分是最坑人的，千万不要在意这个东西。一本、二本不是一个明确的层次区别，更不是社会上的学校层次区别，只是当地招生办为录取而决定的一个东西。有的学校在这个省参加一本招生，在另外一个省可能就是二本，比比皆是。你恰恰需要充分利用这样一点。例如，如果有985学校部分专业在二本招生，那就去报，最后那块牌子最重要。听说北大医学部护理专业在一些地区是二本招生，为什么不去先拿一个北大的招牌？

在这里要提醒的是，有几个985学校因为地域原因，比较好上。第一就是西北农林科技大学，地域的确受限制，不仅在西北，还不在西安，在杨凌镇。但学校是最早的一批985，比后来挤进985的高校其实更有资历。

一般来说，西北、东北的985高校分数都比较低，但学校很不错，比如兰州大学。兰州大学是当时在西北布局的2所综合性大学，后来西北大学撤销下放陕西，他就成了西北唯一综合性重点大学。再比如吉林大学，与此类似。最后想推荐的是一个特别的985高校——西北工业大学。这个学校在西安，属于前国防科工委，实力强悍，也是最早入选985高校的。论资历在现有的985高校也属于前列，但因为地域影响，影响力下降。

对于更多的考生，只能选择地方普通高校，各个大学本质上区别不大，相对选择发达地区的好一点。非要选好坏，建议注意学校历史。一般来讲，大学还是讲究文化积淀传承的，历史长的老本科学校，可优先选择。

二、专业优先

能上更好学校的学生，可以放弃这一原则；只能上专科的学生，要坚持选择喜欢的专业。其实很多人往往在这个问题上纠结，这恰恰是最不需要纠结的一个问题。

第一，学什么就一定做什么吗？看看你的父母，看看你的父母的周围，有多少人是学什么就干什么的？尤其是那些优秀的人，基本是学什么不干什么。从这个角度来说，学什么不决定你的一生与职业，你能否在这个行业做到最优秀才决定了你的一生。

第二，你打算本科毕业就工作吗？对于很多城市里的孩子、家境好的孩子，基本是否定的。往往是准备读完研究生再说。如此，更不需要纠结了。研究生再换专业，很多学校与老师更喜欢复合型人才，即跨专业的。

第三，你确定你想好了学什么吗？其实对于多数人，在这个年龄没有想清楚是正常的，甚至半年后就后悔也是正常的。美国大学制度就是考虑18岁时很多人还没有想清楚到底想学什么，因此，强调宽口径培养，按大类招生，包括换专业如喝凉水，非常自由就是因为这个原因。正因为此，你更不需要纠结了，读硕士时再说。尤其是专业与学校选择发生矛盾时，可以选择更好的学校，而不是专业。

第四，实在想不清楚时，给你两个建议。第一，学数学。数学是学科之母，未来换专业时更受欢迎，比如经济学、金融、管理等。80%的诺贝尔经济学奖获得者都是学数学出身的。当然，你想换计算机等工科更没有问题。学数学只是因为你想不清楚才选择，主要是为未来考虑打算，不是让你以此为生，不是让你当第一名。第二，学英语。几乎任何技能都能在实际工作中掌握，但唯独语言能力，对于绝大多数人是无法在实际工作中拿下的。原因非常简单，这是一个死功夫，没有捷径。但语言又是一个放大器，比如，你是开出租车的，如果英语好会怎么样？同时，未来无论出国还是考研，英语都是必须过关的。对于很多学习浮躁的人，不如先花四年把英语拿下，也是不知道学什么时的选择之一。

当然，你如果只是能在一般应用型大学、三本或者高职高专，那么，专业就比什么都重要了。第一，一定要选择自己喜欢的；第二，选择技能性强的，比如软件工程。最好不选择没有门槛的专业，如市场营销之类。这是和那些有更多选择权的学生不同的。

（一）好专业的好处

好处一，学习动力：你的大学不乏味。

兴趣与特长是学习原动力。如果清楚自己的兴趣或特长，毫无疑问相关的专业学习当然也得心应手。选择一个自己愿意去努力学习的专业，并打算将来可以作为自己人生事业来做的专业，无疑会投入更多的时间和精力去学习、去实践。

选择符合自己兴趣的专业还有一个最主要的好处是，将来毕业找工作也能够很顺利地找到。毕竟你专业技能学得好，奖学金、优秀称号也很多，综合素质高。招聘单位一定会很乐意招收你。

好处二，职业发展：你事业的起点。

专业是学生的标签，“入对行”可以在一定程度上避免日后发生“英雄无用武之地”的感叹。选好专业是求职的最好优势，如果专业完全不符合你的要求，进了大学也学不好，选择专业在一定意义上说就是选择职业、选择未来。大学读书只有四年，职业却将伴随你一辈子。

好处三，生活质量：你生活的乐趣。

“对某项工作没有兴趣，容易精疲力竭。”如果对自己的工作没有兴趣，或者做起来不顺手，生活的质量相应也就降低了。

现实生活的压力不断加大，人们开始努力寻找最适合自己的生活方式，而一份称心的工作是所有人都在努力追求的生活目标。这样一来，你掌握的技能则成了你就业的筹码。专业技能、专业水平将再一次主导你的职业发展，做自己喜欢的事，提高生活质量，让你选择用四年时间学习的、自己兴趣所在的专业帮你实现。

好处四，节约时间：你人生的选择。

发现了专业不合适再从头开始选择，在时间上将是很大的损失。对自己的专业不满意，回去重新学习是对时间极大的浪费，也是对自己的一次考验。你是否还有勇气再一次投入学习，以学生的心态重拾课本。毕业后同学们都在忙于工作，你却因对工作的不喜欢，决定重新进修。你是否有这样的魄力和胆识？不要让大学的四年悄然消失，却没有为自己留下生存、生活的筹码。

（二）专业优先的弊端：可能会受限制，沾不到学校名气的光

不少考生后悔当时为了选择自己喜欢的专业没敢报名校。进了学校才发现，无论是学校硬件设施还是校园文化，都跟名校相距甚远。学校没有为学生制订一个好的职业规划和发展蓝图，学习氛围也不浓烈。很多考生会随波逐流，一事无成。毕业时，虽然专业课学得很扎实，却因不是名校出身被无情拦在门外。

三、地域原则

在哪里上大学非常重要。毫无疑问，北京、上海首选；其次建议考虑杭州、南京、广州、天津等东部地区。有两个地方比较特别，一个是重庆，一个是深圳，需要特别提出。

这其中的主要原因是因为眼界的问题、见世面的问题。在中国，没有比北京、上海更发达的城市了。你见的世面有多大决定了你的理想与定位。而且，没有比它们有更多好学校的地方了。高校聚集，形成了一种文化生态。这是所有高楼大厦解决不了的。

对于北京、上海的孩子，给你们一个忠告，此条不适合你们。你们已经见过这种世面了，你们需要其他的，最好离开本地上大学，你的收获会更大。因为你们欠缺的不是眼界，是生活。离开父母生存，是了解中国，了解更丰富的中国。

麻烦的是，北京、上海分数都太高，很多人难以有条件选择，多数孩子不得不去其他地方。那么，我们注意选择各大地区的首府城市。例如，华中地区的武汉，西南地区的成都，西北地区的西安，东北的沈阳。其次是这些地区的副中心城市，例如，东北的大连，东南的厦门。原因非常简单，这些地方都是好大学聚集的地方。不仅都有 985、211 学校，一般都有 20 世纪 50 年代就布局的一个大学群。学科门类齐全，学术生态环境非常好。例如，西安，在 20 世纪 90 年代还是高校最聚集的地区，居全国第二位，仅次于北京，而且多数是部属老牌高校（当然现在不一样了）。

这里面纠结的就是沈阳。原来在东北布局的重要的大学都不在沈阳。例如，综合性大学吉林大学在长春，工科重点大学在大连，还有一个重要的工科学校哈工大在哈尔滨。

重庆是原来副中心城市里最特殊的，现在是直辖市了。有一个非常好的重庆大学，还有一个有资历的西南大学，211 大学，也是不错的选择。

推荐深圳，主要是着眼未来。深圳已经超越香港、广州，成为仅次于北京、上海的大城市了。深圳大学培养了马化腾，深圳还有华大基因等，随着深圳的进一步发展，我们开眼界，必须考虑深圳了。

（本节内容摘自“中国教育报”微信公众号，文 / 陈志文）

04 第四节

志愿填报常见的问题

一、高校的投档线和最低录取分数一样吗?

不一定。对于一个招生省份来说，投档线是高校正式投档时最后一名投档考生的分数，最低录取分数线是高校最后一名录取考生的分数。在高校承诺提档后不退档时，投档线等于最低录取分数线。如果有退档情况，最低录取分数线会略高于投档线。

二、如何参考高校往年的分数?

首先，建议各位家长首先关注考生的专业选择，通过科学测评或是对意向专业的深入了解，锁定专业选择范围。其次，根据考生历次模拟考试的分数以及学校公布的模拟批次线，计算出差值，之后结合考生所属省份历年的批次线，在考生临近的批次线加上此差值，暂且可以完成考生今年分数向历年分数的转换。结合院校历年的投档线 / 最低录取分数线，进行院校的筛选。此外，要结合院校性质、层次、隶属部门、实力、所在地区、就业质量等维度深入了解院校。

三、位次指的是什么？什么情况下看分数，什么情况下看位次?

位次指的是考生成绩的全省排名。全省考生按照分数从高到低排序，每一个分数下都对应着累计人数，即分数高于或等于其的总人数。

一般来说，建议考生高考分数下来后，根据位次进行当年分数向历年分数的转化，注意使用最大位次，即一分一段表中该分数对应的位次（累计人数）。

四、什么是好专业?

专业无所谓好坏，只要考生感兴趣，符合自己的个性特点，能够发挥所长的专业，就是适合考生的好专业。

如果单从就业的角度去选择专业，学习动力和工作热情就不会很高，也很难在这个行业做出成绩。考生选择的专业要尽可能体现自己的优势，这样才能如鱼得水。不仅学习过程较为轻松，还有利于以后的职业发展。相反，则可能导致因为对所选专业没有兴趣，学起来不认真，半路辍学或者即使勉强毕业，未来的职业发展也是表现平平。例如，对数字不“感冒”的考生如果选择了会计、金融等对数学要求较高的专业，学习过程可能就比较吃力，毕业后从事这方面工作的意愿也不大。

“三百六十行，行行出状元。”不论考生根据自己的个人情况选择了什么专业，只要学好了，都是有前途的。其实各行都缺人才，但不缺人力。有些媒体公布了一些薪酬诱人的职业，例如，同声传译、保险精算师。选择专业不能只盯着这些职业光鲜的薪水，要理性了解这些职业的另一面。就同声传译来说，虽然学习外语专业的学生很多，但是否能达到同声传译的水平，不仅要靠考生的天分，更多的是持久的实践和积累。对于精算师，要求就更高，一个业务覆盖全国范围的保险公司，可能公司总部只需要几位精算师就够了。

五、什么是重点专业?

重点专业指此专业是全国、本省市同类专业中的排头兵，或一个院校中的领军专业，代表一个专业的实力和地位。并非重点院校的专业都是重点专业，也并不是非重点院校的专业都是普通专业。相反，一些普通院校的重点专业在全国处于领先地位。所以，考生和父母在选择专业时，在分数不够重点院校的情况下，报考普通院校的重点专业是明智的选择。

六、“热门专业”一般指哪些专业?

招生中的“热门专业”并不是某个专业实力高低的划分，“热”或“冷”只取决于填报的人数，不是专业好坏之分。

理性地看待专业的冷与热，要着眼长远。不要仅凭目前某些专业受当时特殊经济社会环境影响而放弃填报。更不要赶时髦选择目前“大家都说还不错”的专业。因为，今天的热门专业可能就是四年后的冷门专业；反过来也是有可能的。

七、选择“冷门专业”还是选择“热门专业”？

不可否认专业和就业的直接联系，一些专业由于就业前景看好，填报的人多，就形成了“热门专业”；反之，则形成了“冷门专业”。其实“热”与“冷”是相对的。

首先，社会经济的发展和需求导致的就业形势是不断变化的。今天的热门专业明天可能是冷门专业。从最初的数理化热到后来的外语外贸热，再到后来的财会热、管理热、政法热，到目前的计算机热、电子信息热、经济类热，就反映了专业在顺应市场经济、实现资源合理配置的要求而不断进行冷热变化。其次，冷与热的相对还反映在许多热门专业是建立冷门专业基础之上的。学好这些冷门专业转入热门专业是非常容易的。例如，学好数学专业转入计算机、电子信息、经济类等专业并无太大困难，而且大有益处。

因此考生要用全面、发展的眼光来认识、选择专业，结合自己的兴趣特长，也考虑国家、社会发展的需要，正确分析和处理“冷”“热”的关系。

八、“学校优先”还是“专业优先”？

这是考生和家长非常挠头的事。有的考生估计能进比较优秀的学校，但专业能否如愿难保证，鱼和熊掌不可兼得。如果要满足专业，就只能进“次”一点的高校。到底是进高校求名气，还是进专业求实惠？考生在咨询时，不同的人回答可能是不同的。有的人认为选择专业应该很慎重。考生一旦进入这个专业学习，可能意味着一辈子要从事这个专业的工作。锁定专业虽然不能说是今后从事职业的唯一选择，至少是十分重要的选择。

我们认为，如果能进一所好的学校，会带给你无穷受益，应予珍惜，这时你应淡化专业。如果不够进这类学校的条件，则可以首选自己喜欢的专业。掌握一门好“手艺”，毕业后择业将容易一些。

九、选择本省高校还是选择外省高校?

造成这一矛盾的原因：一方面是高校在制订招生计划时，一般是所在省招生数大于外省。考生的心理是填报招生数多的学校或专业，录取的希望会大一些。另一方面是一些考生不愿意外出读书。特别是大都市和沿海发达地区的考生，从而造成本省高校及专业过分拥挤。就是报外省高校的考生也只填报北京、上海等大都市的高校。造成这些高校录取分数线居高不下，报考者落选率高。

所以，考生一定要结合自己对专业的兴趣志向，家庭、经济状况，高校录取分数线等诸因素综合考虑，以求得到满意的学校和专业。当代青年也要有“好儿女志在四方”的豪情，跨黄河，过长江，去寻找理想的名校和专业。

十、是否应该关注受鼓励的专业?

对于许多热门学校、热门专业，像前两年的经济和计算机类，的确是这样一种情况 ，报考人数非常多，招生人数有限，造成了许多考生落榜。同时，有许多学校、专业，每年招生人数较多，报考人数却非常少，农业、林业、水利、地质、矿业、石油和师范类便属于这种情况，纵观历史，横看世界，每一个国家综合国力的提高，不仅仅需要某几个专业的人才，需要的是各个方面、各个专业有用的人才。

我们国家的发展需要的不是一行一业的状元，而是各行各业、 三百六十行的状元。农业、林业、地质、矿业、水利、石油、师范，每一类专业的人才对于我国的国民经济发展都起到举足轻重的作用。我们国家大力鼓励广大考生踊跃报考这几类学校。这类学校师资较好，考生上线率高，录取容易。建议踊跃地报考受鼓励的学校和专业。

十一、选择“服从”还是“不服从”?

高考志愿表中有“服从其他专业”（专业是否服从分配）栏，即当你进不了自己选报的专业，是否愿意调剂到其他专业？填“专业服从”能增加你所报的某学校的录取机会。

我们还认为，如果自己已发挥了相当的考试水平，分数能达到好学校的录取线，应该填写服从，以增加进入好学校的机会。当然填报时考生应考虑自己的兴趣志向，不可勉强填报，要慎重决定。

十二、选三本院校还是专科院校?

首先，在三本和专科中选择，家长必须考虑家庭经济状况。三本院校的学费大概是公立高校的三倍到四倍。其次，是学历层次。如果考生有考研打算，三本院校毕竟是本科，所以考生是有直接考研的机会的。而且一些独立学院考取母体学校的研究生会得到很多资源上的支持。第三，是从就业来看，很多专科院校设立了校企合作项目和订单式的培养计划，整体来看专科的就业率还是比较高的。所以，如何选择要看考生未来的职业发展诉求，综合考虑。

十三、能否按照测评推荐的专业填报志愿?

考生对专业和职业没有规划，没有想法比较迷茫的时候，科学测评对于帮助考生确定未来适合的专业有一定的帮助。高考圈的适合测评是根据考生的职业兴趣、职业性格倾向帮助考生进行初步的专业定位。该测评已经累计服务 700 万考生，对于考生的专业选择有一定的指导意义。但仅仅是初步筛选，更多情况下需要根据考生对专业及相关职业的深入了解，综合各种因素综合确定。

05 第五节

志愿填报的十大误区

误区一：认为平行志愿可以多次投档、没有先后顺序

解析：平行志愿的特点是“分数优先、遵循志愿、多次检索、一次投档”。平行志愿的6所高校在投档中只作为一个志愿，只享受一次投档机会，一旦考生被投档，即使被退档，也不能再投到本轮投档的其他高校。

平行志愿填报高校也有先后顺序，并且平行志愿的投档是在分数优先的前提下遵循志愿顺序进行的。投档时，电脑从考生第一志愿高校开始检索，如果考生第一志愿高校报“低”了，即便后面还报了与自己分数相当的“高”校，也只能“优先”被第一志愿的“低”校录取了。

误区二：志愿之间没有拉开梯度

解析：志愿梯度包括两个方面内容：一是院校志愿梯度；二是专业志愿梯度。同一批次院校不同志愿之间拉开梯度是非常重要的。就全国来讲基本分为两种情况：

1. 实行平行志愿的地区。平行志愿的实行大大降低了考生落榜的风险。但不是不考虑，在考虑梯度问题时，建议考生对照往年的分数，平行志愿的最后一个学校要填一个保险系数高的。

2. 实行非平行志愿地区。把握两个方面：首先，第一志愿最关键；其次，后续志愿基本上应该考虑往年一般报考人数不满并且曾经招收过非第一志愿考生的学校。

误区三：不仔细看招生章程

解析：按照教育部的有关规定，招生章程主要内容包括：高校全称、校址（分校、校区等须注明），层次（本科、高职或专科），办学类型（如普通或成人高校、公办或民办高校或独立学院、高等专科学校或高等职业技术学校等），在有关省（区、市）分专业招生人数及有关说明，专业培养对外语（课程）的要求，经批准的招收的男女生比例，身体健康状况要求，录取规则（如有无相关科目成绩或加试要求、对加分或降低分数要求投档及投档成绩相同考生的处理、进档考生的专业安排办法等），学费标准，颁发学历证书的学校名称及证书种类，联系电话、网址，以及其他须知等。

由此可见招生简章里面的信息介绍很关键，不可轻易忽视。

误区四：全部填报热门专业

解析：在填报志愿时，建议考生和家长客观对待冷门和热门专业，科学、理性选择专业志愿，千万不要跟风选择、随波逐流。实际上专业没有好坏之分，只有冷热的差异。盲目报考热门专业，对考生长远发展非常不利。

热门专业分数高，竞争激烈，如果成绩不太突出，竞争实力并非很强的学生在报考热门专业时，容易落榜。即使侥幸被院校录取，由于热门专业里人才济济，自己实力不是很强，在就业选择和以后的工作中也很难占得优势、抢得先机。正确的做法应是选择“热门专业”而又不忽视“冷门专业”，“冷热”结合对考生更为有利。

误区五：只凭专业名称来选择

解析：实际上，不同专业之间所学的课程、发展方向的差异是非常大的。有些专业虽然名称相同，但仍存在一定的差异。

因此，考生在看专业的时候，一定要详细了解专业的内涵。一般应该了解以下几方面内容：该专业的主干课程是什么，是否属于特色专业；专业的实力如何，有无硕士、博士点；是否是国家重点学科，在国内同类专业当中居于什么位置；专业发展前景和学生就业去向如何；专业对学生的相关科目成绩和身体状况有无特殊要求。

误区六：不服从专业调剂

解析：当考生在报考某院校时分数不占优势（够了院校提档线，但不够所报专业的专业录取线），填写“不服从专业调剂”就意味着学校将会做退档处理。每年高招录取过程中，都有相当一部分考生在填报志愿时，专业志愿没有拉开梯度，没有掌握好专业级差，或全部填报热门、紧俏专业，且不服从专业调剂而落榜。

对待是否服从所报院校专业调剂，考生要统筹考虑。服从调剂可以增加被录取的机会，但也要做好被不喜欢专业录取的思想准备。你被调剂到的专业极有可能与报考初衷相差甚远，一般是比较冷门的专业。如果不服从专业调剂，虽然你够了院校提档线，但不够所报专业的专业录取线时，则会失去了进入这个学校的机会。

误区七：平行志愿没有风险

解析：平行志愿填报虽然减少了志愿填报的风险，但同样存在风险。具体表现在以下三个方面：

1．投档而被退档的风险。

虽然教育考试部门从减少投档而被退档的矛盾出发把投档比例定位 105%，但是仍有 5% 的考生投档后可能会被退档。退档的考生，即便是 A 志愿退档，也将直接进入征求志愿，这是平行志愿填报最大的风险。

被退档的理由大致有高考分数在所有被投档该学校考生中偏低；填报专业志愿太高，且志愿不服从调剂。当然，如果高校实行“进档即取”的原则，那么，只要分数达到投档线，志愿服从调剂，就不会退档，落榜生将大大减少。

2．定位不准确的风险。

3．志愿没有梯度的风险。

误区八：选专业时不考虑兴趣和特长

解析：在选择高考志愿时，要考虑考生的自身特性。选择符合考生特性的专业，扬长避短，才能促进其学有所成，为将来获得一个理想的职业创造条件，这才是最佳选择。考生自身特性包括个人兴趣爱好、个人性格特征、个人能力所及、个人身体条件等四个方面。

误区九：填报志愿是家长的事

解析：父母都希望自己的孩子能考上大学，而且最好能进名牌大学读书。这种愿望会在孩子填报志愿的问题上充分表露。有些父母还固执得有些过分，主观决定考生的志愿，忽略孩子的兴趣、爱好，导致父母与孩子之间在填报志愿的问题上分歧很大，给孩子造成不小的压力。在填报志愿的整个过程中，父母的角色定位是参谋。应该把填报志愿的决定权还给孩子。

高考决定近千万考生的命运和前途。考入什么样的学校，学什么专业，将来从事什么样的工作，都是孩子自己的事情。上大学的是孩子，而不是父母。如果父母给报的专业孩子不喜欢，甚至一点兴趣都没有，将来上大学就会是一个被动状态，学习积极性会受到打击。

父母关心孩子的未来发展，并对志愿填报十分重视的心情完全是可以理解的，父母毕竟阅历丰富，有社会经验，把该说的话都说到了，也完全应该，但是应充分尊重孩子的意见。

误区十：照搬往年的录取分来报志愿

解析：在一些咨询会上，不少高校会贴出该校近几年的录取分数线，以供考生和家长查阅参考。本是一个参考系数，不少家长却误把它当成衡量的“尺子”，拿孩子的分数“对号进座”。

实际上，高校的最低录取分数线是自然形成的，录取结束前无法准确知道。另外，高校的录取分数线存在波动，有的还有“大小年”现象，即一年高，一年低。考生要多分析几年的录取情况，还可关注分数线与批次线的差值、分数线对应的考生“位次”等。

（本节内容部分摘自“中国教育报”微信公众号）

06 第六节

志愿填报的九大禁忌

一忌：越俎代庖

在填报志愿的时候，到底是家长为主，还是学生为主呢？相信很多家长知道，一切都该以孩子为中心。但在实际填报中，习惯帮孩子做决定的家长，往往不知不觉中又引导孩子遵从他们的意见，成为志愿填报隐形的主宰者。

这种现象出现的很大原因在于：许多家长认为孩子涉世未深，而自己经验丰富，知道哪些学校实力好，哪些专业未来更吃香，所以，对于高考志愿填报也当仁不让。这里，家长普遍忽略了：

这个阶段的考生大多十七八岁，他们的人生观、世界观正在逐步形成，他们对社会，尤其是对自己想上什么学校及专业，有一定的认识。

高考志愿填报的目的是上大学——读书。而这个书是由考生去读，如果他不认可、不感兴趣，是不利于他学有所成的。

所以，在志愿填报这个事关孩子理想与前途的事情上，应该以考生为主，家长只起参谋、辅助的作用，绝不能越位，更不可包办代替。

那么，家长如何做好参谋人的角色呢？

填报志愿时，最紧张的可能不是孩子，而是家长。说实话，大多数高三孩子对目前我国大学专业设置不是十分了解，对于想报考的专业既不了解其培养目标，也不知道相应课程，对就业方向和前景更不清楚。

要想翔实地了解这些信息需要花费大量时间，一直在紧张学习的高三考生难以有较多精力顾及，这时作为家长，不妨代做资料收集的功课，但万万不能在孩子选择专业方向上越俎代庖。

二忌：盲目随从

在准备高考志愿填报的时候，家长和考生都会花费大量的时间去网上查询消息，咨询身边的亲朋好友，这是好事。但是如果你不会利用，好事就可能会变成坏事。

看人家孩子报什么也就跟着报什么。孩子的成绩不一样，志趣不一样，人家填报的学校、专业能被录取；而盲目地跟着人家走，不一定就能被录取。

所以，家长在面对纷繁复杂的高考志愿填报信息时，一定要好好研究、读通、弄懂。切记听风是风，听雨是雨。

三忌：目光狭隘

高考志愿填报中，有不少家长犯了“目光狭隘”的禁忌，导致孩子错失了很多机会。例如，多渠道升学机会。除了高考统考之外，我国还有自主招生、综合素质评价、国家专项计划等多渠道的升学机会。

省外也有好大学。不少地方，特别是直辖市和东部沿海一些城市的家长不愿让孩子到外地上学，宁可躲在“家里”读二本，也不愿到外地读一本。

所以，家长可以主动把眼界放宽，多渠道多方面了解各类高考资讯，根据个人实际情况来选择其他的升学路径或高校。

四忌：草率了事

家长平时工作忙，没有时间和精力静下心为孩子好好规划未来。所以，在填报高考志愿的时候，直接拿着孩子的高考分数，网上查询“我家孩子的分数，能够上哪所大学和专业”。得到答案之后，就安排孩子填报该志愿，草草了事。

对于这种“只为完成任务”的家长来说，你想过孩子的分数真的适合报考这所学校吗？孩子的性格适合报考这个专业吗？孩子未来的职业规划又是什么呢？可以说，家长一问三不知，孩子也是迷迷糊糊。

不怪乎每年都有将近 70% 的毕业生后悔所选的专业。他们志愿填报时都是草率了事，更何谈面对四年后的就业难题呢？所以，高考志愿填报是个精细活，家长和考生不单单是选一所大学、一个专业就能完事，还涉及考生的未来就业、职业规划、职场发展等因素。

五忌：冒险主义

常常看到有的考生在偌大的志愿填报表上，只报了 1 所或者 2 所学校，这是高分考生和家长易犯的错误。《孙子兵法》曰：“知己知彼，百战不殆。”然而，很多家长并不能真正掌握孩子的真实水平，盲目追高，结果导致志愿失误，影响了孩子的前程。

家长和考生详尽掌握院校数据与信息，并将高考志愿表填满，不放过任何机会，才是最稳妥的方法。

六忌：凭感觉走

考生在高考填报志愿的时候，切不可跟着感觉走，而应该跟着招生章程走。因为，高校的招生章程是高等学校向社会公布有关信息的主要形式，是其开展招生工作、录取新生的重要依据。考生应该依据高校的招生章程来填报自己的高考志愿。

2017 年，浙江省有一位考生觉得自己的分数超过了西安交通大学近 5 分，肯定能考上，连招生章程都不看了，直接填报。等到录取结果下来，才发现总分达到了录取要求，可英语单科成绩没有达到规定分数（招生章程有规定），最后被调剂到冷门专业。

可见，感觉是会骗人的，理性才能为我们博得上学机会。最好是用高校的招生章程来指导自己的高考志愿填报，即指导性填报，如果达不到高标准也应做到低要求，即把关性填报。

七忌：忽视细节

细节决定成败。高考志愿填报需要抓住关键、根本、重要的方面，但是也不要忽略一些细节。有时候会因为忽略了一些细节而导致全盘皆输。

特别是有些省份在新高考政策下填报志愿，必须了解清楚目标院校的详情。去年就有考生及因为院校名称相近，六百多的高分却填报了一个三本院校，导致高分低录。

这些细小的事情，对高考志愿填报的影响非常大，千万不能忽视。

八忌：望名填报

不少家长易感性判断，认为“信息化”就是学计算机，“新闻学”就是当记者等等。而一些高校为了吸引生源，刻意把专业与“贸易”“信息”等联系起来，一些考生不掌握真实内情，纷纷报考，结果并未如愿。

前几年计算机专业大热的时候，河南一位家长的孩子高分考取了某高校的“会计信息化”专业。这位家长认为信息化大概就是计算机类相关专业，“会计信息化”又是会计又是计算机，热门专业大联手，毅然决然地让孩子报考了会计信息化。可是孩子到了学校后发现，原来的想法太傻了，会计信息化专业其实还是会计专业，只不过把计算机系统的应用作为教学辅助手段和会计应用的新平台。孩子本来对计算机专业一往情深，原本想成为以计算机专业为主要方向的复合型人才，将来做个 IT 精英，无奈选错了专业。

九忌：全依兴趣

很多家长放手让孩子填报，殊不知孩子基本都会依兴趣来填报。例如，《微微一笑很倾城》火爆时，安徽的一位文科生迷恋上剧中的男女主角，认为自己也非常喜欢计算机专业。在高考志愿填报中，毅然填报这个专业。等到上学时，才发现自己专业所学的内容完全不是电视剧里演的那样神奇，很多知识听不懂也不感兴趣，糊里糊涂地上了四年，毕业时，后悔什么也没有学到。

在填报高考志愿中，兴趣是很重要，但认识自我更重要。适合自己的才是最好的，认识自我，对自己有客观清醒的认识才是填报志愿的首要因素。

07 第七节

警惕“野鸡大学”

虚假大学（The False University），又叫“野鸡大学”，是指未经教育部和地方教育部门审批，没有办学资质而私自招生办学的学校。

虚假大学最常见的为冒用某大学的分支或者某地的分院。最近几年，教育部持续发布了 6 次虚假大学名单，可以帮助广大考生和家长快速识别，避免受害。

教育部同步发布的分析报告称，绝大部分虚假大学从名称到私自建设空壳网站，但是点击进入各学校网站，会发现很多的和正规高校完全不同之处：

1．这些校名看似“高大上”的虚假大学，和正规高校名称相似，个个都“堂而皇之”，名称中不乏“中国”“北京”“首都”“华北”“华东”等开头。大部分还含有“财经”“管理”“经济”等热词，学校网站都自称为“某某大学或学院官网”。例如，在北京只有北京经济管理职业学院，没有什么所谓的“北京经济管理学院”；正规高校南京信息工程大学和虚假大学江苏信息工程学院，一个城市名开头，一个省名开头，极易混淆；把河南省的正规高校中原工学院，和虚假大学中原工业大学放在一起，一般考生和家长都会认为后者更像正规大学。

2．网站都包含“在线报名”和“学历查询”两个醒目的功能，其作用就是为了确保“就读”了该校，或办理了该校学历文凭的“学生”，前来查询核验。但是正规大学都不会设置这两个栏目。

3．都保证毕业后能获得“正规”的毕业证书，都对外宣传能通过国家权威网站检测，这是因为这些学校的造假手段进行了升级。制作的学位证书竟然能在国家权威的证书检测网站通过检测。其手段就是在权威认证网站上查找到同姓名的人，然后克隆对方的学历信息和毕业证编号，办理一张虚假学历。这样办证人就能借用其他人在国家认证网站上的学历来伪装自己，就像车辆套牌一样。

另外，我们可以发现这些“野鸡大学”普遍存在以下特点：

1．无民办高校办学资质，不具备招生资格。

2．北京地区为高发地带。

3．招生和广告不备案，评估和年检不参加。

4．批量抄袭正规高校往年简介、盗用图片文字等，涉嫌团伙作案。

判断一所学校是否是虚假大学最重要的标准是，核对国家教育部在官方网站当年公布的全国高等学校名单，不在名单里极有可能就是虚假大学。

十年寒窗苦，好不容易等到高考结束了，大家千万不要在选择学校上掉以轻心。虽然报考经验不足，但是我们一定要擦亮双眼，借助各种工具和途径，把“虚假大学”拒之门外！（详见附录三）

附　录

- 附录一：霍兰德职业性向测验量表
- 附录二：我国“双一流”高校排名
- 附录三：392 所虚假大学

01 附录一

霍兰德职业性向测验量表

本测验量表将帮助您发现和确定自己的职业兴趣和能力特长，从而更好地做出求职择业的决策。如果您已经考虑好或选择好自己的职业，本测验将使您的这种考虑或选择具有理论基础，或向您展示其他合适的职业。如果您至今尚未确定职业方向，本测验将帮助您根据自己的情况选择一个恰当的职业目标。本测验共七个部分，每部分测验都没有时间限制，但请您尽快按要求完成。

第一部分　您心目中的理想职业（专业）

对于未来的职业（或升学进修的专业），您也许早有考虑，它可能很抽象、很朦胧，也可能很具体、很清晰。不论是哪种情况，现在都请您把自己最想做的三种工作或最想读的三种专业，按顺序写下来。

1. ______________________________
2. ______________________________
3. ______________________________

第二部分　您所感兴趣的活动

下面列举了若干种活动，请就这些活动判断您的好恶。喜欢的，请在“是”栏里打✓，不喜欢的，请在“否”栏里打✓。请按照顺序回答全部问题。

R．现实型活动	**是**	**否**
1．装配修理电器或玩具	___	___
2．修理自行车	___	___
3．用木头做东西	___	___
4．开汽车或摩托车	___	___
5．用机器做东西	___	___
6．参加木工技术学习班	___	___
7．参加制图描图学习班	___	___
8．驾驶卡车或拖拉机	___	___
9．参加机械和电气学习班	___	___
10．装配修理机器	___	___
统计“是”一栏得分	___	___

A．艺术型活动	**是**	**否**
1．素描 / 制图或绘画	___	___

2．参加话剧戏曲	___	___
3．设计家具布置室内	___	___
4．练习乐器 / 参加乐队	___	___
5．欣赏音乐或戏剧	___	___
6．看小说 / 读剧本	___	___
7．从事摄影创作	___	___
8．写诗或吟诗	___	___
9．参加艺术（美术 / 音乐）培训班	___	___
10．练习书法	___	___
统计“是”一栏得分	___	___
I. 调查型活动	**是**	**否**
1．读科技图书和杂志	___	___
2．在实验室工作	___	___
3．改良水果品种，培育新的水果	___	___
4．调查了解土和金属等物质的成分	___	___
5．研究自己选择的特殊问题	___	___
6．解算术或做数学游戏	___	___
7．物理课	___	___
8．化学课	___	___
9．几何课	___	___
10．生物课	___	___
统计“是”一栏得分	___	___
S．社会型活动	**是**	**否**
1．参加学校或单位组织的正式活动	___	___
2．参加某个社会团体或俱乐部活动	___	___
3．帮助别人解决困难	___	___
4．照顾儿童	___	___
5．出席晚会、联欢会、茶话会	___	___
6．和大家一起出去郊游	___	___
7．想获得关于心理方面的知识	___	___
8．参加讲座或辩论会	___	___
9．观看或参加体育比赛和运动会	___	___
10．结交新朋友	___	___
统计“是”一栏得分	___	___
E．企业型（事业型）活动	**是**	**否**
1．说服鼓动他人	___	___
2．卖东西	___	___
3．谈论政治	___	___
4．制订计划、参加会议	___	___

	是	否
5. 以自己的意志影响别人的行为	___	___
6. 在社会团体中担任职务	___	___
7. 检查与评价别人的工作	___	___
8. 结交名流	___	___
9. 指导有某种目标的团体	___	___
10. 参与政治活动	___	___
统计“是”一栏得分	___	___

C. 常规型（传统型）活动	**是**	**否**
1. 整理好桌面和房间	___	___
2. 抄写文件和信件	___	___
3. 为领导写报告或公务信函	___	___
4. 检查个人收支情况	___	___
5. 参加打字培训班	___	___
6. 参加算盘、文秘等实务培训	___	___
7. 参加商业会计培训班	___	___
8. 参加情报处理培训班	___	___
9. 整理信件、报告、记录等	___	___
10. 写商业贸易信	___	___
统计“是”一栏得分	___	___

第三部分　您所擅长或胜任的工作

下面列举了若干种活动，其中您能做或大概能做的事，请在“是”栏里打√；反之，在“否”栏里打√。请回答全部问题。

R. 现实型能力	**是**	**否**
1. 能使用电锯、电钻和锉刀等木工工具	___	___
2. 知道万用表的使用方法	___	___
3. 能够修理自行车或其他机械	___	___
4. 能够使用电钻床、磨床或缝纫机	___	___
5. 能给家具和木制品刷漆	___	___
6. 能看建筑设计图	___	___
7. 能够修理简单的电气用品	___	___
8. 能修理家具	___	___
9. 能修理收录机	___	___
10. 能简单地修理水管	___	___
统计“是”一栏得分	___	___

A. 艺术型能力	**是**	**否**
1. 能演奏乐器	___	___
2. 能参加二部或四部合唱	___	___
3. 独唱或独奏	___	___

4. 扮演剧中角色	___	___
5. 能创作简单的乐曲	___	___
6. 会跳舞	___	___
7. 能绘画、素描或书法	___	___
8. 能雕刻、剪纸或泥塑	___	___
9. 能设计服装、海报或家具	___	___
10. 写得一手好文章	___	___
统计“是”一栏得分	___	___

I. 调研能力型	**是**	**否**
1. 懂得真空管或晶体管的作用	___	___
2. 能够列举三种蛋白质多的食品	___	___
3. 理解铀的裂变	___	___
4. 能用计算尺、计算器、对数表	___	___
5. 会使用显微镜	___	___
6. 能找到三个星座	___	___
7. 能独立进行调查研究	___	___
8. 解释简单的化学问题	___	___
9. 解人造卫星为什么不落地	___	___
10. 经常参加学术会议	___	___
统计“是”一栏得分	___	___

S. 社会型能力	**是**	**否**
1. 有向各种人说服解释的能力	___	___
2. 常参加社会福利活动	___	___
3. 能和大家一起友好相处地工作	___	___
4. 善于与年长者相处	___	___
5. 会邀请人和招待人	___	___
6. 能简单易懂地教育儿童	___	___
7. 能安排会议等活动顺序	___	___
8. 善于体察人心和帮助他人	___	___
9. 帮助护理病人和伤员	___	___
10. 安排社团组织的各种事务	___	___
统计“是”一栏得分	___	___

E. 企业能力型	**是**	**否**
1. 担任过学生干部并且干得不错	___	___
2. 工作上能指导和监督他人	___	___
3. 做事充满活力和热情	___	___
4. 有效地用自身的做法调动他人	___	___
5. 销售能力强	___	___
6. 曾作为俱乐部或社团负责人	___	___

	是	否
7. 向领导提出建议或反映意见	___	___
8. 有开创事业的能力	___	___
9. 知道怎样做能成为一个优秀的领导者	___	___
10. 健谈善辩	___	___
统计“是”一栏得分	___	___

C. 常规能力型	**是**	**否**
1. 会熟练地打印中文	___	___
2. 会用外文打字机或复印机	___	___
3. 能快速记笔记和抄写文章	___	___
4. 善于整理保管文件和资料	___	___
5. 善于从事事务性工作	___	___
6. 会用算盘	___	___
7. 能在短时间内分类和处理大量文件	___	___
8. 能使用计算机	___	___
9. 能收集数据	___	___
10. 善于为自己或集体作财务预算	___	___
统计“是”一栏得分	___	___

第四部分　你所喜欢的职业

下面列举了多种职业，请逐一认真地看。如果是您有兴趣的工作，请在“是”栏里打√；如果是你不太喜欢、不关心的工作，请在“否”栏里打√。请全部作答。

R. 现实型职业	**是**	**否**
1. 飞机机械师	___	___
2. 野生动物专家	___	___
3. 汽车维修工	___	___
4. 木匠	___	___
5. 测量工程师	___	___
6. 无线电报务员	___	___
7. 园艺师	___	___
8. 长途公共汽车司机	___	___
9. 火车司机	___	___
10. 电工	___	___
统计“是”一栏得分	___	___

S. 社会型职业	**是**	**否**
1. 街道、工会或妇联干部	___	___
2. 小学、中学教师	___	___
3. 精神病医生	___	___
4. 婚姻介绍所工作人员	___	___
5. 体育教练	___	___

6. 福利机构负责人 ___ ___
7. 心理咨询员 ___ ___
8. 共青团干部 ___ ___
9. 导游 ___ ___
10. 国家机关工作人员 ___ ___
统计“是”一栏得分 ___ ___

I. 调研型职业 **是** **否**

1. 气象或天文学者 ___ ___
2. 生物学者 ___ ___
3. 医学实验室的技术人员 ___ ___
4. 人类学者 ___ ___
5. 动物学者 ___ ___
6. 化学家 ___ ___
7. 数学家 ___ ___
8. 科学杂志的编辑或作家 ___ ___
9. 地质学者 ___ ___
10. 物理学者 ___ ___
统计“是”一栏得分 ___ ___

E. 企业型职业 **是** **否**

1. 厂长 ___ ___
2. 电视片编制人 ___ ___
3. 公司经理 ___ ___
4. 销售员 ___ ___
5. 不动产推销员 ___ ___
6. 广告部长 ___ ___
7. 体育活动主办者 ___ ___
8. 销售部长 ___ ___
9. 个体工商业者 ___ ___
10. 企业管理咨询人员 ___ ___
统计“是”一栏得分 ___ ___

A. 艺术型职业 **是** **否**

1. 乐队指挥 ___ ___
2. 演奏家 ___ ___
3. 作家 ___ ___
4. 摄影家 ___ ___
5. 记者 ___ ___
6. 画家、书法家 ___ ___
7. 歌唱家 ___ ___
8. 作曲家 ___ ___

9. 电影、电视演员 ____ ____
10. 节目主持人 ____ ____
统计“是”一栏得分 ____ ____

C. **常规型职业** **是** **否**
1. 会计师 ____ ____
2. 银行出纳员 ____ ____
3. 税收管理员 ____ ____
4. 计算机操作员 ____ ____
5. 簿记人员 ____ ____
6. 成本核算员 ____ ____
7. 文书档案管理员 ____ ____
8. 打字员 ____ ____
9. 法庭书记员 ____ ____
10. 人口普查登记员 ____ ____
统计“是”一栏得分 ____ ____

第五部分 您的能力类型简评

下面两张表是您在六个职业能力方面的自我评定表。您可以先与同龄者比较自己在每一方面的能力，斟酌后对自己的能力做出评价。请在表中适当的数字上画圈，数字越大表示您的能力越强。注意：请勿全部画同样的数字，因为人的每项能力不可能完全一样。

表 A

R 型	I 型	A 型	S 型	E 型	C 型
机械操作能力	科学研究能力	艺术创作能力	解释表达能力	商业洽谈能力	事务执行能力
7	7	7	7	7	7
6	6	6	6	6	6
5	5	5	5	5	5
4	4	4	4	4	4
3	3	3	3	3	3
2	2	2	2	2	2
1	1	1	1	1	1

表 B

R 型	I 型	A 型	S 型	E 型	C 型
体力技能	数学技能	音乐技能	交际技能	领导技能	办公技能
7	7	7	7	7	7
6	6	6	6	6	6
5	5	5	5	5	5
4	4	4	4	4	4
3	3	3	3	3	3
2	2	2	2	2	2
1	1	1	1	1	1

第六部分　统计和确定您的职业倾向

请将第二部分至第五部分的全部测验分数按前面统计好的六种职业倾向（R、I、A、S、E、C 型）得分填入下表，并做纵向累加。

测试	R 型	I 型	A 型	S 型	E 型	C 型
第二部分						
第三部分						
第四部分						
第五部分						
总分						

请将上表中的六种职业倾向总分按大小顺序依次从左到右排列：

______型、______型、______型、______型、______型、______型

最高分______您的职业倾向得分______最低分______

第七部分　您所看重的东西——职业价值观

这一部分测验列出了人们在选择工作时通常会考虑的九种因素（见所附工作价值标准）。

现在请您在其中选出最重要的两项因素，以及最不重要的两项因素，并将序号填入下边相应的空格上。

最重要____________________________次重要____________________________

最不重要__________________________次不重要__________________________

附：工作价值标准：

1. 工资高福利好
2. 工作环境（物质方面）舒适
3. 人际关系良好
4. 工作稳定有保障
5. 能提供较好的受教育机会
6. 有较高的社会地位
7. 工作不太紧张、外部压力少
8. 能充分发挥自己的特长
9. 社会需要与社会贡献大

以上全部测验完毕。

现在，将您测验得分居第一位的职业类型找出来，对照下表，判断自己适合的职业类型。

职业索引——职业兴趣代号与其相应的职业对照表

R（现实型）	木匠、农民、操作 X 光的技师、工程师、飞机机械师、鱼类和野生动物专家、自动化技师、机械工（车工、钳工等）、电工、无线电报务员、火车司机、长途公共汽车司机、机械制图员、修理机器和电器师
I（调查型）	气象学者、生物学者、天文学家、药剂师、动物学者、化学家、科学报刊编辑、地质学者、植物学者、物理学者、数学家、实验员、科研人员、科技作者
A（艺术型）	室内装饰专家、图书管理专家、摄影师、音乐教师、作家、演员、记者、诗人、作曲家、编剧、雕刻家、漫画家

续 表

S（社会型）	社会学者、导游、福利机构工作者、咨询人员、社会工作者、社会科学教师、学校领导、精神病工作者、公共保健护士
E（企业型）	推销员、进货员、商品批发员、旅馆经理、饭店经理、广告宣传员、调度员、律师、政治家、零售商
C（常规型）	记账员、会计、银行出纳、法庭速记员、成本估算员、税务员、核算员、打字员、办公室职员、统计员、计算机操作员、秘书

下面介绍与您三个代号的职业兴趣类型一致的职业表。对照的方法如下：首先根据您的职业兴趣代号，在下表中找出相应的职业。例如，您的职业兴趣代号是 RIA，那么，牙科技术人员、陶工等是适合您兴趣的职业。然后寻找与您职业兴趣代号相近的职业，如果您的职业兴趣代号是 RIA，那么，其他由这三个字母组合成的编号（如 IRA、IAR、ARI 等）对应的职业，也较适合您的兴趣。

RIA	花匠、皮衣设计师、工业产品设计师、剪影艺术家、复制雕刻品大师
RIS	厨师、林务员、跳水员、潜水员、染色员、电器修理工、眼镜制作工、电工、纺织机器装配工、服务员、装玻璃工人、发电厂工人、焊接工
RIE	建筑和桥梁工程、环境工程、航空工程、公路工程、电力工程、信号工程、电话工程、一般机械工程、自动工程、矿业工程、海洋工程、交通工程技术人员、制图员、家政经济人员、计量员、农民、农场工人、农业机器操作、清洁工、无线电修理、汽车修理、手表修理、管子工、线路装配工、工具仓库管理员
RIC	船上工作人员、接待员、杂志保管员、牙医助手、制帽工、磨坊工、石匠、机器制造、机车（火车头）制造、农业机器装配、汽车装配工、缝纫机装配工、钟表装配和检验、电动器具装配、鞋匠、锁匠、货物检验员、电梯机修工、托儿所所长、钢琴调音员、装配工、印刷工、建筑钢铁工人、卡车司机
RAI	手工雕刻、玻璃雕刻、制作模型人员、家具木工、制作皮革品、手工绣花、手工钩针编织、排字工人、印刷工人、图画雕刻、装订工
RSE	消防员、交通巡警、警察、门卫、理发师、房间清洁工、屠夫、锻工、开凿工人、管道安装工、出租汽车驾驶员、货物搬运工、送报员、勘探员、娱乐场所的服务员、起卸机操作工、灭害虫者、电梯操作工、厨房助手
RSI	纺织工、编织工、农业学校教师、某些职业课程教师（诸如艺术、商业、技术、工艺课程）、雨衣上胶工
REC	抄水表员、保姆、实验室动物饲养员、动物管理员
REI	轮船船长、航海领航员、大副、试管实验员
RES	旅馆服务员、家畜饲养员、渔民、渔网修补工、水手长、收割机操作工、搬运行李工人、公园服务员、救生员、登山导游、火车工程技术员、建筑工人、铺轨工人
RCI	测量员、勘测员、仪表操作者、农业工程技师、化学工程技师、民用工程技师、石油工程技师、资料室管理员、探矿工、煅烧工、烧窑工、矿工、保养工、磨床工、取样工、样品检验员、纺纱工、炮手、漂洗工、电焊工、锯木工、刨床工、制帽工、手工缝纫工、油漆工、染色工、按摩工、木匠、农民建筑工人、电影放映员、勘测员助手
RCS	公共汽车驾驶员、一等水手、游泳池服务员、裁缝、建筑工人、石匠、烟囱修建工、混凝土工、电话修理工、爆炸手、邮递员、矿工、裱糊工人、纺纱工

RCE	打井工、吊车驾驶员、农场工人、邮件分类员、铲车司机、拖拉机司机
IAS	普通经济学家、农场经济学家、财政经济学家、国际贸易经济学家、实验心理学家、工程心理学家、心理学家、哲学家、内科医生、数学家
IAR	人类学家、天文学家、化学家、物理学家、医学病理学家、动物标本剥制者、化石修复者、艺术品管理员
ISE	营养学家、饮食顾问、火灾检查员、邮政服务检查员
ISC	侦察员、电视播音室修理员、电视修理服务员、验尸室人员、编目录者、医学实验室技师、调查研究者
ISR	水生生物学者、昆虫学者、微生物学家、配镜师、矫正视力者、细菌学家、牙科医生、骨科医生
ISA	实验心理学家、普通心理学家、发展心理学家、教育心理学家、社会心理学家、临床心理学家、目录学家、皮肤病学家、神经病学家、妇产科医生、眼科医生、五官科医生、医学实验室技术专家、民航医务人员、护士
IES	细菌学家、生理学家、化学专家、地质专家、地理物理学专家、纺织技术专家、医院药剂师、工业药剂师、药房营业员
IEC	档案保管员、保险统计员
ICR	质量检验技术员、地质学技师、工程师、法官、图书馆技术辅导员、计算机操作员、医院听诊员、家禽检查员
IRA	地理学家、地质学家、水文学家、矿物学家、古生物学家、石油学家、地震学家、声学物理学家、原子和分子物理学家、电学和磁学物理学家、气象学家、设计审核员、人口统计学家、数学统计学家、外科医生、城市规划家、气象员
IRS	流体物理学家、物理海洋学家、等离子体物理学家、农业科学家、动物学家、食品科学家、园艺学家、植物学家、细菌学家、解剖学家、动物病理学家、植物病理学家、药物学家、生物化学家、生物物理学家、细胞生物学家、临床化学家、遗传学家、分子生物学家、质量控制工程师、地理学家、兽医、放射治疗技师
IRE	化验员、化学工程师、纺织工程师、食品技师、渔业技术专家、材料和测试工程师、电气工程师、土木工程师、航空工程师、行政官员、冶金专家、原子核工程师、陶瓷工程师、地质工程师、电力工程师、口腔科医生、牙科医生
IRC	飞机领航员、飞行员、物理实验室技师、文献检查员、农业技术专家、生物技师、油管检查员、工商业规划者、矿藏安全检查员、纺织品检验员、照相机修理者、工程技术员、编计算机程序者、工具设计者、仪器维修工
CRI	簿记员、会计、记时员、铸造机操作工、打字员、按键操作工、复印机操作工
CRS	仓库保管员、档案管理员、缝纫工、讲述员、收款人
CRE	标价员、实验室工作者、广告管理员、自动打字机操作员、电动机装配工、缝纫机操作工

续 表

CIS	记账员、顾客服务员、报刊发行员、土地测量员、保险公司职员、会计师、估价员、邮政检查员、外贸检查员
CIE	打字员、统计员、支票记录员、订货员、校对员、办公室工作人员
CIR	校对员、工程职员、海底电报员、检修计划员、发报员
CSE	接待员、通讯员、电话接线员、卖票员、旅馆服务员、私人职员、商学教师、旅游办事员
CSR	运货代理商、铁路职员、交通检查员、办公室通信员
CSI	簿记员、出纳员、银行财务职员
CSA	秘书、图书管理员、办公室办事员
CER	邮递员、数据处理员、航空邮件检查员
CEI	推销员、经济分析家
CES	银行会计、记账员、法人秘书、速记员、法院报告人
ECI	银行行长、审计员、信用管理员、地产管理员、商业管理员
ECS	信用办事员、保险人员、各类进货员、海关服务经理、售货员、采购员、会计
ERI	建筑物管理员、工业工程师、农场管理员、护士长、农业经营管理人员
ERS	仓库管理员、房屋管理员、货站监督管理员
ERC	邮政局长、渔船船长、机械操作领班、木工领班、瓦工领班、驾驶员领班
EIR	科学、技术和有关周期出版物的管理员
EIC	专利代理人、鉴定人、运输服务检查员、安全检查员、废品收购人员
EIS	警官、侦察员、交通检验员、安全咨询员、合同管理者商人
EAS	法官、律师、公证人
EAR	展览室管理员、舞台管理员、播音员、驯兽员
ESC	理发师、裁判员、政府行政管理员、财政管理员、工程管理员、职业病防治、售货员、商业经理、办公室主任、人事负责人、调度员
ESR	家具售货员、书店售货员、公共汽车的驾驶员、日用品售货员、护士长、自然科学和工程的行政领导
ESI	博物馆管理员、图书馆管理员、古迹管理员、饮食业经理、地区安全服务管理员、技术服务咨询者、超级市场管理员、零售商品店店员、批发商、出租汽车服务站调度员

续 表

ESA	博物馆馆长、报刊管理员、音乐器材售货员、广告商、营业员、导游、（轮船或班机上的）事务长、飞机上的服务员、船员、法官、律师
ASE	戏剧导演、舞蹈教师、广告撰稿人、报刊专栏作者、记者、演员、英语翻译
ASI	音乐教师、乐器教师、美术教师、管弦乐指挥、合唱队指挥、歌星、演奏家、哲学家、作家、广告经理、时装模特
AER	新闻摄影师、电视摄像师、艺术指导、录音指导、丑角演员、魔术师、木偶戏演员、骑士、跳水员
AEI	音乐指挥、舞台指导、电影导演
AES	流行歌手、舞蹈演员、电影导演、广播节目主持人、舞蹈教师、口技表演者、喜剧演员、模特
AIS	画家、剧作家、编辑、评论家、时装艺术大师、新闻摄影师、演员、文学作者
AIE	花匠、皮衣设计师、工业产品设计师、剪影艺术家、复制雕刻品大师
AIR	建筑师、画家、摄影师、绘图员、环境美化工、雕刻家、包装设计师、陶器设计师、绣花工、漫画工
SEC	社会活动家、退伍军人、服务员、工商会事务代表、教育咨询者、宿舍管理员、旅馆经理、饮食服务管理员
SER	体育教练、游泳指导
SEI	大学校长、学院院长、医院行政管理员、历史学家、家政经济学家、职业学校教师、资料员
SEA	娱乐活动管理员、国外服务办事员、社会服务助理、一般咨询者、宗教教育工作者
SCF	助理、福利机构职员、生产协调人员、环境卫生管理人员、戏院经理、餐馆经理、售票员
SRI	外科医师助手、医院服务员
SRE	体育教师、职业病治疗者、体育教练、专业运动员、房管员、儿童家庭教师、警察、引座员、传达员、保姆
SRC	护理员、护理助理、医院勤杂工、理发师、学校儿童服务人员
SIA	社会学家、心理咨询师、学校心理学家、政治科学家、大学或学院的系主任、大学或学院的教育学教师、大学农业教师、大学工程和建筑课程的教师、大学法律教师、大学数学、医学、物理、社会科学和生命科学的教师、研究生助教、成人教育教师
SIE	营养学家、饮食学家、海关检查员、安全检查员、税务稽查员、校长
SIC	描图员、兽医助手、诊所助理、体检检查员、监督缓刑犯的工作者、娱乐指导者、咨询人员、社会科学教师
SIR	理疗员、救护队工作人员、手足病医生、职业病治疗助手
SAC	理发师、指甲修剪师、包装艺术家、美容师、整容专家、发式设计师
SAE	听觉病治疗者、演讲矫正者

02 附录二

我国“双一流”高校排名

一流大学建设高校 42 所

序号	A 类 36 所	所在地
1	北京大学	北京 8 所
2	中国人民大学	
3	清华大学	
4	北京航空航天大学	
5	北京理工大学	
6	中国农业大学	
7	北京师范大学	
8	中央民族大学	
9	南开大学	天津（2 所）
10	天津大学	
11	大连理工大学	辽宁
12	吉林大学	吉林
13	哈尔滨工业大学	黑龙江
14	复旦大学	上海（4 所）
15	同济大学	
16	上海交通大学	
17	华东师范大学	
18	南京大学	江苏（2 所）
19	东南大学	
20	浙江大学	浙江
21	中国科学技术大学	安徽
22	厦门大学	福建
23	山东大学	山东（2 所）
24	中国海洋大学	
25	武汉大学	湖北（2 所）
26	华中科技大学	
27	中南大学	湖南
28	中山大学	广东（2 所）
29	华南理工大学	

续 表

序号	A 类 36 所	所在地
30	四川大学	四川（2 所）
31	电子科技大学	
32	重庆大学	重庆
33	西安交通大学	陕西（2 所）
34	西北工业大学	
35	兰州大学	甘肃
36	国防科技大学	湖南

序号	B 类 6 所	所在地
1	东北大学	辽宁
2	郑州大学	河南
3	湖南大学	湖南
4	云南大学	云南
5	西北农林科技大学	陕西
6	新疆大学	新疆

一流学科建设高校 140 所

序号	学校名称	“双一流”建设学科
1	北京大学	哲学、理论经济学、应用经济学、法学、政治学、社会学、马克思主义理论、心理学、中国语言文学、外国语言文学、考古学、中国史、世界史、数学、物理学、化学、地理学、地球物理学、地质学、生物学、生态学、统计学、力学、材料科学与工程、电子科学与技术、控制科学与工程、计算机科学与技术、环境科学与工程、软件工程、基础医学、临床医学、口腔医学、公共卫生与预防医学、药学、护理学、艺术学理论、现代语言学、语言学、机械及航空航天和制造工程、商业与管理、社会政策与管理
2	中国人民大学	哲学、理论经济学、应用经济学、法学、政治学、社会学、马克思主义理论、新闻传播学、中国史、统计学、工商管理、农林经济管理、公共管理、图书情报与档案管理
3	清华大学	法学、政治学、马克思主义理论、数学、物理学、化学、生物学、力学、机械工程、仪器科学与技术、材料科学与工程、动力工程及工程热物理、电气工程、信息与通信工程、控制科学与工程、计算机科学与技术、建筑学、土木工程、水利工程、化学工程与技术、核科学与技术、环境科学与工程、生物医学工程、城乡规划学、风景园林学、软件工程、管理科学与工程、工商管理、公共管理、设计学、会计与金融、经济学和计量经济学、统计学与运筹学、现代语言学
4	北京交通大学	系统科学
5	北京工业大学	土木工程（自定）
6	北京航空航天大学	力学、仪器科学与技术、材料科学与工程、控制科学与工程、计算机科学与技术、航空宇航科学与技术、软件工程
7	北京理工大学	材料科学与工程、控制科学与工程、兵器科学与技术

续 表

序号	学校名称	"双一流"建设学科
8	北京科技大学	科学技术史、材料科学与工程、冶金工程、矿业工程
9	北京化工大学	化学工程与技术（自定）
10	北京邮电大学	信息与通信工程、计算机科学与技术
11	中国农业大学	生物学、农业工程、食品科学与工程、作物学、农业资源与环境、植物保护、畜牧学、兽医学、草学
12	北京林业大学	风景园林学、林学
13	北京协和医学院	生物学、生物医学工程、临床医学、药学
14	北京中医药大学	中医学、中西医结合、中药学
15	北京师范大学	教育学、心理学、中国语言文学、中国史、数学、地理学、系统科学、生态学、环境科学与工程、戏剧与影视学、语言学
16	首都师范大学	数学
17	北京外国语大学	外国语言文学
18	中国传媒大学	新闻传播学、戏剧与影视学
19	中央财经大学	应用经济学
20	对外经济贸易大学	应用经济学（自定）
21	外交学院	政治学（自定）
22	中国人民公安大学	公安学（自定）
23	北京体育大学	体育学
24	中央音乐学院	音乐与舞蹈学
25	中国音乐学院	音乐与舞蹈学（自定）
26	中央美术学院	美术学、设计学
27	中央戏剧学院	戏剧与影视学
28	中央民族大学	民族学
29	中国政法大学	法学
30	南开大学	世界史、数学、化学、统计学、材料科学与工程
31	天津大学	化学、材料科学与工程、化学工程与技术、管理科学与工程
32	天津工业大学	纺织科学与工程
33	天津医科大学	临床医学（自定）
34	天津中医药大学	中药学
35	华北电力大学	能源电力科学与工程（电气工程和动力工程及工程热物理）

序号	学校名称	“双一流”建设学科
36	河北工业大学	电气工程（自定）
37	太原理工大学	化学工程与技术（自定）
38	内蒙古大学	生物学（自定）
39	辽宁大学	应用经济学（自定）
40	大连理工大学	化学、工程
41	东北大学	控制科学与工程
42	大连海事大学	交通运输工程（自定）
43	吉林大学	考古学、数学、物理学、化学、材料科学与工程
44	延边大学	外国语言文学（自定）
45	东北师范大学	马克思主义理论、世界史、数学、化学、统计学、材料科学与工程
46	哈尔滨工业大学	力学、机械工程、材料科学与工程、控制科学与工程、计算机科学与技术、土木工程、环境科学与工程
47	哈尔滨工程大学	船舶与海洋工程
48	东北农业大学	畜牧学（自定）
49	东北林业大学	林业工程、林学
50	复旦大学	哲学、政治学、中国语言文学、中国史、数学、物理学、化学、生物学、生态学、材料科学与工程、环境科学与工程、基础医学、临床医学、中西医结合、药学、机械及航空航天和制造工程、现代语言学
51	同济大学	建筑学、土木工程、测绘科学与技术、环境科学与工程、城乡规划学、风景园林学、艺术与设计
52	上海交通大学	数学、化学、生物学、机械工程、材料科学与工程、信息与通信工程、控制科学与工程、计算机科学与技术、土木工程、化学工程与技术、船舶与海洋工程、基础医学、临床医学、口腔医学、药学、电子电气工程、商业与管理
53	华东理工大学	化学、材料科学与工程、化学工程与技术
54	东华大学	纺织科学与工程
55	上海海洋大学	水产
56	上海中医药大学	中医学、中药学
57	华东师范大学	教育学、生态学、统计学
58	上海外国语大学	外国语言文学
59	上海财经大学	统计学
60	上海体育学院	体育学
61	上海音乐学院	音乐与舞蹈学

续 表

序号	学校名称	“双一流”建设学科
62	上海大学	机械工程（自定）
63	南京大学	哲学、中国语言文学、外国语言文学、物理学、化学、天文学、大气科学、地质学、生物学、材料科学与工程、计算机科学与技术、化学工程与技术、矿业工程、环境科学与工程、图书情报与档案管理
64	苏州大学	材料科学与工程（自定）
65	东南大学	材料科学与工程、电子科学与技术、信息与通信工程、控制科学与工程、计算机科学与技术、建筑学、土木工程、交通运输工程、生物医学工程、风景园林学、艺术学理论
66	南京航空航天大学	力学
67	南京理工大学	兵器科学与技术
68	中国矿业大学	安全科学与工程、矿业工程
69	南京邮电大学	电子科学与技术
70	河海大学	水利工程、环境科学与工程
71	江南大学	轻工技术与工程、食品科学与工程
72	南京林业大学	林业工程
73	南京信息工程大学	大气科学
74	南京农业大学	作物学、农业资源与环境
75	南京中医药大学	中药学
76	中国药科大学	中药学
77	南京师范大学	地理学
78	浙江大学	化学、生物学、生态学、机械工程、光学工程、材料科学与工程、电气工程、控制科学与工程、计算机科学与技术、农业工程、环境科学与工程、软件工程、园艺学、植物保护、基础医学、药学、管理科学与工程、农林经济管理
79	中国美术学院	美术学
80	安徽大学	材料科学与工程（自定）
81	中国科学技术大学	数学、物理学、化学、天文学、地球物理学、生物学、科学技术史、材料科学与工程、计算机科学与技术、核科学与技术、安全科学与工程
82	合肥工业大学	管理科学与工程（自定）
83	厦门大学	化学、海洋科学、生物学、生态学、统计学
84	福州大学	化学（自定）
85	南昌大学	材料科学与工程
86	山东大学	数学、化学

序号	学校名称	“双一流”建设学科
87	中国海洋大学	海洋科学、水产
88	中国石油大学（华东）	石油与天然气工程、地质资源与地质工程
89	郑州大学	临床医学（自定）、材料科学与工程（自定）、化学（自定）
90	河南大学	生物学
91	武汉大学	理论经济学、法学、马克思主义理论、化学、地球物理学、生物学、测绘科学与技术、矿业工程、口腔医学、图书情报与档案管理
92	华中科技大学	机械工程、光学工程、材料科学与工程、动力工程及工程热物理、电气工程、计算机科学与技术、基础医学、公共卫生与预防医学
93	中国地质大学（武汉）	地质学、地质资源与地质工程
94	武汉理工大学	材料科学与工程
95	华中农业大学	生物学、园艺学、畜牧学、兽医学、农林经济管理
96	华中师范大学	政治学、中国语言文学
97	中南财经政法大学	法学（自定）
98	湖南大学	化学、机械工程
99	中南大学	数学、材料科学与工程、冶金工程、矿业工程
100	湖南师范大学	外国语言文学（自定）
101	中山大学	哲学、数学、化学、生物学、生态学、材料科学与工程、电子科学与技术、基础医学、临床医学、药学、工商管理
102	暨南大学	药学（自定）
103	华南理工大学	化学、材料科学与工程、轻工技术与工程、农学
104	广州中医药大学	中医学
105	华南师范大学	物理学
106	海南大学	作物学（自定）
107	广西大学	土木工程（自定）
108	四川大学	数学、化学、材料科学与工程、基础医学、口腔医学、护理学
109	重庆大学	机械工程（自定）、电气工程（自定）、土木工程（自定）
110	西南交通大学	交通运输工程
111	电子科技大学	电子科学与技术、信息与通信工程
112	西南石油大学	石油与天然气工程
113	成都理工大学	地质学

续 表

序号	学校名称	"双一流"建设学科
114	四川农业大学	作物学（自定）
115	成都中医药大学	中药学
116	西南大学	生物学
117	西南财经大学	应用经济学（自定）
118	贵州大学	植物保护（自定）
119	云南大学	民族学、生态学
120	西藏大学	生态学（自定）
121	西北大学	地质学
122	西安交通大学	力学、机械工程、材料科学与工程、动力工程及工程热物理、电气工程、信息与通信工程、管理科学与工程、工商管理
123	西北工业大学	机械工程、材料科学与工程
124	西安电子科技大学	信息与通信工程、计算机科学与技术
125	长安大学	交通运输工程（自定）
126	西北农林科技大学	农学
127	陕西师范大学	中国语言文学（自定）
128	兰州大学	化学、大气科学、生态学、草学
129	青海大学	生态学（自定）
130	宁夏大学	化学工程与技术（自定）
131	新疆大学	马克思主义理论（自定）、化学（自定）、计算机科学与技术（自定）
132	石河子大学	化学工程与技术（自定）
133	中国矿业大学（北京）	安全科学与工程、矿业工程
134	中国石油大学（北京）	石油与天然气工程、地质资源与地质工程
135	中国地质大学（北京）	地质学、地质资源与地质工程
136	宁波大学	力学
137	中国科学院大学	化学、材料科学与工程
138	国防科技大学	信息与通信工程、计算机科学与技术、航空宇航科学与技术、软件工程、管理科学与工程
139	第二军医大学	基础医学
140	第四军医大学	临床医学（自定）

03 附录三

392 所虚假大学

北京（151 所）	
北京经贸科技学院	中国信息科技大学
北京国际医学院	中国信息工程学院
北京财贸管理大学	首都财经管理学院
北京财贸管理学院	北京财经管理大学
北京建筑工业学院	北京财经管理学院
北京法商学院	北京财商学院
北京经济工程学院	神州大学
北京城市建设学院	北京中加工商学院
北京商贸管理学院	北京京文国际学院
北京商贸管理大学	北京商贸大学
北京贸易管理大学	北京交通工程学院
京师科技学院	华北工业大学
北京中山学院	北京英迪经贸学院
北京京城学院	北京高级财务管理专修学院
北京财经大学	北京城建大学
北京财经政法大学	北京理工科技大学
北京现代商务学院	北京建筑职工大学
北京工程经济学院	北京建筑职业大学
北京实验大学	北京经济工程大学
北京商贸职工大学	北京商贸科技大学
北京工学院	北京财经贸易学院
华北经济贸易学院	北京财贸科技学院
北京东方工商大学	北京财贸学院
北方联合大学	北京电子科技管理学院

续 表

北京经济管理学院	北京工业建筑学院
中国邮电大学	华侨国际商务学院
中国科技管理学院	首都科技管理学院
中国师范学院	首都科技信息管理学院
中国信息科技学院	首都财贸管理大学
中国电子信息科技学院	首都经济贸易管理学院
中国电子科技学院	首都经济管理学院
中国科技工程学院	首都国际经贸学院
中国传媒艺术学院	首都科技学院
中国国际经济管理学院	首都科技职业技术学院
中国工商行政管理学院	首都医学院
中国科贸管理学院	首都文理大学
中国经济贸易大学	首都财经贸易大学
中国经济贸易学院	北京经济贸易大学
中国北方理工学院	北京经济贸易学院
中国工业工程学院	北京对外贸易学院
中国现代财经学院	北京燕京华侨大学
中国国际工商管理学院	北京经贸联合大学
华北科技大学	北京国际金融学院
华北理工学院	北京国际经济管理学院
中联司法学院	北京前进大学
北方国际经济学院	北京京桥大学
北方医科大学	北京工程技术大学
北京京华医科大学	北京财经学院
中北科技学院	北京经济信息学院
华北应用科技学院	北京科技工程学院
北京行政管理学院	中华科技外事学院
北京华理商务学院	北京医科大学（仿冒）
北京建筑科技学院	北京经济学院（仿冒）
北京科技建设学院	北京信息工程大学
北京金融管理学院	北京工商管理大学
北京经贸工程学院	北京现代经贸大学
北京科技经济管理学院	北京科技师范大学

北京科技学院	北京同济医科大学
北京科技师范学院	北京京华医科大学
北京工商学院	华北国医学院
北京联合技术学院（冒用正规院校的历史用名）	北京民族师范学院
北京行政学院	北京商贸工程学院（冒用正规院校的历史用名）
北京外事学院	北京财经金融学院
北京现代工程学院	北京国际信息管理学院
北京现代管理学院	北京财经贸易学院
北京现代经管学院	北京财贸学院
北京现代信息学院	北京工业科技学院
北京信息科技学院	北京国际贸易学院
北京工程管理学院	北京机电工程学院
首都师范学院	北京建筑工程学院
北方国际经贸学院（冒用正规院校的历史用名）	华北工程管理学院
北京经济学院	中国工贸管理学院（冒用正规院校的历史用名）
中国建设工程学院	北京科技工业学院
北京科技管理学院	北京旅游商贸学院
北京软件工程学院	北京现代工商管理学院
北京信息经济学院	
天津（16所）	
中国民航学院	天津文理大学
北京东方工商大学	天津联合大学
中外经贸管理学院	对外经贸管理学院
天津经济贸易大学	天津建筑工程大学
天津新华学院	天津商贸学院
天津财贸管理学院	天津南城管理学院
天津市经济管理干部学院	天津建筑科技大学
天津工商学院	天津经济管理学院
上海（30所）	
上海经济贸易大学	上海工业科技学院
上海工业科技大学	上海财经贸易学院
上海金融管理学院	上海东方科技学院
上海工程管理学院	上海华夏学院

续 表

上海建筑工业学院	上海商贸管理大学
华东财经学院	上海同济医科大学
上海华文外国语学院	上海城市建设大学
上海工商学院	长江科技学院
上海国际管理大学	上海建设学院
上海财经管理学院	上海临港科技学院
上海工业管理学院	上海新华机电学院
上海建筑工程学院	上海经济技术学院
上海信息大学	上海经济管理大学
上海工商学院	上海工程科技学院
上海城市学院（冒用正规院校的历史用名）	上海财经学院（冒用正规院校的历史用名）
河北（19所）	
北方经济管理学院	华北师范学院
石家庄电子科技学院	华北经济贸易学院
北方联合大学	河北东亚大学
石家庄工程管理学院	华北建筑工业学院
华北建筑工程学院	河北商贸学院
河北人文科技学院	河北工程科技学院
河北经济技术学院	河北电子工程职业学院
河北信息工程学院	河北经济信息学院
河北师范高等专科学校	河北科技工程大学
河北科技工程学院	
河南（7所）	
中原金融学院	河南华夏医学院
中原工业大学	河南科技师范学院
郑州黄河学院	郑州长征医学院
河南城市建设学院	
安徽（5所）	
新民大学	华东农林科技大学
安徽城市建设学院	安徽城建大学
安徽南合科技大学	
广东（12所）	
广州理工学院	广东电子信息技术学院

广东科技管理大学	广东经济管理学院
广东建工大学	广东科技贸易学院
广东商贸管理学院	广州经济管理学院
广东电子商务学院	广东科技工业学院
广东现代经济管理学院	广州信息科技学院
重庆（3 所）	
重庆城市学院	重庆机电科技学院
重庆万州高科学院	
福建（5 所）	
厦门师范学院	福建海峡经贸技术学院
福建经济贸易大学	福建科技学院
福建省轻工业学院	
湖北（15 所）	
武汉科技工程学院	武汉工商管理大学
湖北工商管理学院	华中工商学院
中原工商管理学院	武汉建筑职工大学
湖北工商大学	湖北信息工程大学
武汉东湖大学	武汉工程技术大学
武汉时代自修大学	武汉信息科技学院
武汉职工财经学院	湖北工程管理学院
黄冈师范科技学院	
湖南（7 所）	
湖南屈原大学	株洲航空旅游学院
常德经贸学院	湖南经济管理大学
湖南湘林科技大学	中南建筑工业学院
湖南工贸学院	
浙江（9 所）	
杭州工商管理大学	杭州理工学院
杭州理工大学	杭州建设管理大学
对外经济贸易管理学院	浙江国际商务学院
浙江邮电职工大学	杭州经济贸易大学
浙江信息技术学院	
甘肃（1 所）	
兰州对外经济贸易学院	

续 表

青海（1 所）	
青海扬帆科技大学	
宁夏（1 所）	
宁夏五洲科技大学	
四川（15 所）	
四川财经管理学院	四川中山学院
四川华商学院	四川联合大学
西南经济贸易大学（冒用正规院校的历史用名）	四川经济贸易大学
四川江州医学院	成都科技学院
西南经济管理大学	四川信息工程学院
四川软件工程学院	四川经济技术学院
四川经济管理学院	四川国际贸易学院（冒用正规院校的历史用名）
四川电力工程学院	
陕西（16 所）	
西安电子信息学院	西安理工学院
西安工商学院	西安科技师范大学
西安信息技术学院	西安工商管理学院
西安工业科技技术学院	西安工业科技学院
陕西国防工业技术学院	陕西瀚林医科学院
西安工业工程学院	陕西工贸职业学院
西安科技职业学院	西安经济技术学院
西安机电工程学院	陕西科技管理学院
山东（25 所）	
青岛博洋商务学院	山东经济技术学院
山东沂蒙学院	山东东岳学院
淄博理工学院	山东邮电大学
山东经济贸易大学	山东科技工程学院
青岛远洋大学	山东文理学院
山东建设学院	青岛现代经贸学院
山东经济信息学院	山东城市学院
山东华信大学	山东科技管理大学
山东科技师范学院	青岛华侨理工学院
青岛精诚医学院	山东工业工程学院

山东管理技术学院	山东建工科技学院
山东经济工程学院	山东信息管理学院
山东经济管理大学	
江苏（17 所）	
南京科技学院	南京商学院
南京工商大学	华东农林科技大学
南京科技管理学院	南京金陵科技管理学院
江苏信息工程学院	江苏都市建设学院
江苏理工职业学院	南京中山大学
江苏大光科技大学	江苏华夏学院
南京工商学院	南京东南文理学院
江苏经济贸易大学	江苏科技信息学院
苏州工商学院 江苏工商学院	
广西（3 所）	
西江联合大学（仿冒）	广西北海外贸学院
南宁海桂旅游学院	
贵州（2 所）	
贵州现代商贸学院	贵阳名达职业技术学院
吉林（4 所）	
长春工业管理学院	吉林高创科技大学
吉林理工科技学院	吉林对外经贸职业学院
黑龙江（5 所）	
北方联合大学	黑龙江民盟大学
牡丹江外国语学院	哈尔滨商务经贸学院
哈尔滨远方国际学院	
辽宁（7 所）	
沈阳工程管理学院	沈阳信息管理学院
辽宁轻工职工大学	沈阳盛京大学
辽宁职业技术学院	大连科技管理大学
沈阳工业科技学院	
江西（7 所）	
江西科技工程大学	江西科技管理学院
江西经贸管理学院	江西赣南学院

续 表

江西现代科技学院	景德镇工艺美术学院
赣州电子科技信息学院	
山西（9所）	
山西理工学院	华北经贸管理学院
山西经济技术学院	山西信息工程学院
山西远东外国语学院	山西自修大学
山西建筑工程职业技术学院	山西金融管理学院
山西现代经贸学院	